U0523303

- 山东社会科学院出版资助项目
- 山东社会科学院博士基金项目
- 泰山学者工程专项经费"财政金融支持实体经济高质量发展"（项目编号：tstp20221168）资助
- 泰山学者工程专项经费"新发展格局下优化金融资源配置推动制造业转型升级研究"（项目编号：tsqn202211385）资助

经济政策不确定性与跨境银行资本流动

Economic Policy Uncertainty and Cross-border Bank Capital Flows

左振颖 ◎ 著

中国社会科学出版社

图书在版编目（CIP）数据

经济政策不确定性与跨境银行资本流动 / 左振颖著. 北京：中国社会科学出版社，2024. 11. -- ISBN 978-7-5227-4518-3

Ⅰ. F831.2

中国国家版本馆 CIP 数据核字第 2024ZD0947 号

出 版 人	赵剑英	
责任编辑	王　曦	
责任校对	殷文静	
责任印制	戴　宽	
出　　版	中国社会科学出版社	
社　　址	北京鼓楼西大街甲 158 号	
邮　　编	100720	
网　　址	http://www.csspw.cn	
发 行 部	010-84083685	
门 市 部	010-84029450	
经　　销	新华书店及其他书店	
印刷装订	北京君升印刷有限公司	
版　　次	2024 年 11 月第 1 版	
印　　次	2024 年 11 月第 1 次印刷	
开　　本	710×1000　1/16	
印　　张	12.5	
字　　数	201 千字	
定　　价	69.00 元	

凡购买中国社会科学出版社图书，如有质量问题请与本社营销中心联系调换
电话：010-84083683
版权所有　侵权必究

目 录

第一章 绪论 …………………………………………………………… 1

 第一节 研究背景、目的和意义 …………………………………… 1
  一 研究背景 …………………………………………………… 1
  二 研究目的和意义 …………………………………………… 4
 第二节 研究内容和相关概念界定 ………………………………… 5
  一 研究内容 …………………………………………………… 5
  二 相关概念界定 ……………………………………………… 7
 第三节 研究思路和方法 …………………………………………… 8
  一 研究思路 …………………………………………………… 8
  二 研究方法 …………………………………………………… 8
 第四节 研究创新和不足 …………………………………………… 10
  一 研究创新 …………………………………………………… 10
  二 研究不足 …………………………………………………… 13

第二章 文献综述 ……………………………………………………… 14

 第一节 跨境银行资本流动的驱动因素 …………………………… 14
  一 国际资本流动驱动因素的"推动—拉动"因素
    分析框架 …………………………………………………… 14
  二 跨境银行资本流动的推动因素和拉动因素 …………… 15
 第二节 经济不确定性与经济政策不确定性 ……………………… 17
  一 经济不确定性的含义和衡量 …………………………… 17

二　经济政策不确定性的含义和衡量 …………………… 20
第三节　经济政策不确定性的影响 ……………………………… 24
　　一　经济政策不确定性在封闭经济中的影响 ………… 24
　　二　经济政策不确定性对国际资本流动的影响 ……… 29
　　三　经济政策不确定性、银行经营与跨境银行资本
　　　　流动 ……………………………………………………… 32
第四节　文献总结和评述 ………………………………………… 37

第三章　特征事实 ……………………………………………………… 40
第一节　国际银行业务发展 ……………………………………… 40
第二节　经济政策不确定性 ……………………………………… 45
第三节　经济政策不确定性与跨境银行资本流动 …………… 48

第四章　国家 EPU 对跨境银行资本流动的影响：宏观视角 ……… 50
第一节　引言 ……………………………………………………… 50
第二节　理论分析与研究假说 …………………………………… 52
　　一　理论模型基本设定 …………………………………… 52
　　二　国家 EPU 对跨境银行总贷款供给的影响 ………… 54
　　三　国家 EPU 对跨境银行贷款资产配置结构的影响 … 55
　　四　国家 EPU 与其他经济变量的交互影响 …………… 56
第三节　经验研究设计 …………………………………………… 57
　　一　数据 …………………………………………………… 57
　　二　计量模型设定 ………………………………………… 59
　　三　变量选取与说明 ……………………………………… 60
第四节　经验分析 ………………………………………………… 63
　　一　国家 EPU 上升与跨境银行资本流出减少 ………… 63
　　二　国家 EPU 上升与跨境银行债权份额增加 ………… 65
　　三　国家 EPU 与本国经济环境的交互作用 …………… 66
　　四　国家 EPU 与资本流出目的国经济环境的交互
　　　　作用 ……………………………………………………… 79
第五节　稳健性检验 ……………………………………………… 81

一　EPU 的长期效应 ………………………………………… 81
　　　二　工具变量回归 …………………………………………… 82
　　　三　银行业危机的影响 ……………………………………… 84
　　　四　控制其他固定效应 ……………………………………… 85
　　　五　不区分交易对手国 ……………………………………… 86
　第六节　本章小结 ……………………………………………………… 87

第五章　国家 EPU 对跨境银行资本流动的影响：微观视角 ………… 89
　第一节　引言 …………………………………………………………… 89
　第二节　理论分析与研究假说 ………………………………………… 91
　　　一　国家 EPU 与银行跨境贷款 …………………………… 91
　　　二　国家 EPU、银行业异质性与银行跨境贷款 ………… 92
　　　三　国家 EPU、银行异质性与银行跨境贷款 …………… 93
　第三节　经验研究设计 ………………………………………………… 95
　　　一　数据 …………………………………………………… 95
　　　二　计量模型设定 ………………………………………… 97
　　　三　变量选取与说明 ……………………………………… 98
　第四节　经验分析 ……………………………………………………… 102
　　　一　国家 EPU 对银行跨境贷款的影响 …………………… 102
　　　二　国家 EPU 与银行业特征的交互作用 ………………… 104
　　　三　国家 EPU 与银行特征的交互作用 …………………… 107
　第五节　稳健性检验 …………………………………………………… 114
　　　一　聚类稳健标准误 ……………………………………… 114
　　　二　控制国家特定时间趋势 ……………………………… 115
　　　三　内生性问题的处理 …………………………………… 117
　　　四　EPU 的长期效应 ……………………………………… 118
　第六节　本章小结 ……………………………………………………… 120

第六章　全球 EPU 对新兴市场国家跨境银行资本流动的影响 ……… 122
　第一节　引言 …………………………………………………………… 122
　第二节　理论分析与研究假说 ………………………………………… 125

一　全球 EPU 与跨境银行资本流动 …………………… 125
　　二　全球 EPU、外国净头寸与跨境银行资本流动 ……… 126
第三节　经验研究设计 ………………………………………… 129
　　一　数据 ……………………………………………………… 129
　　二　计量模型设定 ………………………………………… 130
　　三　变量选取与说明 ……………………………………… 131
第四节　经验分析 ……………………………………………… 137
　　一　全球 EPU 对跨境银行资本流动的影响 …………… 137
　　二　全球 EPU 与银行外国净头寸的交互作用 ………… 139
　　三　全球 EPU 与非银行金融机构外国净头寸的交互
　　　　作用 ……………………………………………………… 146
第五节　稳健性检验 …………………………………………… 155
　　一　加入其他控制变量 …………………………………… 155
　　二　控制其他固定效应 …………………………………… 158
　　三　关于内生性问题的处理 ……………………………… 160
　　四　国际金融危机的影响 ………………………………… 160
　　五　经济不确定性的影响 ………………………………… 163
第六节　本章小结 ……………………………………………… 167

第七章　全书总结与政策建议 ……………………………… 169
第一节　全书总结 ……………………………………………… 169
第二节　政策建议 ……………………………………………… 171

参考文献 ……………………………………………………… 173

后　记 ………………………………………………………… 193

第一章 绪论

第一节 研究背景、目的和意义

一 研究背景

国际资本流动与经济和金融状况紧密相关,对经济发展和稳定有重要影响。21 世纪以来,国际资本流动的波动性显著上升,在 2005 年前后激增,在 2008 年国际金融危机期间又急剧收缩,随后在 2010 年迅速反弹。资本流动及其波动带来了广泛的经济影响,为经济发展带来益处,同时增加了风险,例如,强化了经济周期、增加了金融系统的脆弱性从而加剧了宏观经济整体的不稳定性。债权资本流动是国际资本流动最大的组成部分(Avdjiev et al., 2017),经由银行跨境业务发生的资本流动是债权资本流动的重要组成部分[①],具有高流动性、高投机性和高波动性的特征,跨境银行资本流动不仅是对全球风险变动反应最敏感的部分(Milesi-Ferretti & Tille, 2011),在全球经济周期和信贷危机的传导中也发挥重要作用(Forbes & Warnock, 2012; Obstfeld, 2012; Bruno & Shin, 2015a; Rey, 2015)。近年来,中国金融业对外开放的步伐不断加快,既为金融改革发展提供了新动力,也加速了风险的跨境、

[①] 例如,根据国际清算银行(BIS)本地银行业统计(LBS)数据库的数据,Bruno & Shin (2015b) 发现,银行对银行的跨境负债占所有类型的借方对贷方的跨境负债的最大部分(大约 30%),于 2007 年达到峰值水平,银行对银行的跨境负债占私人部门信贷的 20%,占 GDP 的比例超过 30%。

跨市场传播，为宏观经济调控和跨境资金流动管理带来更多挑战。在此背景下，致力探究跨境银行资本流动驱动因素，既是短期内防范化解系统性金融风险、维持金融系统稳定的关键环节，也是深化中长期金融供给侧结构性改革、推进金融业双向开放的必然要求。

政府通过制定和调整经济政策实现既定的宏观经济目标，受到经济政策自身特征和外部环境的影响，经济政策天然地具有不同程度的不确定性，这种不确定性主要源于经济政策出台的力度、幅度、速度和发挥效应的时滞等，政策出台频率的上升、政策指向与强度的不明确都会引致经济政策不确定性加剧。2008年国际金融危机后，各国为尽快走出经济衰退，纷纷试图通过不断出台或调整经济政策实现调控经济发展的目的，经济政策不确定性普遍上升，在疏解经济困境的同时，为经济发展带来了新的不确定性。政府对经济的干预程度明显加大，导致经济主体在进行决策时面临的不确定性因素增加。银行是连接各经济部门的关键纽带和宏观经济政策实施的重要金融中介。银行经营活动的本质是优化金融资源的跨期和跨区域配置以实现盈利和分散风险，其决策行为必然将未来的不确定性纳入考虑，从而直接受到经济政策不确定性的影响。此外，居民收入和消费、企业投资和融资都会受到经济政策不确定性的影响，这些影响最终会传导至银行。因此，银行对经济政策不确定性的敏感水平注定强于其他经济主体，银行跨境业务更会不可避免地受到经济政策不确定性的影响。2008年国际金融危机后，经济政策不确定性上升与跨境银行资本流动波动性加剧相伴发生，跨境银行资本流动的波动无法很好地被常见的宏观经济变量解释，引起学术界对经济政策不确定性作为跨境银行资本流动驱动因素的关注。在此背景下，探究经济政策不确定性如何影响银行跨境业务经营，进而如何影响跨境银行资本流动，是本书的重点。

党的二十大报告指出，"我国发展进入战略机遇和风险挑战并存、不确定难预料因素增多的时期，各种'黑天鹅''灰犀牛'事件随时可能发生"。中国作为具有新兴和转型双重特征的经济体，政府部门的政策调整较频繁，使经济政策不确定性显著高于全球平均水平。如图1-1所示，中国的经济政策不确定性在国际金融危机后有明显上升，除全球性的经济政策不确定性事件外，中国经济改革进程中对外开放、利率调

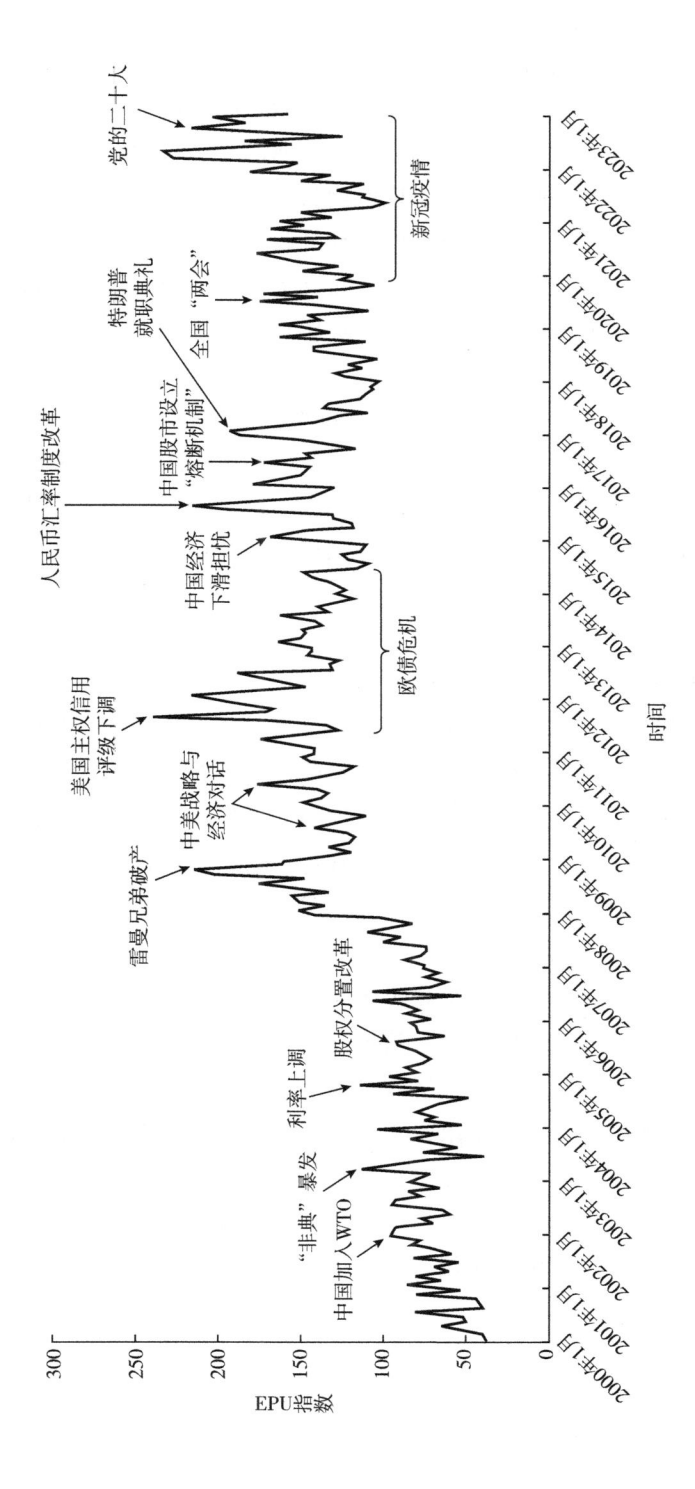

图 1-1　中国 2000 年 1 月至 2023 年 1 月经济政策不确定性

资料来源：https://economicpolicyuncertaintyinchina.weebly.com/。

整、股市制度改革、固定汇率制度改革等事件对经济政策不确定性也有明显影响。立足中国现状来看，一方面，中国向外面临逆全球化思潮抬头、局部冲突和动荡频发等复杂的国际局势，向内经济转型升级正处于重大历史拐点，借助经济政策调整实现保增长、调结构的目标是不可避免的手段，在当前及未来的一段时间内，经济政策不确定性上升带来的经济影响不容忽视；另一方面，中国国际收支平衡已逐渐由经常项目收支主导转为跨境资本流动主导，非直接投资形式的短期资本流动是当前中国资本外流的主要原因，银行业在金融系统中占据主要地位，跨境银行资本流动是中国短期资本流动的重要组成部分。随着中国金融开放进程的推进，短期跨境资本流动对宏观经济和金融稳定的影响越来越显著，必须提高管理跨境资本流动的水平，有意识地区分宏观调控和微观监管职能，因此需要对经济政策不确定性如何影响跨境银行业务和跨境银行资本流动进行更深入的分析。

二 研究目的和意义

本书的研究目的：首先，分析经济政策不确定性上升对银行跨境业务的微观影响机制；其次，研究经济政策不确定性上升对跨境银行资本流动的影响；最后，探究经济政策不确定性与其他经济变量对跨境银行资本流动的交互影响，尤其是经济政策不确定性对跨境银行资本流动的影响在不同的宏观经济特征、银行业经营环境及银行经营特征上的异质性。

本书研究的理论意义在于：构建经济政策不确定性影响银行跨境业务经营的理论分析框架，研究经济政策不确定性上升背景下跨境银行资本流动变动的微观传导机制；为经济政策不确定性对跨境银行资本流动的影响提供了翔实的经验分析结果，完善了对跨境银行资本流动驱动因素的研究。本书研究的现实意义在于：在经济政策不确定性不可避免地上升的情况下，为管理跨境银行资本流动和防范系统性金融风险指出政策关注的重点并提供政策调控建议。

第二节 研究内容和相关概念界定

一 研究内容

本书从理论机制分析和经验分析两方面,针对经济政策不确定性对跨境银行资本流动的影响,以及这种影响在不同方面的异质性这两个问题展开研究,以期对经济政策不确定性作为跨境银行资本流动驱动因素的作用形成全面认知,为管理跨境银行资本流动和防范系统性金融风险指出政策关注的重点。

本书共分为七章,各章内容概括如下。

第一章为绪论,介绍了本书的研究背景和意义、研究内容和概念界定、研究思路和方法以及研究的创新和不足。

第二章对相关研究进行梳理,为本书指明进一步研究的方向。

第三章描述了相关特征事实。首先,梳理了国际银行业务的发展历程,分析了国际银行业务规模扩张和结构变化特征及其驱动因素。其次,描述了几个主要国家和全球的经济政策不确定性,为经济政策不确定性的上升和波动性加剧特征提供了直观的证据。最后,初步描述了跨境银行资本流动与经济政策不确定性的关系,为下文的详细研究提供初步探索。

第四章分析了国家经济政策不确定性影响跨境银行资本流动的微观理论机制,并使用国家层面的双边数据对国家经济政策不确定性和跨境银行资本流动的关系进行实证检验。第一,基于经营国际业务的银行视角,使用包含银行、居民和非金融企业三个部门的两国开放理论模型,将经济政策不确定性冲击影响银行业务经营的实物期权机制、金融摩擦机制和风险规避机制纳入统一分析框架,直观地刻画了经济政策不确定性对银行的直接影响及经由居民和企业产生的间接影响,综合分析了国家经济政策不确定性上升对银行贷款总供给和贷款配置结构的影响,以及这种影响可能存在的异质性。本章构建的理论模型为后文提供了统一的理论分析基础。第二,为检验理论分析提出的研究假说,本章使用1998年第一季度到2017年第四季度17个国家对75个国家的银行跨境债权双边数据和国家 EPU 指数数据,研究国家经济政策不确定性对其跨境银行资本流出的影响,进一步地,研究了国家经济政策不确定性上升时跨境银行将债权资产配置从国内债权向跨境债权转移的调整机制,并且探究了上述影响在双边国家宏观经济基本面特征上的异质性。在稳健性检验中,考虑经济政策不确定性的长期效应,使用工具变量方法减轻潜在的内生性问题,控制银行业危机事件的发生对跨境银行资本流动的影响,采取不同的固定效应模型设置,将双边数据在单边加总,本章的主要结论仍成立。

第五章使用银行层面的跨境贷款数据,进一步确认了一国经济政策不确定性上升对该国跨境银行资本流出的负向影响,并且探究了经济政策不确定性对跨境银行资本流动的影响在银行业经营环境和银行经营特征上的异质性。首先,使用 1998 年第一季度至 2020 年第三季度 24 个国家的 741 家银行对来自 155 个国家的借款公司的银行跨境贷款双边数据和国家 EPU 指数数据,研究贷款银行所在国家经济政策不确定性上升对银行跨境贷款的影响,为国家经济政策不确定性上升对跨境银行资本流出的负向影响提供微观层面的经验分析证据。在此基础上,探究了贷款银行所在国家经济政策不确定性上升对银行跨境贷款的影响在银行业监管和竞争环境及银行经营特征上的异质性,异质性分析结果表明,贷款银行所在国家对银行业更严格的资本充足性监管会减轻国家政策不确定性上升对银行跨境贷款的负向影响,经济政策不确定性上升对资产规模较小、资产质量较差及营业收入来源更多元的银行的跨境贷款负向影响更明显。在稳健性检验中,采取更严格的计量模型设定,进一步处理潜在的内生性问题,本章主要结论仍成立。

第六章研究全球经济政策不确定性对新兴市场国家跨境银行资本流动的影响,并将非银行金融机构纳入分析框架,探究全球经济政策不确定性对新兴市场国家跨境银行资本流动的影响分别在银行和非银行金融机构外国风险暴露程度上的异质性。本章使用 2001 年第四季度到 2020 年第三季度 21 个新兴市场国家的银行跨境资本流动数据、银行和非银行金融机构的外国净头寸数据和全球 EPU 指数数据,检验全球经济政策不确定性对新兴市场国家跨境银行总资本流入、总资本流出及净资本流入的影响;进一步地,将银行跨境资本流动按照银行业务类型进行划分,探究全球经济政策不确定性对新兴市场国家跨境银行贷款资本流动和跨境银行债券资本流动的影响。在异质性分析中,同时关注新兴市场国家银行和非银行金融机构的外国净头寸产生的异质性影响。在稳健性检验中,控制新兴市场国家经济不确定性的影响,本章主要结论仍成立。

第七章对全书主要研究内容和结论进行总结,并提出政策建议。

二 相关概念界定

1. 国际银行业务

国际银行业务包括以任何货币进行的跨境业务和以外币进行的本地业务,可分为传统的国际银行业务和离岸市场业务两部分。传统的国际银行业务的交易货币是贷款国家货币和借款国家货币其中之一,例如纽约的一家银行将美元借给伦敦的借款人,或者纽约的一家银行将日元借给东京的借款人。离岸市场业务的交易货币既不是贷款国家货币也不是借款国家货币,而是第三国货币,例如,伦敦的一家银行将美元借给东京的一家银行,后者再为东京的借款人提供美元贷款,以上两步都属于离岸交易,但是第一步是跨境交易,第二步是本地交易。国际银行业务中,除离岸市场业务中的第二步即本地交易外,均会造成跨境银行资本流动。

2. 经济政策不确定性

经济政策不确定性,是指政府未明确经济政策预期、政策执行及政策立场变更的指向和强度而引致的不确定性(Le & Zak, 2006)。更通俗地说,经济政策不确定性是指公众无法准确预知政府部门是否、何时及如何改变现行经济政策,从而难以对宏观经济政策形成持续稳定的一致预期(Gulen & Ion, 2016)。经济政策不确定性具体包括实施何种经济政策、如何实施经济政策及经济政策预期的不确定性等方面。

3. 跨境银行资本流动

跨境银行资本流动是由银行经营跨境业务形成的国际资本流动①。按资本流动方向,跨境银行资本流动可分为跨境银行总资本流入和跨境

---

① 本书所指"跨境"均遵循"经营地原则"而非"国籍原则",只要银行的经营所在地与其跨境业务的交易对手方所在地不属于同一国家,即为跨境。

银行总资本流出,一国跨境银行总资本流入反映了该国银行部门跨境债务存量的净变化,一国跨境银行总资本流出反映了该国银行部门跨境债权存量的净变化,如果前者大于后者,则该国跨境银行资本净流入。按银行跨境业务的交易对手部门,跨境银行资本流动可分为银行间跨境资本流动、银行与非银行金融机构间跨境资本流动、银行与非金融部门跨境资本流动。按银行跨境业务的交易工具,跨境银行资本流动可分为跨境银行贷款资本流动和跨境银行债券资本流动。

第三节 研究思路和方法

一 研究思路

本书的研究思路如图1-2所示。

二 研究方法

1. 文献研究法

首先,本书系统、全面地梳理了与研究内容相关的文献,力图充分了解相关领域的研究现状和已有结论,为本书提供了研究基础,指明了进一步研究的方向。其次,针对第四、第五、第六章的具体研究问题,本书对相关文献进行了更有针对性的梳理和讨论,确定具体的研究重点和研究方法。

2. 特征事实分析法

本书归纳了有关国际银行业务发展的特征事实,为微观层面的理论机制分析提供逻辑基础;描述了有关跨境银行资本流动和经济政策不确定性变动的特征事实,为基于跨国面板数据进行经验分析提供了重要的事实基础。

3. 理论模型和传导机制分析

为分析经济政策不确定性对跨境银行资本流动的理论影响机制,本书基于银行视角,建立了包含银行、居民和非金融企业的两国开放模型,在统一的框架中分析不确定性冲击经由实物期权机制、金融摩擦机制和风险规避机制对银行经营产生的影响,得到的结论指导了后续的具

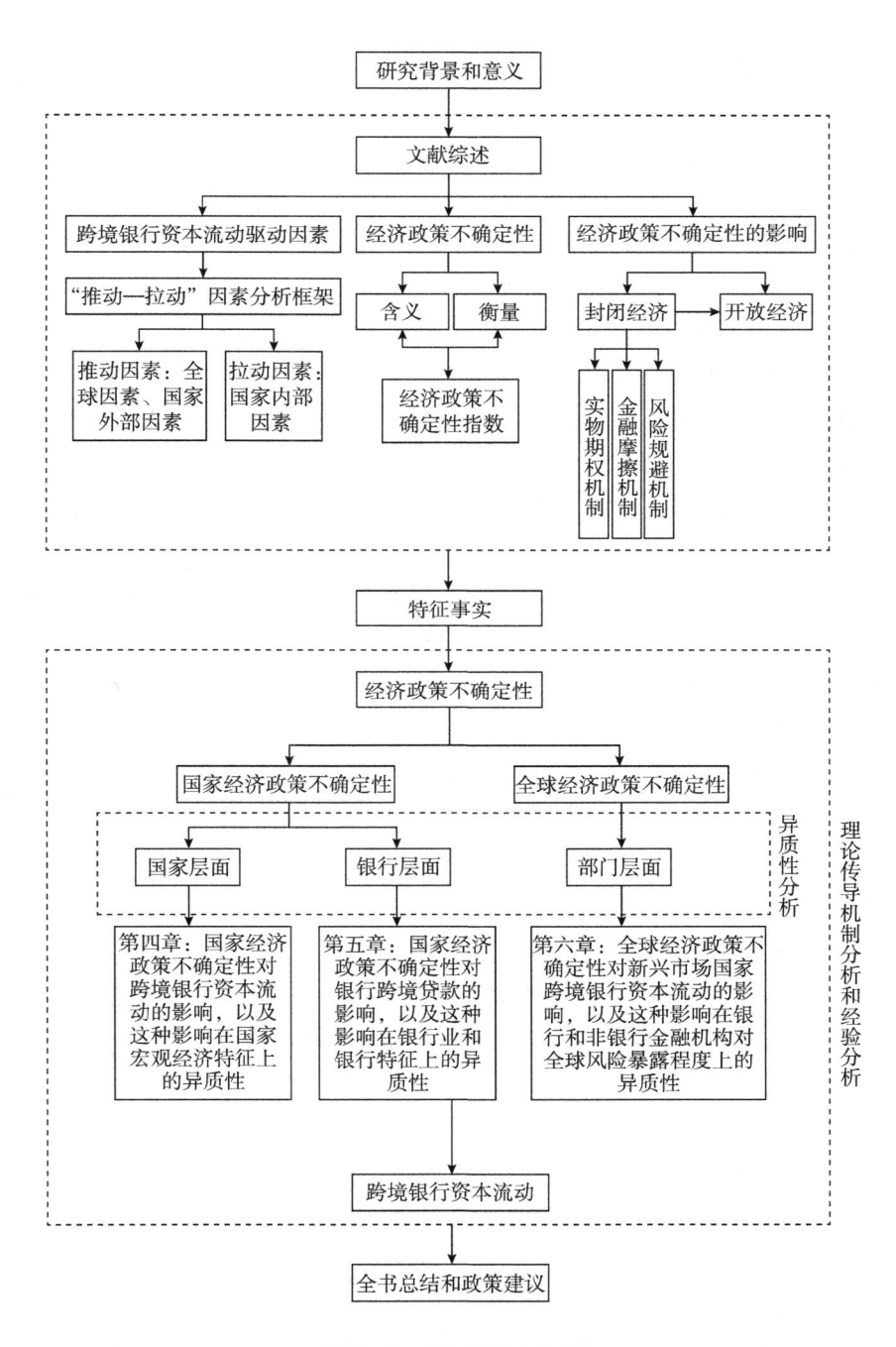

```
                        研究背景和意义
                              │
┌─────────────────────────────┼─────────────────────────────────┐
│                         文献综述                              │
│          ┌──────────────────┼──────────────────┐              │
│   跨境银行资本流动驱动因素   经济政策不确定性   经济政策不确定性的影响 │
│          │                  │                  │              │
│   "推动—拉动"因素分析框架   ┌─┴──┐        ┌────┴────┐         │
│          │                 含义  衡量     封闭经济 → 开放经济  │
│     ┌────┴────┐             │              │                  │
│  推动因素:   拉动因素:    经济政策      ┌───┼───┐              │
│  全球因素、  国家内部     不确定性指数  实物 金融 风险          │
│  国家外部    因素                      期权 摩擦 规避          │
│  因素                                  机制 机制 机制          │
└─────────────────────────────┬─────────────────────────────────┘
                              │
                          特征事实
                              │
┌─────────────────────────────┼─────────────────────────────────┐
│                     经济政策不确定性                          │  理
│                 ┌────────────┴────────────┐                   │  论
│          国家经济政策不确定性       全球经济政策不确定性      │  传
│          ┌──────┴──────┐                   │                  │  导
│    ┌─────┴─────┐       │                   │                  │  机
│    │国家层面│ │银行层面│            │部门层面│  异质性分析    │  制
│    └───────┘ └───────┘             └───────┘                  │  分
│        │         │                     │                      │  析
│    第四章:国家   第五章:国家       第六章:全球经济           │  和
│    经济政策不确  经济政策不确      政策不确定性对新兴         │  经
│    定性对跨境    定性对银行跨      市场国家跨境银行资          │  验
│    银行资本流    境贷款的影响,    本流动的影响,以及           │  分
│    动的影响,以  以及这种影响      这种影响在银行和非          │  析
│    及这种影响在  在银行业和银      银行金融机构对全球          │
│    国家宏观经济  行特征上的异      风险暴露程度上的            │
│    特征上的异质  质性              异质性                     │
│    性                                                         │
│                              │                                │
│                      跨境银行资本流动                         │
└─────────────────────────────┬─────────────────────────────────┘
                              │
                       全书总结和政策建议
```

图 1-2　本书的研究思路

体传导机制分析。

4. 经验研究法

为检验理论分析得到的研究假说，本书采用计量经济模型进行经验研究。首先，采用国家 EPU 指数数据和来自国际清算银行（BIS）的本地银行业统计（LBS）数据库在国家层面加总的银行跨境债权双边数据，运用固定效应回归模型，加入全球和国家层面的控制变量，研究国家经济政策不确定性上升时跨境银行资本流动变动情况，以及跨境银行的资产配置在国内债权和跨境债权之间的调整行为，并探究上述影响在双边国家层面的异质性。其次，采用国家 EPU 指数数据、来自 DealScan 数据库的银行层面跨境贷款双边交易数据和来自 BankFocus 数据库的银行经营特征数据，运用固定效应回归模型，加入描述银行业和银行特征的控制变量，研究国家经济政策不确定性上升对在该国经营的银行的跨境贷款的影响，并探究上述影响在银行业和银行层面的异质性。最后，采用全球 EPU 指数数据和来自国际货币基金组织（IMF）的国际投资头寸（IIP）数据库的跨境银行资本流动数据，运用固定效应回归模型，研究全球经济政策不确定性上升对新兴市场国家跨境银行资本流动的影响，并探究上述影响在新兴市场国家银行和非银行金融机构外国风险暴露程度上的异质性。为进行异质性分析，本书在固定效应回归模型中引入了不同层面的经济变量与 EPU 指数的交互项。此外，本书采用工具变量回归等计量方法对主要结论进行了稳健性检验，以保证本书经验分析结论的可靠性。

第四节　研究创新和不足

一　研究创新

相比已有文献，本书的创新点主要在于以下三个方面。

首先，已有文献研究经济政策不确定性对跨境银行资本流动的影响时缺少理论机制分析，而本书考察了经济政策不确定性影响跨境银行资本流动的微观理论传导机制。本书在理论机制分析方面的边际贡献主要包括以下三点。第一，本书将不确定性冲击在封闭经济中对银行业务经营的影响扩展到开放经济中，使用包含银行、居民和非金融企业三个部门的两国开放理论模型，将经济政策不确定性经由实物期权机制、金融摩擦机制和风险规避机制产生的作用纳入统一分析框架，直观地刻画了经济政策不确定性对银行的直接影响和经由居民及企业传导至银行的间接影响。第二，本书的理论分析同时关注经济政策不确定性上升时银行总贷款供给的变化和银行贷款资产配置结构在国内债权和跨境债权之间的调整，国家经济政策不确定性上升对本国银行总贷款供给造成负向影响，同时，国内债权风险相对跨境债权的升高导致银行贷款资产配置从国内债权向跨境债权调整，本国跨境银行资本流出变动的最终方向取决于两个相反方向影响的综合作用，这为国家经济政策不确定性上升时本国跨境银行资本流出的减少提供了一个理论解释角度。第三，根据本书的理论模型分析，随着银行道德风险问题的减轻，不确定性冲击导致的银行杠杆率下降程度将减轻，杠杆率下降导致的银行净收益损失程度进而得到缓解，总之，不确定性冲击导致银行贷款供给收缩和贷款资产配置结构调整的机制被削弱，因此，任何减轻银行与居民之间信息不对称问题或改善银行经营状况的环境都可能减轻经济政策不确定性对银行的影响，这一结论为本书进一步探究经济政策不确定性的影响在不同层面的异质性提供了统一的理论基础。

其次，已有文献对经济政策不确定性与跨境银行资本流动的关系进行了初步经验分析，本书做了深入探究。本书关于经济政策不确定性对跨境银行资本流动关系经验分析的边际贡献主要包括以下四点。第一，基于国际资本流动驱动因素的"推动—拉动"因素分析框架，本书既关注了国家经济政策不确定性作为拉动因素的影响，又关注了全球经济政策不确定性作为推动因素的影响，补齐了相关经验分析的空缺，丰富了国际资本流动驱动因素领域的研究。第二，本书采用 EPU 指数作为衡量经济政策不确定性的代理指标，相比早期文献使用的选举事件等代理指标，EPU 指数能连续、定量且更有效地衡量经济政策不确定性，并且最大限度地解决了跨国和时间维度上的数据缺失问题，扩大了本书的经验分析样本。第三，本书在国家经济政策不确定性作为拉动因素对跨境银行资本流出的作用的经验分析中使用的数据均为双边数据，利用双边数据的优势，本书同时控制了影响银行跨境信贷供给和需求的因素，并进一步考察了资本流入国的经济政策不确定性可能造成的影响，最大限度地减轻了遗漏变量问题，保证了结论的可靠性。第四，本书的经验分析不仅采用了国家层面的跨境银行资本流动数据，还采用了银行层面的跨境贷款双边数据，利用微观层面数据优势，进一步控制银行个体经营特征对跨境贷款供给可能造成的影响，也在微观层面验证了经济政策不确定性上升对银行跨境业务的影响。

最后，已有文献对经济政策不确定性对跨境银行资本流动影响的异质性研究目前只涉及跨境借款国家经济发展水平差异造成的影响，本书全面探究了经济政策不确定性对跨境银行资本流动的影响在不同层面的异质性。本书关于经济政策不确定性对跨境银行资本流动影响的异质性研究的边际贡献主要包括以下四点。第一，本书使用国家层面的跨境银行资本流动双边数据，首先探究了国家经济政策不确定性对其跨境银行资本流出和银行跨境债权份额的影响在该国不同的宏观经济环境中的异质性。第二，本书使用银行层面的跨境贷款数据，探究了经济政策不确定性对银行跨境贷款的影响在银行业经营环境和银行经营特征上的异质性。第三，本书探究了全球经济政策不确定性对新兴市场国家跨境银行资本流动的影响在新兴市场国家银行和非银行金融机构不同的外国风险暴露程度上的异质性。银行的外国风险暴露会改变全球经济政策不确定性上升时银行的风险管理需求和操作，进而改变其对跨境银行资本流动的影响。非银行金融机构的风险管理需求除了可以通过直接在国际市场上进行交易实现，还可以与银行进行衍生品交易以对冲风险，这种表外业务产生的或有资产及或有负债将风险转移给银行，银行由此产生风险管理需求并在国际市场上进行风险管理操作，从而可能影响跨境银行资本流动，这种没有体现在银行资产负债表上的风险值得注意。第四，早期文献通过在封闭经济中进行异质性分析，提出了"经济政策不确定性上升导致的银行贷款减少在一定程度上是银行减少贷款供给导致的"这一观点，本书探究经济政策不确定性上升对银行跨境贷款的负向影响，以及这种影响的异质性，由于影响银行跨境贷款需求的因素来自国外而非本国，相比国内贷款，跨境贷款需求受本国经济政策不确定性影响的程度更小，本书的基准结论和异质性研究结论为早期文献提出的上述观点提供了来自开放经济研究角度的新证据。

二 研究不足

第一，本书的理论研究仍需加强。本书使用两国开放模型分析了经济政策不确定性影响跨境银行资本流动的微观传导机制，但是该模型尚存不足之处。其一，模型假设有待放开，例如，需要同时考虑经济政策不确定性对经济的负向冲击和积极影响；其二，该模型对银行债权资产结构调整的分析过于简单，可以结合居民的风险厌恶效用函数进行深入讨论。

第二，本书的经验分析仍需完善。由于数据可得性限制，本书经验分析使用的跨国面板数据中样本国家不是完全相同的，且未能包含中国全部相关数据，可以在尽量克服数据缺失问题的基础上，单独依据中国数据进行更准确的经验分析。

第三，本书的政策建议需要结合中国经济金融发展的实际情况进行更深入的研究。

第二章 文献综述

为明确经济政策不确定性对跨境银行资本流动的影响的研究基础，便于后续研究的开展，本章从以下三个主要方面归纳相关研究现状：一是跨境银行资本流动的驱动因素研究；二是经济不确定性与经济政策不确定性的含义和衡量方法；三是经济政策不确定性的影响，包括其在封闭经济中的影响、对国际资本流动的影响及对跨境银行业务经营和跨境银行资本流动的影响。

第一节 跨境银行资本流动的驱动因素

一 国际资本流动驱动因素的"推动—拉动"因素分析框架

经典的"推动—拉动"因素分析框架将国际资本流动的驱动因素分为推动因素和拉动因素（Calvo et al.，1993、1996；Forbes & Warnock，2012）。推动因素是影响一国国际资本流动的外部因素，全球风险和不确定性因素是最重要的推动因素之一，主要发达经济体利率和产出增长是显著影响新兴市场经济体国际资本流动的推动因素（Fernandez-Arias，1996；Taylor & Sarno，1997；Chuhan et al.，1998；Calvo & Mendoza，2000；Griffin et al.，2004）。拉动因素是国家内部的影响因素，本国经济增长、利率、通货膨胀率、制度质量、金融市场开放度、汇率制度等经济基本面因素作为拉动因素对国际资本流动的影响已经形成基本一致的结论（Ghosh & Ostry，1993；Chuhan et al.，1998；Calvo & Mendoza，2000；Griffin et al.，2004）。经济不确定性也是对国际资本流动有显著影响的拉动因素。Gourio 等（2015）使用 26 个新兴市场国家的季度数据，采用每个国家的股票市场收益波动率作为经济不确定性的代理指标，发现当国家经济不确定性上升时，该国总资本流入减少、流出增加。

推动因素可进一步分为全球性因素和国家间传染因素，其中全球性因素是对各国的资本流动有普遍影响的外部因素，国家间传染因素是与本国有双边关系的外部国家或一些国家（不是全球）的经济状况变动对本国的传导。二者对国际资本流动的影响机制可能完全不同，国家间传染因素的传导机制更多取决于与初始冲击国家之间的贸易和金融联系，具体的传导机制包括贸易渠道、金融渠道和国家相似性渠道（Claessens et al.，2001）。贸易渠道主要通过两国直接贸易联系、两国在第三市场上的竞争和进口价格的变化产生影响（Glick & Rose，1999；Abeysinghe & Forbes，2005）。金融联系带来的传染效应包括跨境银行贷款渠道和国际投资组合资本流动渠道（Bernanke et al.，1996；Shin，2012；Broner et al.，2013）。国家相似性渠道是指有共同的区域位置或相似的经济特征的国家之间会发生传染效应，当一个国家发生不确定性冲击时，与其相似的国家的资本流动可能被触发相同情形的变动（Goldstein，1998；Forbes，2012；Bertsch & Ahnert，2015）。多数文献认为以上渠道的作用都是显著的，三个渠道的相对重要性没有一致结论（Van Rijckeghem & Weder，2001；Forbes，2004；Forbes & Chinn，2004；Blanchard et al.，2010；Dungey et al.，2011）。

二 跨境银行资本流动的推动因素和拉动因素

在主要推动因素方面，全球风险和不确定性因素是跨境银行资本流动的显著影响因素，使用不同的样本期间、样本国家和经验分析方法进行研究，这一结论都是稳健的（Jeanneau & Micu，2002；Ferucci et al.，2004；Takáts，2010；Milesi-Ferretti & Tille，2011；Forbes & Warnock，2012；Herrmann & Mihaljek，2013；Cerutti et al.，2014；Bruno & Shin，2015b；Bruno & Shin，2015a；Rey，2015）。发达国家利率和经济增长作为新兴市场经济体跨境银行资本流入的周期性推动因素的影响没有得到一致的结论，因为强劲的经济增长导致银行经营状况改善和贷款供给增加，利率上升导致银行融资成本增加和贷款供给减少，而经济繁荣和加息往往相伴而生。一方面，利率上升增加了银行融资成本，对发达国家的跨境银行资本流出有负向影响（Ghosh et al., 2014; Bruno & Shin, 2015a）；另一方面，利率上升往往伴随着强劲的经济增长，此时银行经营状况良好，愿意提供更多贷款供给，发达国家跨境银行资本流出有增加的趋势，这种趋势甚至会抵消银行融资成本上升带来的影响（Jeanneau & Micu, 2002; Cerutti et al., 2014; Choi, 2017; Correa et al., 2022）。另一部分文献认为发达国家利率和经济增长并不是稳健地影响新兴市场经济体跨境银行资本流动的因素。Goldberg 和 Johnson（2009）使用1984—2000年的美国银行微观数据进行经验分析，认为美国利率对其跨境银行资本流出的影响随着模型设定的不同而变化，只有当交易对手国是亚洲新兴市场国家时，美国利率上升才对跨境银行资本流出有正向影响。Ferucci 等（2004）使用1986—2003年BIS的数据进行面板回归，没有发现发达国家经济增长与跨境银行资本流动之间存在显著关系。尽管贷款提供国的经济增长和利率对于跨境银行资本流入的影响没有一致结论，但贷款提供国的银行业经营状况作为新兴市场经济体跨境银行资本流入的重要推动因素的影响已经有比较稳健的证据（Herrmann & Mihaljek, 2013）。

在主要拉动因素方面，本国经济增长和资产收益率的上升意味着本国资产在银行的跨境资产交易中更有吸引力，对本国跨境银行资本流入有显著为正的影响（Ferucci et al., 2004; Herrmann & Mihaljek, 2013; Bruno & Shin, 2015b）。国内风险上升时，本国跨境银行资本流入会减少。使用不同的方法衡量本国风险，本国风险对本国跨境银行资本流入的负向影响都是稳健的。一国外部负债较高时该国跨境银行资本流入减少（Jeanneau & Micu, 2002; Ferucci et al., 2004），一国机构投资者信用评级上升时该国跨境银行资本流入增加（Hooper & Kim, 2007），一国主权信用评级下降时该国跨境银行资本流入减少（Kim & Wu, 2008），一国政府债务占GDP的比率上升时该国跨境银行资本流入减少（Bruno & Shin, 2015b）。国家制度质量也是跨境银行资本流动的显著拉动因素，一国较轻的腐败问题和高质量的法治体系或是较低的政策不透明度会增加该国跨境银行资本流入（Hooper & Kim, 2007; Papaioannou，2009）。

20世纪90年代初期至国际金融危机时期，全球的跨境银行资本流动经历了前期的大幅增加和危机时的急剧减少，由此出现大量文献研究跨境银行资本流动的驱动因素（Cetorelli & Goldberg，2011；Kleimeier et al.，2013；Minoiu & Reyes，2013；Cerutti et al.，2015；Cerutti et al.，2017；Choi et al.，2021；Correa et al.，2022）。资本流动本身的波动是必然的，由经济基本面因素驱动的资本流动是资本以寻求更高收益为目标的跨境配置，并不一定会损害经济稳定。然而，对由恐慌情绪等非基本面因素驱动的国际资本流动波动，采取政策干预以抑制国际资本流动异常波动具有现实意义（Ahmed & Zlate，2014；Benhima & Cordonier，2020）。国际金融危机期间，经济不确定性骤升，经济政策不确定性也随着各国经济刺激政策的实施和退出有明显增加，相关文献开始探究经济不确定性及经济政策不确定性对跨境银行资本流动的影响（Hnatkovska，2010；Milesi-Ferretti & Tille，2011；Ahmed & Zlate，2014；Bruno & Shin，2015b）。

上述研究成果表明，跨境银行资本流动的驱动因素有其独特性，相比经济增速和利率，不同层面的风险因素对跨境银行业务经营和跨境银行资本流动的影响更显著，银行业经营状况也是重要的影响因素。尽管主要宏观经济变量对跨境银行资本流动的影响已基本达成共识，但是跨境银行资本流动的变动中依然存在常见宏观经济变量无法解释的部分（Gourio et al.，2015）。国际金融危机后，跨境银行资本流动波动加剧和经济政策不确定性的普遍上升相伴发生，经济政策不确定性作为跨境银行资本流动驱动因素的影响这一主题有较大的研究空间。

第二节 经济不确定性与经济政策不确定性

一 经济不确定性的含义和衡量

Knight（1921）最早区分了不确定性与风险的定义，认为风险描述了一组事件的已知概率分布，事件发生的概率和期望值可以被计算，而不确定性是人们无法预测、评估和计算的事件发生的可能性。Bernanke

(1983)将企业作出投资决策时依赖的信息分为三类:第一类是现在已经拥有的信息,第二类是直到投资实现才会拥有的信息,在此两类信息之间,还存在一类当前无法获知但能通过等待在未来作出投资决策前获得的信息,投资者对这类信息的无知是不确定性的来源,而风险来源于投资者对第二类信息的无知。后续在概念上区别不确定性与风险的理论研究较少,相关文献研究的重点是如何衡量经济不确定性及其变化如何影响经济产出。

研究经济不确定性的经济影响的关键挑战是如何为经验分析找到描述经济不确定性的合适的代理指标,这是一个尚未达成共识的问题(Carruth et al.,2000),相关文献做了不同的尝试。早期研究的代表性做法是使用经济变量的波动率衡量经济不确定性。宏观层面的研究一般使用 GDP 增长率、通货膨胀率、利率、汇率及全要素生产率等宏观经济变量的波动率作为经济不确定性的代理指标(Driver & Moreton,1991;Goldberg,1993;Episcopos,1995;Price,1995)。微观层面的研究一般使用企业成本、销售增长率、产品价格等经营指标的波动率描述经济不确定性(Huizinga,1993;Ghosal & Loungani,1996;Guiso & Parigi,1999),也有一些文献尝试使用企业层面的股票价格与收益率的波动率作为代理指标(Leahy & Whited,1996;Campbell et al.,2001;Bloom et al.,2007)。一些文献从企业层面股票价格和收益波动率拓展到股票市场波动率,采取芝加哥期权交易所发布的 S&P100 指数的隐含波动率(VXO 指数),以及基于该指数更新的 S&P500 指数的隐含波动率(VIX 指数)衡量经济不确定性(Bloom,2009;Forbes & Warnock,2012)。此后,VIX 指数作为一个实时的、基于市场的经济不确定性代理指标被广泛使用(Bloom,2014;Choi & Loungani,2015;Choi et al.,2018)。以 VIX 指数作为代理指标的相关研究证明了全球经济不确定性是影响国际资本流动的重要推动因素(Milesi-Ferretti & Tille,2011;Forbes & Warnock,2012;Fratzscher,2012;Ahmed & Zlate,2014;Bruno & Shin,2015b;Gourio et al.,2015;Passari & Rey,2015;Rey,2015;Wang,2018;Choi & Furceri,2019)。使用经济变量的波动率衡量经济不确定性具有可直接观测的优势,但此类指标最大的缺陷在于波动率指标中可能包含了与经济不确定性无关的随机波动,企业层面的利润、销量等经营指标与股票价格的波动率包含了仅与单个企业商业周期有关的异质性波动（Jurado et al.，2015），股票市场波动率则包含了杠杆率、投资者风险规避或情绪等因素的变化，即便经济基本面的不确定性没有变化，股票市场波动率指标也会随时间波动（Bekaert et al.，2013；Jurado et al.，2015）。此外，经验分析表明股票市场波动率是一个短期（通常为 30 天）的指标，无法捕捉较长时间内的不确定性（Baker et al.，2016）。

一类研究质疑使用波动率描述经济不确定性缺乏理论基础，主张使用消费者信心指数作为代理指标，认为消费者信心指数刻画了市场微观主体对未来经济发展情形的信念，因此可以反向衡量市场参与者感知到的不确定性，相比股票市场波动性，其反映了更广泛的市场预期，从而能更好地解释实际经济的波动。Estrella 和 Mishkin（1998）验证了美国密歇根大学构建的消费者信心指数（Michigan Consumer Sentiment Index，MCI）对美国一系列经济变量的预测能力。Leduc 和 Liu（2016）使用美国密歇根大学的消费者调查数据构建衡量美国经济不确定性的指标，使用英国工业联合会（Confederation of British Industry，CBI）的工业趋势调查数据构建英国不确定性的衡量指标，验证了经济不确定性上升对总需求造成的负面冲击。Beaudry 和 Portier（2006）使用 VAR 模型阐述了市场参与者预期的变化如何导致商业周期波动。但是，使用消费者信心指数作为代理指标的缺陷在于消费者信心指数在概念上与经济不确定性本身的相关性较弱，并且以其为代理指标得到的经验分析证据并不稳健（Barsky & Sims，2012）。

经济变量的预测准确度也可反向刻画经济不确定性，具体可使用专业机构对主要经济变量的预测值与实现值间的差异或不同专业机构的预测值间的差异衡量经济不确定性（Wallis，2005；Clements，2014）。Jurado 等（2015）将不确定性定义为一个变量的将来值中完全不可预测的部分，并且用一系列经济变量的不确定性的加权总和衡量宏观经济不确定性，使指标具有更高的独立性和灵活性。经济个体的行为决策是基于其察觉到的不确定性作出的，而非基于客观存在，但仍有一部分不能被察觉的不确定性，为了更准确地描述经济主体面对的经济不确定性，预测值的计算最好使用经济个体对经济变量的主观预测而非模型预测数据（Scotti，2016）。大部分宏观研究基于专业预测机构对经济变量的主观预测值和概率密度函数衡量经济不确定性（Boero et al.，2008；Clements，2008；Rich & Tracy，2010），但企业个体的主观预测数据较难获取，Bontempi 等（2010）使用企业对其未来产品需求的主观预测值和概率密度来分析需求不确定性对制造业企业投资决策的影响。

另一类研究试图对特定变量的波动率进行分解，分析经济不确定性的来源。Bekaert 等（2013）将 VIX 分解为方差风险溢价、风险规避指标和股票市场不确定性三个部分。Le 和 Zak（2006）将一国资产收益率的方差归因于三个方面——经济风险、政局不稳定性和政策不确定性：经济风险来自商业环境和消费者信心的变化；政局是否稳定是收益实现和留存的重要决定因素，社会政治不稳定性加剧会使资本被破坏或挪用的可能性上升，从而损害经济活动（Venieris & Gupta，1986；Zak，2000）；即便同一届政府持续执政，也会因其政策的改变影响企业盈利和个人投资动机。事实上，政局变动大概率会引起政策变动，后续的研究大多将政局变动归为经济政策不确定性的重要来源之一（Morikawa，2016）。

归纳以上研究可以发现，经济不确定性的衡量方法随着对经济不确定性概念的理解和关注重点的变化而变化，最初使用 VIX 指数衡量经济不确定性的做法虽然应用广泛，但是缺少理论基础，并且指标中包含投资者风险偏好变化等与经济不确定无关的因素。随着对经济不确定性研究的深入，对经济不确定性含义的理解和衡量指标构建的侧重点表现出两个特点：第一，被市场参与主体察觉到的经济不确定性才是影响经济运行的关键，而非客观存在但没有被察觉到的不确定性；第二，经济不确定性源于不同方面，其中，政策变动预期不明确是经济不确定性的一个重要来源。

二 经济政策不确定性的含义和衡量

经济政策不确定性（Economic Policy Uncertainty，EPU），是指政府未明确经济政策预期、政策执行及政策立场变更的指向和强度而引致的不确定性（Le & Zak，2006）。随着对经济政策不确定性概念理解的侧重点及数据可得性限制的改变，对经济政策不确定性的衡量方法也在演变。

早期研究以特定变量的波动率衡量经济不确定性，对经济政策不确定性的衡量也有类似处理。Organski 和 Kugler（1980）基于政府税收构建了一个描述政府政策实施能力的指数，之后，一些研究用该指数的波动性来衡量政策不确定性（Feng，2001；Le & Zak，2006）。

部分文献采用选举、战争、恐怖袭击、政治事件等非经济虚拟变量测度经济政策不确定性（Lächler，1984；Heckelman & Berument，1998；Block，2002；Khemani，2004；Konstantakis et al.，2015）。在多党派轮流执政的国家，不同政党的政策取向有明显差异，哪个政党执政和采取何种政策会产生比较高的不确定性预期（Julio & Yook，2012）；新上任的政府倾向实施新政策，也会使市场对私人部门盈利产生较高的不确定性预期（Pastor & Veronesi，2013）。因此选举年份的经济政策不确定性往往被认为比非选举年份更高，基于此，选举年份或者政府更迭频率成为经济政策不确定性的常用代理指标（Gao & Qi，2012；Julio & Yook，2012；Aisen & Veiga，2013；贾倩等，2013；Julio & Yook，2016；Jens，2017）。使用选举年份作为代理指标的优点在于外生性较高，但缺点在于选举年份属于离散指标，缺乏连续性和时变性，无法捕获到经济政策不确定性在非选举年或政府换届期间的变化，因此研究结果存在一定的偏差（Gulen & Ion，2016）。

Baker 等（2016）从谁将作出经济政策决策，何种经济政策行动将被采取，以及政策行为的效应会何时发生①这三个方面的不确定性出发，构建了一个包含报纸新闻指数、税法法条失效指数和经济预测差值指数三个部分的 EPU 指数。其中，使用文本搜寻方法构建的报纸新闻指数捕捉了报纸新闻中与经济政策不确定性相关文章的出现频率。新闻报道既反映了大部分市场参与者的关注焦点，也是市场参与者作出行为决策的重要信息来源，所以使用这一方法构建的指数作为代理指标研究特定变量的经济影响具有理论基础上的天然优势，并且充足的文本数据来源在很大程度上解决了较早年份及某些国家的数据匮乏问题，因此使

---

① 包括非经济性政策产生的经济效应，例如军事行动。

用文本搜寻方法构建变量代理指标的方法在近年来有广泛应用（Gentzkow & Shapiro，2010；Hoberg & Phillips，2010；Alexopoulos & Cohen，2015）。具体来说，基于报纸新闻的美国 EPU 指数反映了该国十大主要报纸同时提及"经济"或"经济的"，"不确定"或"不确定性"，"国会"、"赤字"、"联邦储备"、"立法"、"监管"或"白宫"的频率，以此方法构建的基于报纸新闻的美国 EPU 指数在美国总统竞选的紧张时期、两次海湾战争、"9·11"事件、2011 年债务上限争议及其他主要财政政策争议时期达到局部峰值。税法法条失效指数通过统计一段时间失效的税法法条数目衡量税法变动的不确定性。经济预测差值指数又具体分为 CPI 预测差值和联邦/地方州政府支出预测差值，即使用不同机构对重要经济变量的预测值的差异来衡量经济政策的不确定性。综合的 EPU 指数是上述四个子指标的加权平均数，由 1/2 的报纸新闻指数、1/6 的税法法条失效指数、1/6 的 CPI 预测差值和 1/6 的政府支出预测差值组成。

  Baker 等（2016）构建的 EPU 指数使连续地定量描述经济政策不确定性成为可能，并且该指数的可靠性经过了多个方面的验证。第一，EPU 指数与不确定性的其他衡量指标有很强的相关性，例如股票市场波动率。第二，EPU 指数与政策不确定性的其他衡量指标有很强的相关性，例如美联储褐皮书提及经济政策不确定性的频率。第三，基于报纸的政治倾向分别构建的 EPU 指数有相似的变动机制，说明报纸的政治倾向不改变 EPU 指数的一致性。第四，对构建 EPU 指数时抽取的文章进行了广泛的人工复核，人工评估用关键词进行文本搜寻筛选得到的文章是否真正在讨论和担忧经济政策不确定性问题，基于人工审核结果构建的 EPU 指数与基于计算机文本搜寻构建的 EPU 指数有高度的相关性，并且两个指数之间的差异与 GDP 增长率和 EPU 水平无关。第五，EPU 指数经过了市场使用的验证，包括 Bloomberg、FRED、Haver、Reuters 在内的大型商业数据提供商使用此 EPU 指数来满足银行、对冲基金、公司和政策制定者的数据需求，这种高度的市场接纳表明 EPU 指数包含影响市场参与主体决策的有效信息。

  沿用 Baker 等（2016）的方法，关注不同国家经济政策不确定性的文献共构建了 26 个国家的 EPU 指数①（Kroese et al.，2015；Baker et al.，2016；Cerda et al.，2016；Davis，2016；Arbatli et al.，2017；Armelius et al.，2017；Sorić & Lolić，2017；Zalla，2017；Fountas et al.，2018；Gil & Silva，2018；Davis et al.，2019；Ghirelli et al.，2019；Algaba et al.，2020；Bergman & Worm，2020；Choudhary et al.，2020），在此基础上，使用 21 个国家的 EPU 指数②，以国家 GDP 为权重，计算加权平均值，构建了全球 EPU 指数③。EPU 指数的有效性在实证研究中经过了广泛检验，使用该指数的已有研究表明，经济政策不确定性对一国投资、产出、股票市场、资本流动和大宗商品价格等均有显著影响（Antonakakis et al.，2013；Colombo，2013；Antonakakis et al.，2014；Baker et al.，2016；谭小芬和张文婧，2017）。

　　基于统一的构建方法，各国 EPU 指数的数据来源根据国情具体确定，EPU 指数的有效性得到进一步提高。以中国为例，Baker 等（2016）基于中国香港地区的一家英文报纸《南华早报》构建了中国 EPU 指数。但是，仅使用《南华早报》构建中国 EPU 指数存在一些问题：单一报纸导致存在选择偏差问题；中国香港报纸进行的报道更多与中国香港有关，并不能全面反映中国经济政策不确定性的变化，并且中国香港报纸不是中国内地市场参与者的普遍信息来源；由于中英文在表述上存在差异，描述中国经济政策不确定性用中文报纸更合适（Jin et al.，2019；Huang & Luk，2020）。为此，相关文献对中国 EPU 指数进行了完善。Davis 等（2019）改用《人民日报》和《光明日报》这两家新闻媒体作为构建中国 EPU 指数的数据来源，完善了中国 EPU 指数。在构建全球 EPU 指数时，中国 EPU 指数采取 Baker 等（2016）基于

---

　　① 基于 Baker 等（2016）的方法构建了 EPU 指数的 26 个国家：澳大利亚、比利时、巴西、加拿大、智利、中国、哥伦比亚、克罗地亚、丹麦、法国、德国、希腊、印度、爱尔兰、意大利、日本、韩国、墨西哥、荷兰、巴基斯坦、俄罗斯、新加坡、西班牙、瑞典、英国、美国。

　　② 用于构建全球 EPU 指数的 21 个国家：澳大利亚、巴西、加拿大、智利、中国、哥伦比亚、法国、德国、希腊、印度、爱尔兰、意大利、日本、墨西哥、荷兰、俄罗斯、韩国、西班牙、瑞典、英国、美国。这 21 个国家经购买力平价调整后的产出约占全球产出的 71%，按市场汇率计算的产出约占全球产出的 80%。

　　③ 资料来源：http://www.policyuncertainty.com/index.html。

《南华早报》构建的中国 EPU 指数和 Davis 等（2019）基于《人民日报》与《光明日报》构建的中国 EPU 指数的平均值。Huang 和 Luk（2020）将构建中国 EPU 指数的数据来源扩大到 10 家中文报纸[①]，并用多种稳健性检验方法验证了潜在的正向宣传倾向等不影响新构建的 EPU 指数的质量，经验分析结果表明，新指数更准确地衡量了中国经济政策不确定性，指数的有效性进一步提高。

上述研究结果表明，经济政策不确定性是经济不确定性的重要来源，EPU 指数的构建使广泛、及时、连续、定量地描述经济政策不确定性成为可能。该指数基于文本分析方法构建，具有以下优势：第一，容易在国家和时间维度上进行扩展，较好地解决了一些国家早期经济数据缺失的问题；第二，由于使用统一的构建方法，数据来源又基于各国具体国情确定，该指数最大限度地保证了跨国可比性和准确性；第三，该指数的有效性经过了广泛验证和讨论，并且构建方法仍在不断完善，数据也持续更新至最新日期。因此，EPU 指数为基于跨国面板数据研究经济政策不确定性对国际资本流动的影响提供了有利条件。

第三节 经济政策不确定性的影响

一 经济政策不确定性在封闭经济中的影响

不确定性冲击会对企业生产和投资、居民消费和储蓄乃至真实经济周期产生影响，相关文献提出的理论机制主要包括实物期权机制、金融摩擦机制、风险规避机制、增长期权机制和 Oi-Hartman-Abel 机制，其中，前三个传导机制强调不确定性冲击对经济增长的负向影响，后两个传导机制强调不确定性冲击对经济增长的正向影响。

实物期权机制是阐述不确定性冲击对经济影响的主流理论，主要研究不确定性对企业投资决策的影响（Bernanke，1983；Brennan & Schw-

---

① 10 家中文报纸为：《北京青年报》《广州日报》《解放日报》《人民日报海外版》《上海晨报》《南方都市报》《北京新闻》《今日晚报》《文汇报》《羊城晚报》。尽管数据来源不包含来自港澳台地区的报纸，但这 10 家报纸中包含对港澳台地区的新闻报道，因此，构建的 EPU 指数可以较为全面地衡量中国经济政策不确定性。

artz，1985；McDonald & Siegel，1986）。实物期权机制的核心思想是企业的未来投资机会可被视为一系列期权，经济政策不确定性的上升会使期权价值增加，企业推迟行权，投资减少。传统的净现值理论认为，当投资项目的预期收益超过其成本时，企业会进行投资。然而，净现值理论忽视了企业投资的不可逆性和企业的择时投资能力，只要投资具有一定程度的不可逆性并且投资项目可被推迟以等待获取更多关于投资决策的信息时，净现值理论就不再适用了。Bernanke（1983）提出，实际投资是不可逆的，并且有关投资收益的信息随着时间推移不断出现，新出现的信息可能帮助企业作出更正确的投资决策，只有当推迟投资项目的成本超过等待至将来可获得的信息的预期价值时，投资才会发生，较高的经济不确定性会增加等待未来信息的预期价值，鼓励投资者等待观望，从而减少投资。实物期权发挥作用基于三个关键假设。第一，投资至少在一定程度上是不可逆的。Bernanke（1983）假定投资是严格不可逆的，这一条件对固定资产投资而言是合理的，因为厂房一旦建立、设备一旦购置，基本不可能无经济损失地另作他用。Bloom 等（2007）将这一假设放宽至更符合现实的情形，只要企业撤销投资项目或解雇长期雇佣工人的成本较高，调整成本的存在使投资在一定程度上具备不可逆性，等待观望就具有价值。相反地，在投资项目完全可逆的极端情况下，企业将不会有等待的动机，不确定性冲击的影响不再存在（Valletta & Bengali，2013）。第二，随着时间的推移，会有新的影响投资决策的信息出现，即等待存在价值（Bernanke，1983）。第三，企业对投资机会有一定程度的垄断势力，即企业有等待的能力，如果投资机会因等待而消失，则因不确定性延迟投资从而不具有价值（Bloom，2014）。通过考察经济政策不确定性对投资的影响在企业资产不可逆程度上的异质性，实物期权机制在经验分析中得到了验证（Gulen & Ion，2016；谭小芬和张文婧，2017；Bonaime et al.，2018；刘贯春等，2019）。

  金融摩擦机制强调金融市场是不完美的，外部融资风险溢价的存在会放大不确定性冲击对投资和信贷的影响。经济不确定性水平上升时，信息不对称问题加重，金融中介为了规避风险，对企业约束收紧，企业融资成本上升，信贷和投资受到抑制（Christensen & Dib，2008；Bai et al.，2011；Christiano et al.，2014；Gilchrist et al.，2014）。Christiano 等（2014）在标准动态随机一般均衡模型中引入 BGG 金融加速器，认为信息不对称的存在使企业家获取资本的能力受到金融约束和不确定性的限制，而企业家在获取原始资本并将其转化为效率资本的过程中发挥关键作用。在投资不可逆程度低的企业中，经济政策不确定性对企业投资依然存在一定的负向效应，表明由实物期权机制引致的等待观望效应并不是经济政策不确定性抑制企业投资的唯一机制（Gulen & Ion，2016）。Doshi 等（2014）比较了实物期权机制和金融摩擦机制对资本投资的影响，发现不确定性上升对投资的负向影响在违约利差更高时作用更强，Campello 等（2010）发现经济不确定性上升时融资约束型企业投资减少程度更大，这些企业融资成本层面的异质性可以作为金融摩擦机制的实证证据。

　　风险规避机制是指经济不确定性上升时市场主体因主观上的风险厌恶而行为变得更谨慎的效应，相关文献强调了这种风险规避机制对投资、信贷和经济增长的负向影响。从消费者角度看，经济不确定性上升时，消费者对经济发展前景持悲观态度，从而增加预防性储蓄并减少耐用品消费（Bansal & Yaron，2004）。消费者的预防性储蓄动机源于凯恩斯的宏观经济理论，该效应表明家庭都存在进行预防性储蓄以应对未来不确定事件的倾向。从企业投资的角度看，第一，经济政策不确定性上升时，企业未来经营现金流不确定性上升，抑制企业投资。消费者的悲观预期使企业产品需求的不确定性上升，增大了未来经营现金流入减少的可能性，同时，不确定性上升加大了管理层对企业未来发展情形判别的难度，对企业未来现金流的预判更容易出现偏差，因此企业管理层的投资决策会更谨慎（Bloom et al.，2007；Baum et al.，2010）。Panousi 和 Papanikolaou（2012）的研究表明，面临较高的不确定性时，公司管理层会降低投资水平，引发投资不足问题，并且高管持有公司股份比例更高的企业投资计划的推迟更明显。第二，不确定性冲击会从债权融资和股权融资两个方面减少企业融资现金流入，抑制企业投资。在债权融资方面，当经济政策不确定性上升时，金融机构权衡项目流动性、收益性、风险性的难度升高，抑制资本形成（孙灵燕，2021），作为企业主要债权人的银行也会更谨慎，银行会降低企业债务评级，下调贷款额度，导致企业贷款成本增加、债权融资减少（Francis et al.，2014；

Bradley et al., 2016; Ashraf & Shen, 2019）。在股权融资方面，经济政策不确定性上升时，上市企业股价波动率上升（Bialkowski et al., 2008; Durnev, 2010; Pastor & Veronesi, 2012、2013; 饶品贵等, 2017），现金股利支付减少（Huang et al., 2015），股权投资者对企业发展前景和股权投资收益的判断更不确定，对企业的直接投资减少，企业的直接融资减少，从而减少投资（饶品贵等, 2017）。第三，不确定性冲击除分别对企业的债权融资和股权融资产生影响外，还会影响企业的资本结构调整。顾研和周强龙（2018）使用2001—2014年中国A股上市公司的数据，研究政策不确定性如何影响企业资本结构的动态调整，随着政策不确定性上升，在财务柔性价值的作用下，企业资本结构趋于保守，企业倾向用增加权益融资比例的方式实现资本结构的保守调整。从银行信贷供给能力的角度看，经济政策不确定性上升时，除银行自身出于审慎动机主动减少贷款供给外，居民预防性储蓄比例的提高会相应地降低消费和投资的比例（陈国进等, 2017），银行从居民吸收存款的能力下降，进而限制银行的信贷供给（田国强和李双建, 2020）。

增长期权机制是研究不确定性对宏观经济运行积极影响的理论之一。增长期权机制认为，企业的研发和投资活动可能因回报期长而被推迟，而不确定性环境增加了研发投资成功时的预期收益，从而能促进探索性和创新性投资（Bar-Llan & Strange, 1996; Lee & Lee, 2013; Bloom, 2014）。不过，增长期权机制发挥作用的范围有限。Kraft等（2018）发现增长期权机制对研发密集型企业作用更大。Segal等（2015）将不确定性细分为好的不确定性和坏的不确定性两种，发现只有好的不确定性才会引发增长期权机制。然而，不确定性的上升大多是由消极事件引发的，积极事件往往是逐渐实现的，经济主体对其有平滑的预期，不会造成不确定性的上升（Bloom, 2014）。Bloom（2009）定义了1962—2008年17次不确定性冲击事件，发现其中16次不确定性上升都是由消极事件导致的，包括肯尼迪总统遇刺、"9·11"事件等。

Oi-Hartman-Abel机制认为资本的预期边际收益是产品价格和全要素增长率的凸函数，产品价格和全要素生产率的不确定性上升将导致资本需求增加，从而促进投资（Oi, 1961; Hartman, 1972; Abel, 1983）。

Oi-Hartman-Abel 机制依赖企业可以随意调整生产规模并灵活定价的假定，如果企业能及时在经济低迷时缩减生产，并且在经济向好时扩大生产，不确定性上升就会成为企业经营的有利条件。然而，生产规模的收缩和扩张存在时滞和调整成本，因此，Oi-Hartman-Abel 机制对投资和经济增长的正向作用一般在中长期显现。此外，在存在价格黏性的情况下，企业有可能选择以更高的产品定价应对不确定性上升，此时，Oi-Hartman-Abel 机制产生反向的作用，投资和产出受到抑制（Born & Pfeifer，2014）。

经济政策不确定性上升对企业投资、银行信贷和经济增长的负向影响在经验分析中得到了广泛验证，使用不同的代理指标和不同的样本，这一结论是比较稳健的。Julio 和 Yook（2012）采用选举作为政策不确定性的代理指标，基于 48 个国家 1980—2005 年的面板数据进行经验分析，结果表明，相较于没有选举事件发生的年份，在政府选举年份企业投资平均下降 4.8%。Gulen 和 Ion（2016）使用 1987—2013 年美国企业层面的季度数据，发现控制选举因素后，EPU 指数上升仍对企业投资有显著的负向影响。Bordo 等（2016）的研究使用美国国家加总层面和银行层面的数据，采取 EPU 指数作为代理指标，发现经济政策不确定性上升将抑制银行信贷增长。Ng 等（2020）的研究使用美国商业银行的季度数据，采取选举作为政策不确定性的代理指标，采取美国 EPU 指数作为稳健性检验的代理指标，发现经济政策不确定性较高时，银行倾向持有更高的贷款损失准备。贾倩等（2013）使用中国的地方官员变更作为政策不确定性的代理指标，检验区域政策不确定性对企业投资行为的影响，发现官员变更当年的政策不确定性会显著减少当地企业的当年投资。基于中国数据，使用中国 EPU 指数作为代理指标，经济政策不确定性上升对企业投资的抑制作用（李凤羽和杨墨竹，2015；饶品贵等，2017；谭小芬和张文婧，2017；刘贯春等，2019）以及对银行信贷规模和流动性创造的抑制作用（Chi & Li，2017；田国强和李双建，2020）也得到了验证。

关于经济不确定性在封闭经济中对居民消费、企业投资、银行信贷及经济增长影响的研究对于在开放经济中研究不确定性冲击对国际资本流动的影响有积极意义。实物期权机制、金融摩擦机制及风险规避机制强调了不确定性上升对企业投资和银行信贷的抑制作用,并且在实证中得到了验证。增长期权机制和 Oi-Hartman-Abel 机制阐述了经济不确定性在中长期对经济发展潜在的推动作用,但机制发挥作用的范围有限,条件也比较严格。关于实物期权机制和金融摩擦机制的研究尤其为经济政策不确定性影响跨境银行资本流动的微观理论机制分析奠定了基础。

二 经济政策不确定性对国际资本流动的影响

在"推动—拉动"因素分析框架下,对全球和国家层面的经济政策不确定性作为推动和拉动因素的影响已有初步研究。在推动因素方面,全球经济政策不确定性上升会改变国际投资者的风险承担意愿,使其在全球范围内调整资产配置,从而显著影响国际资本流动。谭小芬等(2018)使用33个新兴经济体1997—2013年的季度数据进行经验分析,结果表明全球经济政策不确定性是显著影响新兴经济体资本流动的推动因素,并且这种影响是非线性的:由于发达经济体相比新兴经济体具有更完善的金融体系和更高的风险承担能力,当全球经济政策不确定性较低时,发达经济体相对新兴经济体更安全,可以充当避风港的角色,此时全球经济政策不确定性的上升将导致国际资本从金融市场中较脆弱的新兴经济体撤离;当全球经济政策不确定性较高时,发达经济体避风港的作用减弱,反而因全球化程度加深而更容易受到冲击,全球经济政策不确定性的上升导致流向发达经济体的国际资本减少,转而流向新兴经济体,减弱了全球经济政策不确定性对新兴经济体资本流入的负向影响。

发达经济体的经济政策不确定性也是新兴市场经济体国际资本流动的重要推动因素。一方面,发达经济体的经济政策不确定性上升会通过传染效应影响其他国家的国际资本流动。经济政策不确定性和股票风险溢价存在高度相关性,政策不确定性会影响投资者的风险承担意愿(Pastor & Veronesi,2013)。国际投资者同时持有发达经济体和新兴经济体的资产,发达国家受到不确定性冲击时,投资者风险承担意愿改变,倾向减少风险较高的投资头寸的持有,因此抛售风险相对较高的新兴市场的资产,将资金转向相对更安全的发达经济体,投资者国际资本流动存在"避风港"效应,这种发达国家的不确定性冲击导致的新兴市场资本流出，可视为因国际投资者同时持有不同地区的资产而存在的传染效应（Jotikasthira et al.，2012；Ramadorai，2012；Pastor & Veronesi，2013）。另一方面，发达经济体经济政策不确定性上升通过减少其自身向其他经济体的国际资本流出而影响其他经济体的国际资本流入。Gauvin 等（2013）分别使用美国和欧盟的经济政策不确定性，研究不同发达国家的经济政策不确定性对新兴市场经济体投资组合债权和股权资本流动的影响，发现美国经济政策不确定性上升导致新兴市场经济体的债权和股权资本流入均减少，然而欧盟经济政策不确定性上升导致新兴市场经济体债权资本流入减少，股权资本流入增加。另外，欧盟经济政策不确定性上升对新兴经济体资本流入的影响的方向和强弱程度取决于全球风险水平和新兴经济体本身违约风险的高低，对新兴经济体债权资本流入的负向影响只有当全球风险较高时才成立，对新兴经济股权资本流入的正向作用即便在全球风险较高时仍成立，同时只有在资本流入国主权违约风险较低时才成立。

　　国家经济政策不确定性作为拉动因素对本国国际资本流动也有一定影响。Hermes 和 Lensink（2001）使用政府预算赤字、税收、政府消费和实际利率的预测误差作为政策不确定性的代理指标，发现一国政策不确定性上升时，本国投资者难以确定政策可能发生的变动对国内资产未来价值的影响，会减少对本国资产的投资，转而购买外国资产，从而导致总资本流出的增加。

　　在有关特定类型资本流动的研究中，由于外国直接投资（Foreign Direct Investment，FDI）资本流动的可逆性程度最低，经济政策不确定性上升对 FDI 资本流动的影响最早受到关注。外国投资者计划对一国进行直接投资时，资本管制政策、贸易政策、汇率政策、税收政策、行业监管政策和财政政策都是其关注的因素，经济政策不确定性的变化会改变外国投资者对该国的直接投资决策，影响该国的 FDI 资本流入。Julio 和 Yook（2016）使用 1994—2010 年 44 个国家 183 次的选举数据和美国对这些国家的 FDI 资本流动数据进行研究，发现国家选举活动会抑制该国的 FDI 资本流入，并且选举竞争越激烈，这种影响越显著，此外，国家制度质量会对经济政策不确定性的影响产生调节效应，制度质量高的国家在选举期间经历的外国直接投资流入的减少会被缓解。Hsieh 等

（2019）使用美国的 EPU 指数和对其他国家的 FDI 资本流出数据，发现美国经济政策不确定性上升时其 FDI 资本流出增加，美国 FDI 资本流出目的国经济政策不确定性上升时，美国对该国的 FDI 资本流出减少。Nguyen 等（2018）使用 EPU 指数和企业层面的 FDI 数据，发现企业会对经济政策不确定性低于本国的国家增加 FDI 资本流出。

经济政策不确定性对跨境银行资本流动的影响在国际金融危机后开始受到关注。谭小芬等（2018）使用全球 EPU 指数研究全球经济政策不确定性对新兴市场国家总资本流入的影响，在进行稳健性检验时，将资本流入按照资本流动类型划分为 FDI 资本流入、投资组合资本流入和其他投资资本流入，发现全球经济政策不确定性上升时新兴市场国家跨境银行总资本流入显著减少。Choi 和 Furceri（2019）首次关注了国家经济政策不确定性作为拉动因素对跨境银行资本流动的影响，他们使用 25 个国家对 50 个国家的银行跨境资本流动数据，采用股票市场波动率衡量经济不确定性，研究国家经济不确定性对银行跨境资本流动的影响，在进一步的研究中，使用 25 个国家中 EPU 指数数据可得的 15 个国家子样本，采用国家 EPU 指数衡量经济政策不确定性，经验分析结果表明，国家经济不确定性或经济政策不确定性上升时，该国跨境银行资本总流出和总流入均减少，总流入的减少幅度大于总流出的减少幅度，从而跨境银行净资本流入减少。然而，Biswas 和 Zhai（2021）使用来自 21 个国家的 2215 家银行向 153 个借款国家的跨境贷款数据和 21 个国家的 EPU 指数数据，得到跨境银行贷款总资本流出在银行所在国家的经济政策不确定性上升时会增加的结论。国家经济政策不确定性上升对该国跨境银行资本流出变动方向的影响有待进一步确认。

归纳上述研究发现，从封闭经济扩展到开放经济，经济政策不确定性对国际资本流动的影响这一问题已经有一定的研究基础，但仍有进一步研究的空间。第一，全球和主要发达国家的经济政策不确定性对新兴市场国家国际资本流动的影响经过了较多文献的研究和验证，关于国家经济政策不确定性作为拉动因素对国际资本流动影响的文献相对较少，尤其是国家经济政策不确定性上升时本国跨境银行资本流动变动的方向有待进一步确认。第二，全球经济政策不确定性主要通过改变国际投资者风险承担意愿导致的避风港效应影响国际资本流动，一国经济政策不确定性对国际资本流动的影响也依赖本国资产和外国资产风险和不确定性的相对高低，因此，经济政策不确定性上升对国际资本流动的影响在不同层面的异质性研究有待完善。第三，因为在封闭经济中经济政策不确定性对投资的影响受到了最广泛的关注，所以在开放经济中，与实际投资联系最紧密的外国直接投资资本流动最早受到关注。相比之下，经济政策不确定性对跨境银行资本流动的影响在国际金融危机后开始受到关注，其对跨境银行资本流动的影响机制直接取决于跨境银行的业务经营，自然区别于其对直接投资长期资本流动的影响机制，因此，经济政策不确定性对跨境银行资本流动的影响机制有待进一步探究。

三　经济政策不确定性、银行经营与跨境银行资本流动

经济政策不确定性通过改变银行的跨境业务经营行为影响跨境银行资本流动。关于经济政策不确定性对跨境银行资本流动微观影响机制的研究主要是将封闭经济中对实物期权机制和金融摩擦机制的分析扩展到开放经济中对跨境银行业务经营的影响上，此外，银行资产组合选择模型为经济政策不确定性上升时银行资产跨境配置结构的变化提供了理论分析视角。

在封闭经济中，经济政策不确定性上升经由实物期权机制对企业投资和银行信贷的抑制作用已经得到验证，扩展到开放经济中，导致跨境银行资本流动变动的银行跨境信贷业务的需求端和供给端不在同一个国家，所以需要进一步区分经济政策不确定性对银行贷款需求和供给的影响。从需求端看，由于实物投资的不可逆性，经济政策不确定性对企业投资需求和银行贷款需求的抑制作用已经达成共识；从供给端看，对经济政策不确定性是否会减少银行贷款供给这一问题还没有一致的结论，因此关于一国经济政策不确定性上升时该国跨境银行资本流出是增加还是减少的问题也尚有争议。Biswas 和 Zhai（2021）认为一国经济政策不确定性上升仅会导致本国企业的信贷需求减少，但本国银行信贷供给不受影响，多余的银行贷款供给将转而提供给外国借款者，从而导致本国银行的跨境贷款增加。然而，经济政策不确定性上升时银行信贷供给

不变的观点与之前文献的研究结果相悖。在封闭经济中研究经济政策不确定性对银行信贷影响的文献表明，银行贷款同样是一项可逆程度较低的投资，经济政策不确定性上升时，"银行等待观望以决定是否发放贷款"这一看涨期权的价值上升，银行减少供给贷款。经验分析中，基于 Kashyap 和 Stein（1995）研究银行贷款渠道时提出并在后来被广泛应用的思想，假定银行贷款供给对不确定性冲击的反应依赖于银行特定的经营特征和资产负债表头寸，而不确定性冲击对银行贷款需求的影响在很大程度上是系统性的，故在银行层面不具有异质性，因此，经济政策不确定性对银行贷款的影响在银行经营特征层面的异质性可作为银行主动减少贷款供给的证据。Bordo 等（2016）使用美国 EPU 指数和国家及银行层面的数据进行实证研究，发现 EPU 上升会显著减少银行信贷增长，但资产规模更小、持有更多现金资产或资本资产比例更高的银行信贷减少的程度相对较低，因此提出经济政策不确定性上升时银行贷款的减少在一定程度上是银行主动减少贷款供给导致的。Raunig 等（2017）的研究使用美国 EPU 指数和银行层面贷款数据，采用事件研究方法，发现经济政策不确定性骤升事件发生时银行贷款减少，并且流动性高、资产规模小的银行贷款减少程度较低。He 和 Niu（2018）使用美国 EPU 指数和银行数据，检验经济政策不确定性与银行估值之间的关系，发现经济政策不确定性上升会对银行贷款增长产生负向影响，进而降低银行估值，对贷款占总资产比例更高的银行而言这种负向影响的作用更强。顾海峰和于家珺（2019）使用中国 EPU 指数和 219 家商业银行数据进行研究，发现经济政策不确定性上升会抑制银行的主动风险承担，并且银行资本充足率与流动性水平的升高会减弱经济政策不确定性对银行主动风险承担的抑制作用。田国强和李双建（2020）提出国家经济政策不确定性上升通过降低银行的存款吸收能力、投资收益状况和风险承担意愿抑制银行流动性创造能力的假说，使用 2007—2019 年中国 EPU 指数数据和 174 家商业银行经营数据进行经验分析，结果表明经济政策不确定性会显著抑制银行流动性创造，并且经济政策不确定性对规模较小、资本充足率较低、市场势力较弱以及区域性银行流动性创造的负向影响更明显。

在现实的不完美的市场中，经营国际业务的银行与本国及外国企业、居民间的金融摩擦会影响银行信贷的供给和需求，进而影响跨境银行资本流动。经济政策不确定性上升通过加重银行与居民和企业间的信息不对称抑制银行信贷。首先，从银行信贷供给能力的角度看，经济政策不确定性上升加重了银行与存款居民和企业间的信息不对称，存款者预期银行道德风险问题加剧导致银行存款吸收能力下降（Diamond & Dybvig，1983），进而损害银行信贷供给能力。其次，从资金价格的角度看，资金借贷双方的信息不对称导致企业外部融资成本高于内部融资成本，即产生外部融资溢价，经济政策不确定性上升加剧了借款企业与贷款银行间的信息不对称，外部融资溢价升高，企业的银行信贷需求减少。Ashraf 和 Shen（2019）使用 17 个国家的 EPU 指数和银行层面贷款数据进行研究，发现经济政策不确定性上升时银行贷款利率显著上升。最后，从资金可获得的角度看，某些情况下借款者被要求提供抵押品作为获得贷款的条件，因而任何对抵押品价值不利的冲击都会影响企业融资能力。当经济体进入经济政策高度不确定的时期，银行评估企业的风险和偿付能力、监测企业投资项目的困难程度增加，提供贷款时对企业有抵押品要求，而企业受到经济政策不确定性上升的影响可能会出现资金错配和资产价格下降等情况，从而导致企业资产负债表恶化，降低抵押品价值进而导致新的贷款推迟（Carriere-Swallow & Cespedes，2013）。此外，由于企业的外部融资溢价与其净财富呈负相关（Bernanke et al.，1996），企业财务状况的恶化会加强经济政策不确定性上升对企业外部融资成本和企业银行信贷需求的影响。

　　本国企业与外国企业面临的金融摩擦程度不同，因而可能导致经济政策不确定性上升时跨境银行的债权资产配置在本国和跨境间进行调整，具体的变动方向取决于不确定性冲击的来源及信息不对称问题的相对严重程度。投资者的"本国偏好"理论认为，相比外国资产，本国投资者对本国资产掌握的信息更全面，即本国投资的信息不对称问题较轻，因此当不确定性普遍上升时，资产配置会向国内调整（Tille & Van Wincoop，2014；Caballero & Simsek，2020）。Wang（2018）提出了一国的跨境银行资本流出在外国不确定性上升和本国不确定性上升时都下降的"同向变动之谜"，并且试图用本国企业和外国企业面对的不同严重程度的金融摩擦来解释本国经济政策不确定性上升时本国跨境银行资本流出反而减少的现象，但未能得到支持"本国偏好"理论机制的经验分析结果。事实上，本国经济政策不确定性的上升可能导致银行与本国借款人间的信息不对称程度超过其与外国借款人间的信息不对称程度，此时，跨境债权成为更安全的资产配置选择。

在风险规避机制的作用下，经济政策不确定性上升不仅会改变银行资产投资总额，还会改变银行在风险不同的资产上的配置比例，从而对银行跨境资本流动产生综合影响。一方面，经济政策不确定性上升导致银行贷款总额减少。根据风险规避机制，经济政策不确定性上升时，银行、居民和企业等市场经济主体的决策行为因主观上的风险厌恶而更谨慎，进而通过降低银行的资产规模扩张意愿、降低企业投资需求、改变企业融资结构和损害银行存款吸收能力等渠道导致银行资产总额减少。另一方面，经济政策不确定性上升导致银行资产配置结构调整。首先，经济政策不确定性上升会改变银行的资金在贷款资产和其他资产间的配置结构。假设银行在债券和贷款两种资产上进行投资组合配置，债券投资无违约风险但有市场风险，其预期收益率是无风险利率，贷款投资同时承担市场风险和违约风险，且违约风险在企业层面上存在异质性，沿用经典的投资组合模型，使用风险厌恶银行的期望效用函数，求导得到银行最优的贷款占总资产的比例，不确定性上升时，贷款占总资产的比例下降，此外，经济不确定性上升时不同银行选择的最优贷款资产比例在截面上的方差下降，表明银行的贷款决策出现"羊群效应"（Baum et al.，2009；Quagliariello，2009）。其次，银行会调整风险不同的贷款资产的配置比例。Bernanke 等（1996）最早提出银行贷款资产配置"向高质量转移"（flight-to-quality）的观点，当经济遭遇负向危机时，代理成本越高的企业获得银行贷款的比例越低，这一观点在经济周期波动中银行向规模不同的制造业企业提供的贷款差异上得到了验证。Albertazzi 和 Marchetti（2010）发现国际金融危机冲击发生时，资本充足性不够的银行会将贷款资产配置从风险较高的借款企业调整到风险较低的借款企业，而这种"向高质量转移"的调整不会在资本相对充足的银行发生。Choi 和 Furceri（2019）使用股票市场波动性指数作为代理指标进行研究，发现当一国经济不确定性上升时，银行资产配置存在跨国的"向高质量转移"调整机制。将风险规避机制导致的银行资产结构调整效应从封闭经济向开放经济扩展，有关银行资产组合选择行为的研究为经济政策不确定性对跨境银行资本流动的影响提供了新的分析视角。国家经济政策不确定性上升将改变国内债权和跨境债权的相对风险和收益，银行债权资产在国内债权和跨境债权间的结构调整也可能对跨境银行资本流动产生影响。

归纳上述研究发现，经济政策不确定性对跨境银行资本流动的影响已有一定的理论机制分析和经验分析基础，但仍有进一步研究的空间。第一，在理论机制分析方面，经济政策不确定性上升通过实物期权机制、金融摩擦机制和风险规避机制在封闭经济中对居民消费、企业投融资、银行经营等的影响可以扩展到开放经济中。首先，由于影响跨境银行资本流动的需求因素和供给因素来自不同国家，在开放经济中讨论上述机制的影响时，要注意区分本国和外国信贷需求和供给的相对变化。其次，现有的理论影响机制研究大多侧重某一个机制的影响，并且从居民、企业和银行等不同视角，为分析各种机制对银行业务的综合影响结果，可以建立一个统一的分析框架，将经济政策不确定性直接和间接影响银行跨境业务的因素和传导机制反映在其中。

第二，在经验分析方面，经济政策不确定性对跨境银行资本流动影响的经验分析有待进一步完善和细化。首先，全球经济政策不确定性与资本流入国经济政策不确定性上升导致的跨境银行资本流动变动已有基本一致的结论，但是国家经济政策不确定性上升对该国跨境银行资本流出的影响有待进一步验证。无论是作为推动因素还是拉动因素，经济政策不确定性对跨境银行资本流动的影响在不同层面的异质性都是相关研究的重点，可以进一步拓展异质性研究覆盖的层面。其次，经济政策不确定性与跨境银行资本流动之间关系的具体特点有待讨论。例如，因为经济政策不确定性上升不仅会改变银行资产投资总额，还会改变银行资金在贷款资产和其他资产间的配置结构，所以可以探究经济政策不确定性对跨境银行资本流动的影响在不同业务类型上的差异。最后，一旦经济政策不确定性上升导致银行总贷款供给下降的结论成立，则一国经济政策不确定性上升会对该国跨境银行资本流出产生总贷款供给减少和跨境贷款份额增加两个相反方向的影响，因此要明确一国经济政策不确定性上升对该国跨境银行资本流出的影响方向，需要同时考虑经济政策不确定性上升时银行总贷款供给的减少和银行风险再平衡调整下跨境债权相对供给的增加，在下一步的研究中，可以增加对跨境债权份额如何变动的经验分析。

第四节 文献总结和评述

基于以上的文献梳理，经济政策不确定性对跨境银行资本流动的研究现状及未来研究方向总结如下。

第一，对不确定性冲击对银行经营的影响有较完备的理论研究基础，不过缺少基于银行视角的统一分析框架。经济政策不确定性上升时，实物期权机制通过增加经济主体等待观望的实物期权价值抑制企业投资和银行信贷；金融摩擦机制通过加剧银行与居民和非金融企业间的信息不对称增加企业融资成本，进而抑制企业投资和信贷；风险规避机制使经济主体的主观风险厌恶水平增加从而更谨慎，企业投资需求及银行贷款供给意愿和供给能力受到负向影响，银行减少信贷总额的同时会对资产投资进行结构调整，以降低自身面临的风险。在封闭经济中对上述机制的研究为在开放经济中研究不确定性冲击对银行跨境业务的影响奠定了基础，因为银行跨境业务的信贷需求和信贷供给来自不同的国家，所以开放经济中的机制分析不是对封闭经济中机制分析的简单重复，而是需要考虑银行总贷款供给的变化、国内债权和外国债权风险和收益的相对变化，以及银行对国内债权和跨境债权供给的相对变化。银行跨境业务是跨境银行资本流动的直接动因，为了将各种机制对跨境银行资本流动的影响纳入统一分析框架，可以基于经营跨境业务的银行视角，建立一个包含银行、居民和非金融企业三个部门的两国开放理论模型，将不确定性冲击经居民消费和企业投资而对银行产生的间接影响直观体现出来，描述不确定性冲击经多种渠道对银行跨境业务经营的影响，综合分析跨境银行资本流动的变动机制，为下一步的经验分析提出待检验假说。

第二，关于经济政策不确定性对跨境银行资本流动影响的经验分析有较大的完善空间。经济政策不确定性本身是一个较新的研究领域，国际金融危机爆发以来，随着各国经济刺激政策的出台和退出，经济政策不确定性的概念才开始受到广泛关注。早期文献受限于代理指标的可得性，一般使用选举等政治事件作为经济政策不确定性变动的衡量指标，EPU 指数是一个能连续、定量且有效衡量经济政策不确定性的代理指标，该指数最大限度地解决了国家维度和时间维度上的数据缺失问题，为基于跨国面板数据的经验分析提供了有利条件。关于经济政策不确定性影响的研究主要关注封闭经济中对居民消费、企业投资、银行信贷、经济产出及金融资产价格等的影响，对国际资本流动的影响的研究相对较少。在关于特定类型的资本流动类型的研究中，经济政策不确定性对跨境银行资本流动影响的研究有待完善。为明确经济政策不确定性对跨境银行资本流动的影响，基于国际资本流动驱动因素的"推动—拉动"因素分析框架，采取全球 EPU 指数和国家 EPU 指数作为代理指标，使用国家加总层面和银行层面的跨境债权双边数据，尽可能控制来自全球经济环境、国家宏观经济基本面、银行业经营环境及银行经营特征变量对银行跨境信贷供给和需求的影响，探究经济政策不确定性分别作为推动因素和拉动因素的作用。

第三，其他变量与经济政策不确定性对跨境银行资本流动的交互影响是值得进一步研究的领域。一方面，经济政策不确定性对跨境银行资本流动的影响会随着其他经济变量的改变而改变，由于经济政策的不确定性不可避免，能产生异质性作用的其他经济变量对政策调控有重要意义；另一方面，经济政策不确定性变动会改变跨境银行资本流动其他驱动因素的作用，在经济政策不确定性不同的环境中，可以选择更有效的跨境银行资本流动调控工具。已有相关研究目前只涉及国家经济不确定性冲击对跨境银行资本流出的影响在资本流入国经济发展水平上的异质性，以及全球经济政策不确定性对新兴市场国家国际资本流入的影响在新兴市场国家宏观经济基本面特征上的异质性，为完善相关研究，可以进一步探究经济政策不确定性对跨境银行资本流动的影响在不同层面的异质性。首先，在国家宏观经济基本面层面，利用双边数据，可分别探究资本流出国和资本流入国的经济增长、利率、汇率等宏观经济基本面特征与经济政策不确定性的交互影响。其次，在银行业经营环境层面，可探究银行所在国家对银行业的监管情况以及银行业竞争环境与经济政策不确定性的交互影响。最后，在银行经营特征层面，利用具体到银行层面的微观数据,可以深入探究银行资产规模和质量、资本充足率、流动性等经营特征与经济政策不确定性的交互影响。此外,就银行层面的异质性因素而言,相关文献关注了银行的投资组合调整、融资能力、外汇风险暴露头寸以及资产负债表和杠杆率约束对经济政策不确定性和跨境银行资本流动之间关系产生的影响（Cetorelli & Goldberg, 2011；Milesi-Ferretti & Tille, 2011；Brunnermeier et al., 2012；Cetorelli & Goldberg, 2012；Bruno & Shin, 2015a）。资本流动是跨境资产交易的反映,跨境银行资本流动由银行的经营行为直接导致,因此有必要关注银行的资产负债表特征和风险管理行为。但除此之外,银行的行为可能是由非银行客户的需求导致的。在金融一体化的背景下,全球或外国经济政策不确定性上升时,非银行金融机构有对外汇头寸暴露进行风险管理的动机,除直接购买或出售外国资产外,非银行金融机构还能以银行作为交易对手进行外汇衍生品交易,外汇风险头寸就被转移给银行,银行可通过在国际银行间市场进行外汇信贷或者直接买卖外国资产对冲风险,进而产生跨境银行资本流动。在上述情形中,跨境银行资本流动在一定程度上反映了非银行金融机构作为客户的风险管理操作,而非银行本身的投资组合调整动机,因此,非银行金融机构的风险暴露也值得关注。

第三章 特征事实

第一节 国际银行业务发展

20世纪50年代至今，国际银行业务规模和结构经历了巨大变化。20世纪50年代，随着第二次世界大战后经济建设的恢复，国际银行业务重新出现。图3-1描绘了全球范围内银行国际债权占GDP的比例，其中，图3-1（a）按银行国际债权的交易对手方部门分类，图3-1（b）按银行国际债权交易的货币分类。1963年，银行的国际债权占GDP的比例不到2%，经过几十年的迅速增长，这一比例在2007年达到60%以上的峰值水平，随后在2021年初回落至40%左右。同时，国际银行业务结构发生了明显变化，早期以几种主要货币进行的银行同业业务的主导地位逐渐让位于以多种货币进行的以非银行金融机构和非金融部门作为交易对手方的业务。如图3-1（a）所示，以非银行金融机构和非金融部门作为借款人的银行国际债权的市场份额有明显上升；如图3-1（b）所示，早期的国际银行业务几乎由离岸市场交易构成，之后以借款国货币或贷款国货币直接进行的跨境银行业务所占的市场份额有明显增加。

作为国际银行业务的最重要组成部分，银行跨境业务形成的跨境债权与银行国际债权呈现一致的变动趋势。图3-2描绘了银行跨境债权积累和银行跨境资本流动的波动。如图3-2（a）所示，1980年第一季度，全球的银行跨境债权仅为1万亿美元，2008年第一季度峰值达到35万亿美元，国际金融危机的发生及随之而来的银行监管改革对银行跨境债权造成了负向冲击，经历了下降之后，2020年第一季度银行跨境债权再次恢复到35万亿美元以上。随着国际银行业务尤其是银行跨境业务的迅速发展，跨境银行资本流动波动明显加剧，如图3-2（b）所示。监管套利、金融自由化和金融创新在国际银行业务长期发展趋势的塑造中发挥了重要作用。

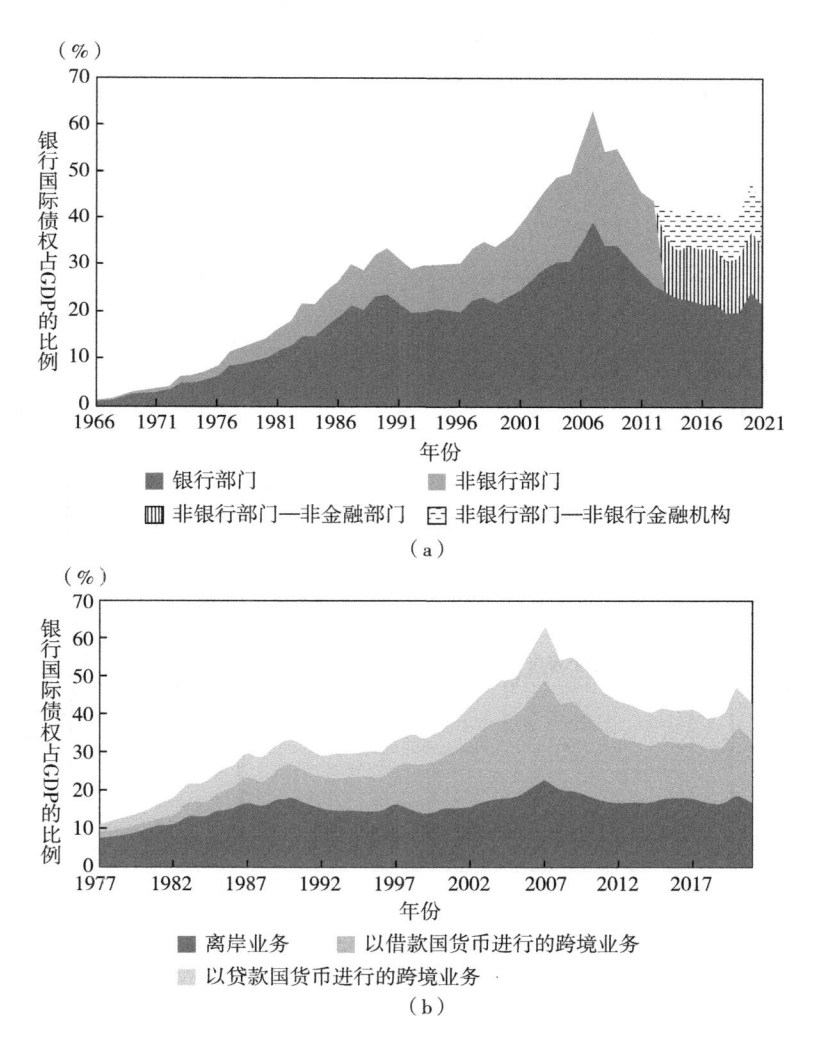

图3-1 国际银行业务的规模扩张和结构变化

资料来源：BIS。

（万亿美元）

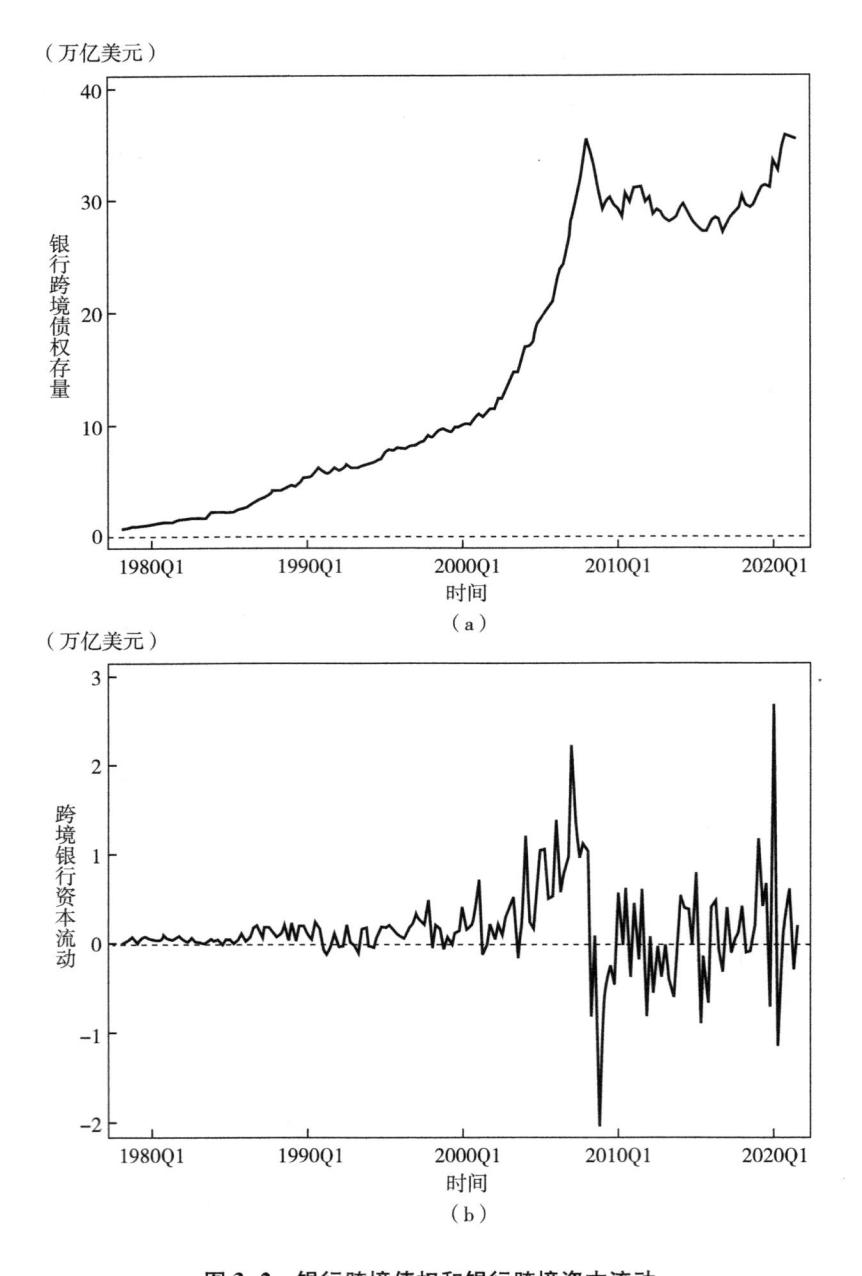

（a）

（万亿美元）

（b）

图 3-2　银行跨境债权和银行跨境资本流动

资料来源：BIS。

国家对银行的国内和离岸资金的监管差异产生了监管套利机会，监管套利催生了银行的离岸业务。最相关的监管包括存款利率上限、存款准备金要求和存款保险等。早在 1955 年，就有位于伦敦的银行以美国存款利率上限的收益率为美元存款定价（Schenk，1998）。1966 年，当美国的银行的存款吸收能力受到存款利率上限的约束时，美国的银行转向其在伦敦的分支机构来弥补损失的国内存款（Klopstock，1968）。从 20 世纪 70 年代开始，银行监管的跨境套利空间不仅激励银行从外国吸收存款，也激励银行跨境提供贷款。国际清算银行 1971 年的年报显示，1970 年，由于欧洲银行的信贷供给能力受到信贷上限和存款准备金监管的限制，欧洲企业首次从海外借入大量美元贷款。

随着时间的推移，各国对银行监管的放松减少了银行跨境进行监管套利的空间，换言之，金融自由化发展导致国际银行业务构成从离岸市场交易向传统的国际银行业务调整。从 20 世纪 80 年代开始，许多发达国家和新兴市场国家开始开放资本账户并放松对金融体系的管制，刺激了非离岸市场的银行跨境业务的发展，如图 3-1（b）所示，银行离岸业务的份额从 20 世纪 70 年代后期的接近 70% 下降到 2021 年的 40% 左右，取代离岸业务份额的是以借款国货币进行的跨境业务，此类业务形成的国际债权份额从最初的 10% 左右上升到近 40%。金融自由化在缩小银行监管套利空间的同时扩大了银行投资机会。首先，金融自由化导致了跨国银行业务的扩张，银行以其境外分支机构所在国家的货币为其活动提供当地资金（McCauley et al., 2010）。如图 3-3 所示，2021 年初，在全球范围内外资银行对其经营所在国家提供的国内债权与其国际债权的比例大约是 3∶4，而在新兴市场国家经营的外资银行分支机构向外提供的国际债权几乎和国内债权一样多。其次，金融自由化的发展使银行跨境贷款更直接地提供给国外最终借款人。在 20 世纪 60 年代和 70 年代，银行主要通过国际银行间市场向外国银行提供跨境信贷，外国银行再将资金在本国借出。20 世纪 80 年代以来，跨境银行贷款更多是向外国的最终借款企业直接提供的。离岸市场的份额下降使主要离岸金融中心在国际银行业务中的主导作用下降，更多国家广泛参与到银行跨境业务中，关注跨境银行资本流动的必要性也随之增强。

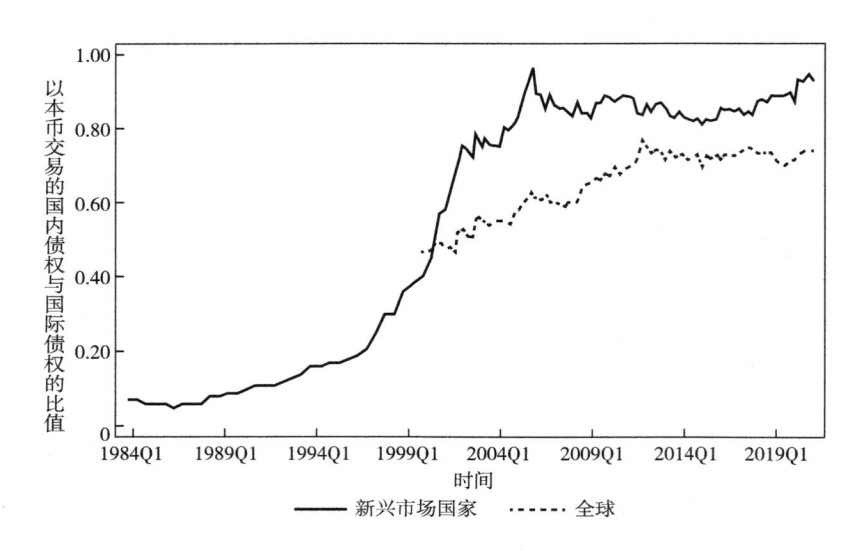

图 3-3　金融自由化对国际银行业务的影响

资料来源：BIS。

衍生品市场的创新进一步重塑了银行的国际业务布局。20 世纪 80 年代以前，银行通过在银行间市场交易不同期限或不同货币的金融资产来持有头寸或对冲风险，这种业务增加了银行资产负债表上的银行同业拆解头寸。利率、汇率和信用衍生品的发展使银行能将风险管理活动转移到资产负债表外，也意味着银行能更轻易地将其资产组合的风险状况与产生这些风险的业务脱钩。如图 3-4 所示，20 世纪 90 年代，银行衍生品交易形成的资产约为 1 万亿美元，20 余年间，这一类型资产经历了大幅变化，2020 年底增长到 8 万亿美元，其中，交易对手方来自国外的跨境或有资产占银行总的或有资产 1/3 左右，银行跨境衍生品交易形成的跨境或有资产占银行总跨境资产的 8% 左右。银行的跨境衍生品交易使银行的国际联系更不透明，也使金融风险经由银行系统的跨境传导更复杂。

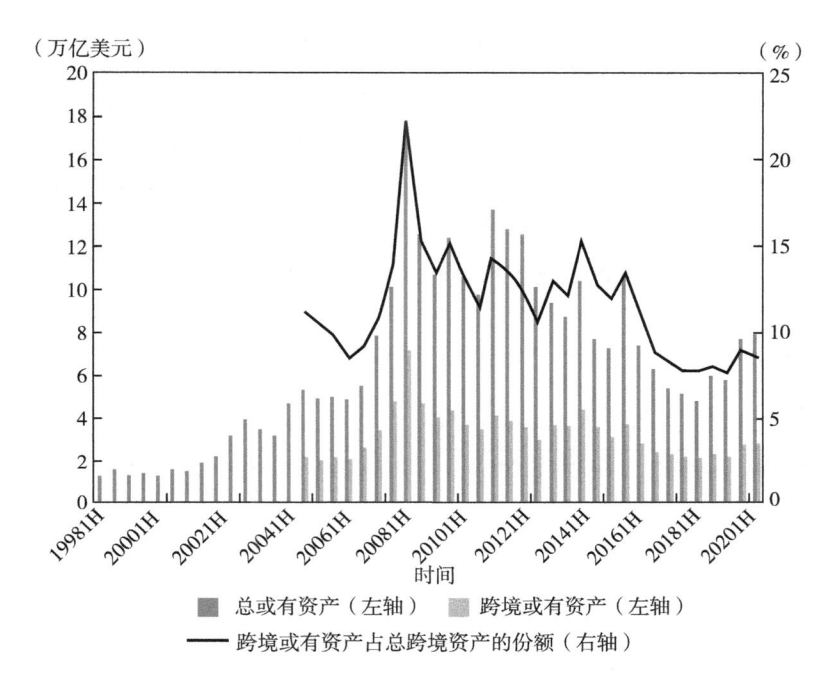

图 3-4　银行跨境衍生品交易对国际银行业务的影响

注：1H 为上半年。

资料来源：BIS。

第二节　经济政策不确定性

采用 Baker 等（2016）编制的具有连续性和跨国可比性等优势的 EPU 指数衡量经济政策不确定性，图 3-5 描述了来自不同地区的代表性发达国家和新兴市场国家的经济政策不确定性，具体包括美国、德国、澳大利亚、韩国、巴西和智利。不同国家的经济政策不确定性既有波动加剧的共性，也有由本国独特的不确定性冲击导致的变动。如图 3-5 所示，2008 年国际金融危机是导致各国经济政策不确定性普遍上升的事件之一；此后，不同国家的 EPU 指数均呈现波动加剧的特征；2020 年初开始，新冠疫情席卷全球，各国经济受到剧烈负面冲击，各国经济调控政策的出台和退出使各国经济政策不确定性再次普遍上升，其中，美国、德国、韩国和智利的政策反应尤为剧烈，EPU 指数达到了新的历史峰值。同时，不同国家经济政策不确定性的变动中包含了独特的本国冲击，例如：美国的 EPU 指数在其债务上限争议和"财政悬崖"期间再次显著上升；德国 EPU 指数在欧洲主权债务危机期间达到国际金融危机后的历史新高；巴西的 EPU 指数峰值出现在 2017 年，当时巴西正陷于向全球 60 多个国家出口腐败变质牛肉的丑闻中。

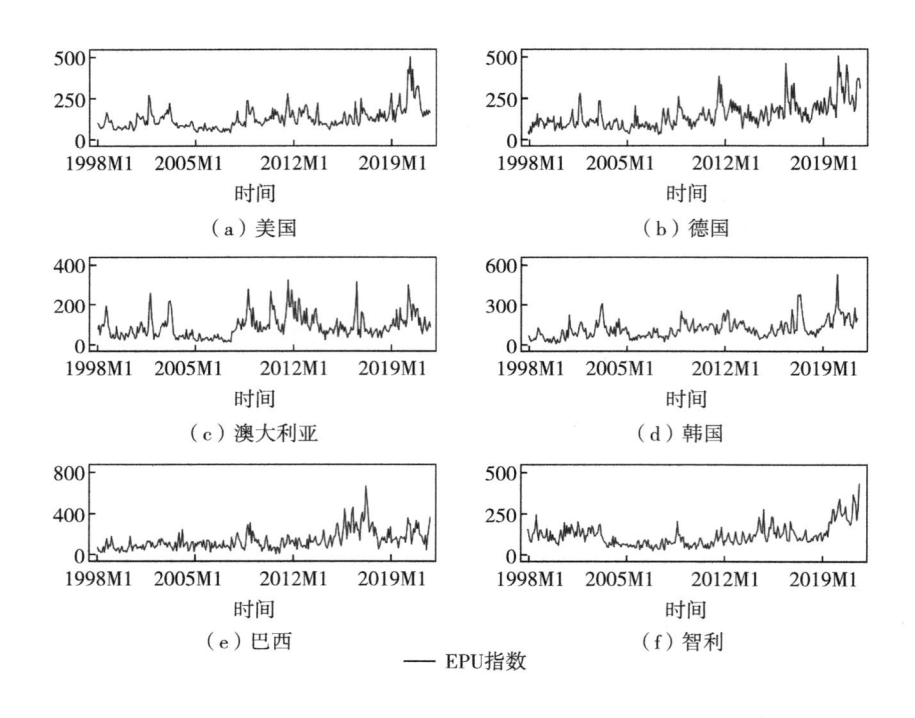

图 3-5　部分国家经济政策不确定性

资料来源：https://www.policyuncertainty.com/index.html。

基于 21 个在全球经济中占主导地位国家的 EPU 指数，以各国 GDP 为权重计算加权平均值，构建的全球 EPU 指数，描述了全球经济政策不确定性的变动。如图 3-6 所示，2008 年国际金融危机发生后，全球 EPU 指数在频繁波动中上升到更高水平，主要国家的经济政策不确定性冲击事件将导致全球 EPU 指数的骤升。1998—2008 年，全球 EPU 指数的三次骤升分别发生在 1998 年俄罗斯金融危机、2001 年美国"9·11"

事件及 2003 年第二次海湾战争。2008 年国际金融危机使全球 EPU 指数升至历史新高。此后，国际经济环境日趋复杂，导致全球经济政策不确定性上升的原因更多元，全球 EPU 指数的最高水平不断被刷新。2012 年，在欧洲主权债务危机、美国"财政悬崖"等综合作用下，全球 EPU 指数再次达到历史新高。2015 年，在欧洲移民危机事件的影响下，先前处于较低水平的全球 EPU 指数再次回升，随后在英国脱欧公投和美国总统选举，以及巴西、法国和韩国的政治动荡事件的综合影响下再次升至历史最高水平。2019 年的中美贸易摩擦及全球范围内复杂的地缘政治摩擦为市场主体的决策带来了极大的不确定性，进一步加剧了全球 EPU 指数的上升。2020 年席卷全球的新冠疫情对经济造成了突如其来的冲击，政策当局经济拯救政策的实施及退出更使全球经济主体面临的不确定性空前高涨，全球 EPU 指数在 2020 年 4 月达到历史最新峰值 437.04。全球 EPU 指数创造历史新高的时间间隔越来越短，反映了全球经济政策不确定性的上升趋势和波动加剧特征。

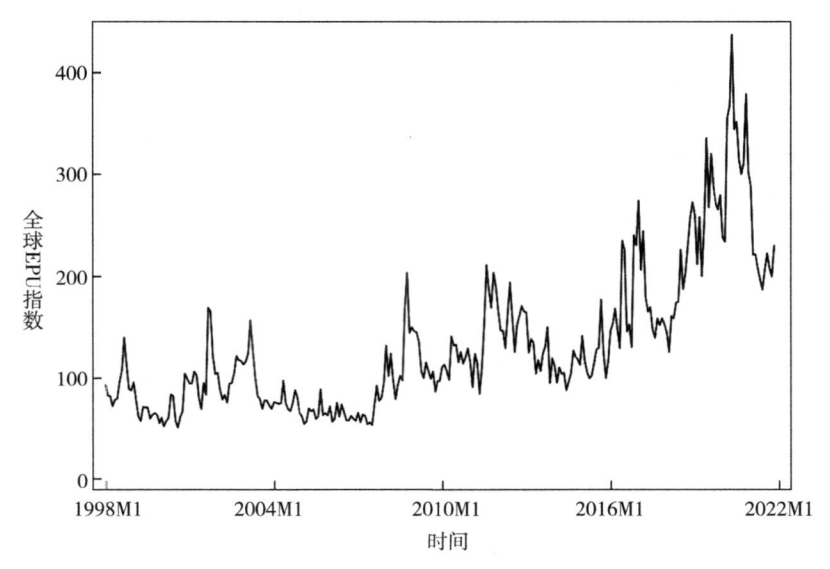

图 3-6　全球经济政策不确定性

资料来源：https://www.policyuncertainty.com/index.html。

第三节 经济政策不确定性与跨境银行资本流动

使用银行跨境债权存量的季度变化描述跨境银行资本流出，同时用国家 EPU 指数描述国家经济政策不确定性，对二者的关系进行描述性分析，图 3-7 反映出一些值得进一步探究的特征事实。国家经济政策不确定性与其跨境银行资本流动之间存在同步变动关系，并且二者之间的变动关系在跨国层面存在明显的相似性，这一特征为下一步使用跨国面板数据进行经验分析提供了事实基础。具体而言，经济政策不确定性与跨境银行资本流动的同步变动关系呈现两个特征。首先，二者关系呈现反向变动特征，在经济政策不确定性较低时，跨境银行资本流动往往保持较高水平。从较长的时间范围看，二者呈相互背离趋势，2008 年

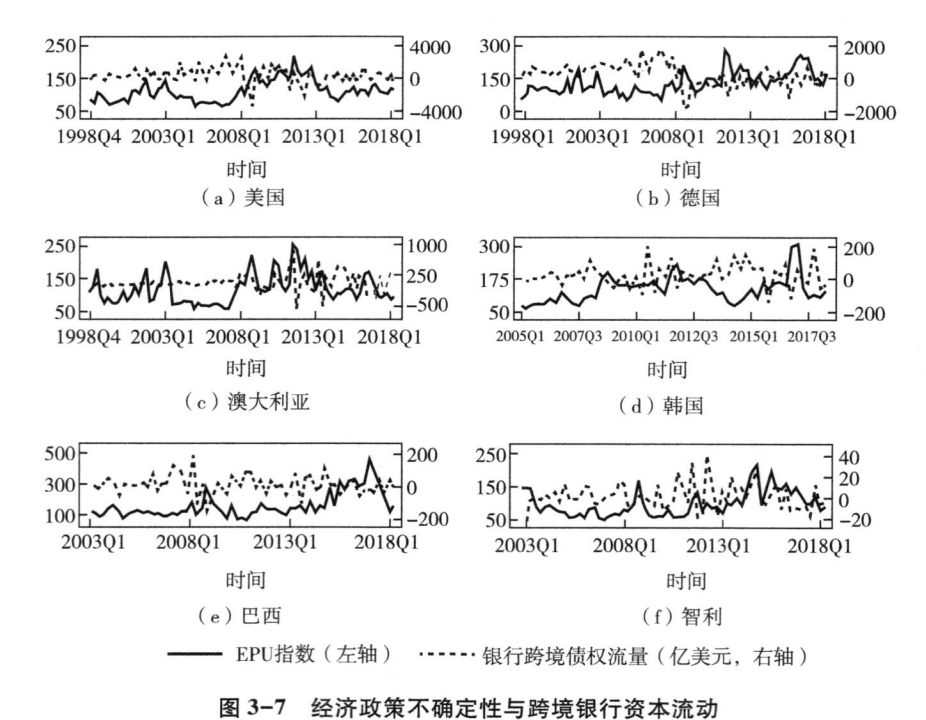

（a）美国　　（b）德国　　（c）澳大利亚　　（d）韩国　　（e）巴西　　（f）智利

—— EPU 指数（左轴）　······ 银行跨境债权流量（亿美元，右轴）

图 3-7　经济政策不确定性与跨境银行资本流动

注：所有观测均为季度数据，EPU 指数的季度数据由月度数据在季度内计算简单算术平均值得到。

资料来源：BIS，https：//www.policyuncertainty.com/index.html。

国际金融危机后，随着经济政策不确定性的上升，跨境银行资本流动明显减少；从短期视角看，跨境银行资本流动下降的低谷往往与经济政策不确定性上升的峰值相对应。其次，二者的波动性也呈同步变动特征，在经济政策不确定性波动加剧的时期，跨境银行资本流动的波动加剧。以上特征事实为经济政策不确定性和跨境银行资本流动的相关关系提供了直观的证据，为进一步确定经济政策不确定性对跨境银行资本流动的影响，后文将进行更严密的理论和经验分析。

第四章　国家 EPU 对跨境银行资本流动的影响：宏观视角

第一节　引言

国际资本流动的驱动因素包括推动因素和拉动因素（Calvo et al., 1993、1996；Forbes & Warnock, 2012）。推动因素是指国际、全球层面的影响因素，拉动因素是指国家或地区层面的宏观经济基本面状况。常见的经济变量无法完全解释国际资本流动变化，部分文献关注经济不确定性冲击对国际资本流动的影响（Ahmed & Zlate, 2014；Bruno & Shin, 2015b；Fogli & Perri, 2015；Rey, 2015；Wang, 2018；谭小芬等，2018）。以股票市场波动性作为代理指标，相关文献发现经济不确定性是显著影响国际资本流动的推动因素和拉动因素（Ahmed & Zlate, 2014；Bruno & Shin, 2015b；Fogli & Perri, 2015；Rey, 2015；Wang, 2018）。Wang（2018）使用股票市场波动性作为经济不确定性的代理指标进行研究，发现本国经济不确定性上升时本国跨境银行资本流出减少，并试图从国家宏观经济基本面特征、国家双边关系、投资者本国偏好等角度，解释本国经济不确定性上升时本国跨境银行资本流出反而减少的现象，但是这一现象不能被很好地解释。基于金融市场数据构建的股票市场波动性指数中包含投资者风险规避情绪的变化，将其当作经济不确定性的代理指标存在局限性。经济政策不确定性是经济不确定性的主要来源（Morikawa, 2016），相比股票市场波动性，它描述了经济不确定性的不同方面。已有文献表明全球经济政策不确定性是显著影响国际资本流动的推动因素（Bernal et al.，2016；Choi，2017；谭小芬等，2018）。但国家经济政策不确定性作为拉动因素对跨境银行资本流动的影响只在 Choi 和 Furceri（2019）的研究中简单涉及，本章将完善该部分研究。

关于不确定性冲击如何影响银行信贷需求和供给的研究为本章分析经济政策不确定性影响跨境银行资本流动的微观传导机制提供了理论基础。经济政策不确定性上升会从需求和供给两方面抑制投资和信贷。从实物期权机制角度来看，经济政策不确定性上升使投资项目未来盈利的不确定性上升，企业会推迟投资（Bloom et al.，2007；Magud，2008；Gulen & Ion，2016）。从金融摩擦机制角度来看，在不完全的金融市场中，企业与银行间、银行与存款居民间都存在信息不对称，不确定性上升使代理问题更严重，从而抑制信贷扩张（Gilchrist et al.，2014；顾研和周强龙，2018）。从风险规避机制的角度来看，居民的预防性储蓄动机上升通过增加银行吸收存款的难度而降低银行贷款供给能力，由于贷款收益不确定性上升，银行也会主动推迟提供新贷款而保留更多流动性储备（Raunig et al.，2017）。通过研究不确定性冲击对银行信贷的影响在银行层面的异质性，相关文献证明不确定性上升导致的银行贷款减少在一定程度上是由银行减少信贷供给所导致的（Albertazzi & Marchetti，2010；Bordo et al.，2016；Choi，2017；Raunig et al.，2017）。在国际借贷日渐普遍的背景下，银行在全球范围内经营存款和贷款业务，国家经济政策不确定性上升冲击导致银行资本预期收益率下降和银行信贷收缩（Bordo et al.，2016），并通过资产负债表的跨国关联进行国际传导。

银行资产负债表恶化时银行贷款配置结构在不同风险的贷款资产间的调整也为本章的研究提供启示。Bernanke 等（1996）最早提出银行资产配置"向高质量转移（flight-to-quality）"的概念，银行与借款企业间存在金融摩擦，当银行净收益减少时，银行会增加风险相对较低的贷款资产占总资产的份额，使贷款向高质量资产调整，从而改善资产负债表状况。Albertazzi 和 Marchetti（2010）发现国际金融危机冲击发生时，资本充足性不够的银行会将贷款资产配置从风险较高的借款企业调整到风险较低的借款企业，而这种"向高质量转移"调整不会在资本相对充足的银行发生。Choi 和 Furceri（2019）以股票市场波动性指数作为代理指标，发现当一国经济不确定性上升时，银行资产配置存在跨国的"向高质量转移"调整。基于此类研究，本章进一步关注经济政策不确定性上升时银行债权资产配置在本国债权和跨境债权间进行的结构调整。

基于以往的文献，本章的边际贡献在于：第一，本章关注国家经济政策不确定性作为拉动因素对该国跨境银行资本流出的影响，丰富了国际资本流动驱动因素的相关研究；第二，基于经营跨境业务的银行视角，将经济政策不确定性冲击在封闭经济中对信贷的影响扩展到开放经济中对跨境银行资本流动的影响，给出了国家经济政策不确定性上升导致该国跨境银行资本流出减少的理论解释；第三，本章研究了国家经济政策不确定性与本国和本国的跨境债权交易对手国的宏观基本面特征的交互影响，探讨了国家经济政策不确定性上升对该国跨境银行资本流出的影响在国家层面的异质性。

第二节 理论分析与研究假说

一 理论模型基本设定

本章借鉴 Dedola 等（2013）的研究框架，在包含居民、银行和非金融企业三个部门的两国开放模型中分析国家经济政策不确定性上升对该国跨境银行资本流出的微观传导机制。

在报告国[①]经营跨境业务的银行从报告国和外国居民吸收存款，并向报告国和外国企业提供贷款。居民家庭由工人和银行家构成，家庭的目标是最大化毕生效用。工人为企业提供劳动从而获得工资。银行家经营银行并将利润带回其所属的家庭，并且银行家面临道德风险问题，当其获得居民融资后，有违约破产并将一部分银行资产带回所属家庭的动机。非金融企业以劳动力（L_t）和资本（K_t）为生产要素，按照柯

[①] 为便于区分跨境银行资本流动的双边结构，本章中报告国即本国，也即银行跨境资本流出国；交易对手国即外国，也即银行跨境资本流入国。

布—道格拉斯生产函数进行生产（Y_t）：

$$Y_t = A_t K_t^\alpha L_t^{1-\alpha} \quad (4-1)$$

式中：$0<\alpha<1$；A_t 为全要素生产率。非金融企业投入每单位资本进行生产得到的总利润（Z_t）等于一单位资本的边际产量：

$$Z_t = \alpha \frac{Y_t}{K_t} \quad (4-2)$$

S_t 为第 t 期末社会总资本，它等于本期生产中资本（K_t）折旧后的余额加本期投资（I_t）：

$$S_t = (1-\delta) K_t + I_t \quad (4-3)$$

式中：δ 为资本折旧率。t 期末社会总资本经过国家层面的资本质量冲击，转换成 $t+1$ 期的生产资本：

$$K_{t+1} = \xi_{t+1} S_t \quad (4-4)$$

式中：ξ_{t+1} 为第 $t+1$ 期资本质量受到的负向冲击。这种负向冲击既可以来自资本实际生产效率的下降，也可以来自经济主体预期项目未来收益现金流的减少。

从 t 期至 $t+1$ 期一单位本国和外国资本的总收益率 $R_{k,t+1}$ 和 $R_{k,t+1}^*$ 分别为：

$$R_{k,t+1} = \xi_{t+1} \frac{Z_{t+1} + (1-\delta) Q_{t+1}}{Q_t} \quad (4-5)$$

$$R_{k,t+1}^* = \xi_{t+1}^* \frac{Z_{t+1}^* + (1-\delta) Q_{t+1}^*}{Q_t^*} \quad (4-6)$$

式中：Z_{t+1} 和 Z_{t+1}^* 分别为第 $t+1$ 期一单位本国和外国资本进行生产的总利润；Q_t 和 Q_t^* 分别为第 t 期本国和外国的资本价格。本国资本质量出现负向冲击时，ξ_{t+1} 减小，导致本国资本收益率 $R_{k,t+1}$ 下降。

本章丰富了 Dedola 等（2013）的假设，同时考虑银行与居民间、非金融企业与银行间的金融摩擦。非金融企业与银行间信息不对称，银行需要付出额外成本评估贷款项目和监督非金融企业，因此银行的本国贷款收益率不再等于本国资本收益率。借鉴 Bernanke 等（1999）的做法，定义变量 μ_t 衡量银行与本国非金融企业间信息不对称程度，银行国内贷款收益率为 $\mu_t R_{k,t+1}$，μ_t 越小表示本国企业道德风险越高。同理，定义变量 μ_t^* 衡量银行与外国企业间信息不对称程度，银行跨境贷款收

益率为 $\mu_t^* R_{k,t+1}^*$。

在报告国经营跨境业务的银行的净收益可以表示为贷款资产的收益与存款负债的成本之差：

$$N_{t+1} = Q_t s_t^h \mu_t R_{k,t+1} + Q_t^* s_t^f \mu_t^* R_{k,t+1}^* - r_t D_t$$

$$= \left\{ \left[\left(1 - \frac{Q_t^* s_t^f}{W_t}\right) \mu_t R_{k,t+1} + \frac{Q_t^* s_t^f}{W_t} \mu_t^* R_{k,t+1}^* - r_t \right] \phi_t + r_t \right\} N_t$$

(4-7)

式中：N_{t+1} 和 N_t 分别为第 $t+1$ 期和第 t 期的银行净收益；s_t^h 和 s_t^f 分别为第 t 期银行的国内债权和跨境债权；D_t 为银行第 t 期从家庭部门获得的存款；r_t 为第 t 期的存款利率，本国与外国存款利率相等；ϕ_t 为银行第 t 期的内生杠杆率；$W_t \equiv Q_t s_t^h + Q_t^* s_t^f$ 为银行第 t 期的总债权资产价值。

ϕ_t 的具体表达式为：

$$\phi_t = \frac{\eta_t}{\lambda_t - \nu_t}$$

(4-8)

式中：η_t 和 ν_t 为描述银行违约破产成本的参数，η_t 和 ν_t 越大，银行违约成本越高，违约动机越低，内生杠杆率越高；ν_t 为 $\mu_t R_{k,t+1}$ 在第 t 期预期值 $E_t(\mu_t R_{k,t+1})$ 的单调增函数，当银行预期本国贷款收益率下降时，内生杠杆率下降；λ_t 为银行破产时银行家能转移资产的比例，描述银行道德风险严重程度，λ_t 越大，银行违约动机越高，内生杠杆率越低。

银行的资产负债表约束可写为：

$$W_t \equiv Q_t s_t^h + Q_t^* s_t^f = \frac{\eta_t}{\lambda_t - \nu_t} N_t = \phi_t N_t$$

(4-9)

银行杠杆率下降和净收益减少都将导致银行资产端收缩，贷款供给减少。

二 国家 EPU 对跨境银行总贷款供给的影响

报告国经济不确定性上升会通过三种途径使报告国跨境银行内生地降低杠杆率。一是经济不确定性上升时，经济主体预期资本质量遭受负向冲击（ξ_{t+1}）①。由式（4-5）可知，ξ_{t+1} 下降将导致预期本国资本收益率（$R_{k,t+1}$）下降。二是经济不确定性上升时，报告国企业与银行间信息不对称问题更严重，μ_t 下降。总之，无论是报告国资本收益率下降还是报告国企业与银行间摩擦加剧都将导致银行的国内贷款预期收益率（$\mu_t R_{k,t+1}$）下降，ν_t 随着 $\mu_t R_{k,t+1}$ 的下降而下降，由式（4-8）可知，杠杆率（ϕ_t）内生地下降。三是经济不确定性上升时，银行与居民间信息不对称问题更严重，银行道德风险（λ_t）上升，由式（4-8）可知，杠杆率（ϕ_t）内生地下降。

由式（4-9）可得，银行总资产会随着杠杆率（ϕ_t）的下降而收缩，因此银行总贷款供给减少，跨境债权（s_t^f）减少，即跨境银行总资本流出减少。此外，由式（4-7）可得，国内贷款预期收益率（$\mu_t R_{k,t+1}$）和杠杆率（ϕ_t）的下降将导致银行在第 $t+1$ 期的净收益（N_{t+1}）下降。由式（4-9）可得，银行在第 $t+1$ 期的跨境债权（s_{t+1}^f）将由于其净收益的下降而继续减少，经济不确定性冲击对跨境银行资本流出的负向作用具有持续性。基于此，本章提出假说4-1。

假说4-1：报告国经济政策不确定性上升时，报告国跨境银行资本流出减少。

三 国家EPU对跨境银行贷款资产配置结构的影响

进一步分析式（4-7），以 $\rho_t = \dfrac{Q_t^* s_t^f}{W_t}$ 表示第 t 期报告国跨境银行的跨境债权价值占总债权价值的份额，$1-\rho_t = 1-\dfrac{Q_t^* s_t^f}{W_t}$ 表示第 t 期报告国跨境银行的国内债权价值占总债权价值的份额。经济处于均衡状态时，本国贷款收益率等于外国贷款收益率（Dedola et al., 2013），即 $\mu_t R_{k,t+1} = \mu_t^* R_{k,t+1}^*$。当报告国经济政策不确定性上升时，资本质量负向冲击及报告国非金融企业与银行间信息不对称问题加重导致 $\mu_t R_{k,t+1} < \mu_t^* R_{k,t+1}^*$，此时，银行可以通过提高跨境债权的份额（$\rho_t$）

---

① 对经济有积极影响的事件往往是逐渐实现的，经济主体对积极事件有平滑的预期则不会造成不确定性的上升，不确定性的上升大多数情况下是由消极事件引发的（Bloom, 2009、2014），因此，假设经济政策不确定性上升时，经济主体预期资本质量遭受负向冲击。

减轻净收益（N_{t+1}）的下降，从而减轻资产端的进一步收缩，因此跨境债权下降幅度不如国内债权下降幅度大。基于此，本章提出假说4-2。

假说4-2：报告国经济政策不确定性上升时，报告国跨境银行的债权资产配置会从国内债权向跨境债权调整。

四　国家EPU与其他经济变量的交互影响

首先，考虑报告国宏观经济环境与报告国经济政策不确定性的交互影响。由式（4-8）可知，随着报告国跨境银行道德风险问题减轻，λ_t变小，经济政策不确定性上升导致的银行杠杆率（ϕ_t）下降的程度减轻，由式（4-9）可知，相同的净收益能撬动更多的债权资产。进一步地，由式（4-7）可知，银行杠杆率下降导致的净收益减少程度也将减轻。总之，经济政策不确定性上升导致的银行资产收缩程度将减轻。因此，任何减轻报告国跨境银行道德风险问题或是改善银行经营状况的宏观经济环境，都可能减轻报告国经济政策不确定性对跨境银行总资本流出和跨境债权份额的原有影响。同时，报告国宏观经济变量对资本流动的作用可能受到报告国经济政策不确定性的影响。以汇率为例，报告国货币对美元贬值会导致报告国借款者的资产负债表恶化①，传导到为其提供贷款的报告国跨境银行的资产负债表，导致银行的信用风险上升，从而减少贷款供给和跨境银行总资本流出（Bruno & Shin，2015a）。当报告国处于经济政策不确定性较高的环境中时，银行与本国借款者间的信息不对称问题更严重，本国借款者的资产负债表恶化导致的银行信用风险上升加剧，从而在经济政策不确定性较高的环境中，报告国货币对美元贬值对跨境银行资本流出的原有作用会加强。基于此，本书提出假说4-3。

假说4-3：报告国宏观经济环境会影响报告国经济政策不确定性对跨境银行总资本流出和跨境债权份额的原有作用，报告国经济政策不确定性的高低也会影响报告国宏观经济变量对跨境银行总资本流出和跨境

---

① 报告国跨境银行的本国借款者背负美元负债，投资持有报告国货币计价的资产，所以报告国货币对美元贬值将导致其跨境银行的本国借款者的资产负债表恶化。

债权份额的原有作用。

其次，考虑交易对手国宏观经济环境与报告国经济政策不确定性的交互影响。当报告国经济政策不确定性上升时，如果报告国跨境银行认为交易对手国资本收益率较低或道德风险更严重，则 $\mu_t R_{k,t+1} < \mu_t^* R_{k,t+1}^*$ 不成立，此时增加跨境债权份额无助于减轻银行净收益的下降，从而银行债权资产配置在跨国层面向高质量转移机制不再成立。基于此，本书提出假说4-4。

假说4-4：当交易对手国为新兴市场国家或边缘国家时，报告国经济政策不确定性上升不会导致报告国跨境银行跨境债权份额增加。

第三节 经验研究设计

一 数据

（一）银行债权数据

银行债权数据来源于 BIS 的 LBS 数据库。LBS 数据库记录了在48个报告国经营的跨境银行对超过200个交易对手国的跨境债权流量和存量数据[①]。报告国的跨境债权流量数据描述了其跨境银行总资本流出，从交易对手国角度来看，是交易对手国的跨境银行总资本流入。LBS 数据库有几个突出优点：第一，LBS 的跨境银行债权数据有交易对手国的明细分类。图 4-1 描述了银行跨境债权的双边数据特征。如图 4-1 所示，首先，国家 EPU 指数与该国跨境银行资本流出存在反向背离特征；其次，同一国家对不同交易对手国家的跨境银行资本流出的变动在交易对手国层面存在差异。利用报告国—交易对手国双边数据结构，能最大限度地控制报告国层面、交易对手国层面及"国家对"层面影响资本流动的因素，减轻遗漏变量问题。第二，LBS 提供的银行跨境债权流量

---

① LBS 数据库的银行跨境债权数据与 IMF 数据库的 BOP 数据同样遵循"经营地原则"，即银行的经营国为"本国"。不同的是，LBS 数据库有交易对手国信息，而 IMF 数据库的 BOP 数据不具备这种二元数据结构。因为本书使用的是报告国的债权数据，所以报告国（本国）为跨境银行总资本流出国，交易对手国（外国）为跨境银行总资本流入国。

数据是经过期间内汇率调整的，消除了汇率变动带来的估值效应①。第三，LBS 的银行数据具备描述跨境银行的跨境贷款业务的代表性。

(a) 资本流出国—资本流入国：美国—德国
(b) 资本流出国—资本流入国：美国—中国
(c) 资本流出国—资本流入国：巴西—美国
(d) 资本流出国—资本流入国：巴西—德国

—— EPU 指数（左轴）   ······ 银行跨境债权流量（亿美元，右轴）

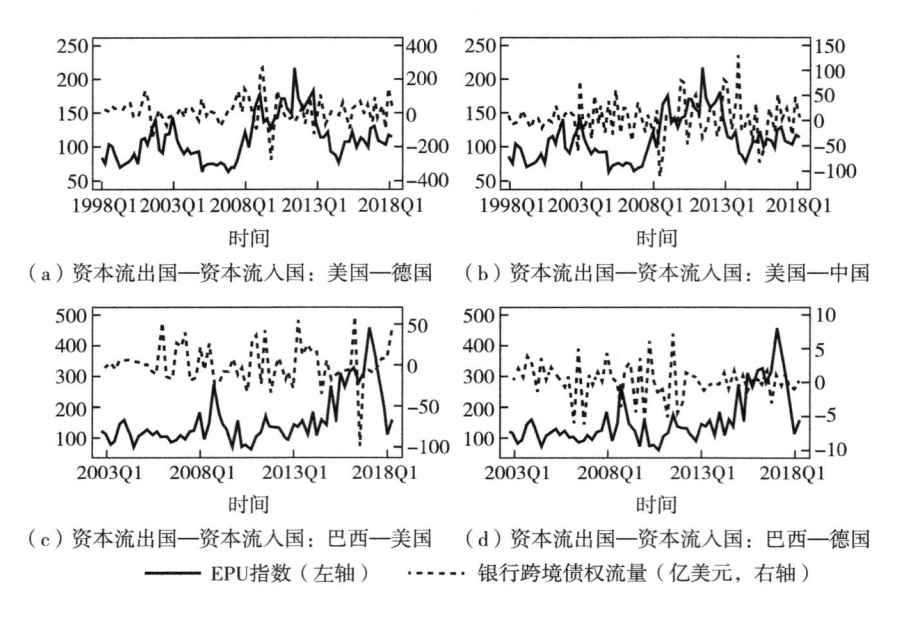

图 4-1　银行跨境债权双边数据特征

资料来源：BIS。

（二）经济政策不确定性数据

经济政策不确定性数据来源于 Baker 等（2016）构建的 EPU 指数。该指数包含报纸新闻指数、税法法条失效指数、经济预测差值指数三个部分。其中，报纸新闻指数是使用文本分析法，基于报纸新闻信息、专家预测报告中"经济政策不确定性"相关文本出现的频率构建的。税法法条失效指数通过统计一段时间失效的税法法条数目衡量税法变动的不确定性。经济预测差值指数具体又分为 CPI 预测差值和联邦/地方州政府支出预测差值，即使用不同机构对重要经济变量的预测值的差异衡

---

① 跨境银行跨境贷款业务包含非美元货币头寸，但跨境债权存量统一以美元计价。因此，跨境债权存量数据的变化包含非美元货币对美元的汇率变化导致的估值效应，使用经过汇率变动调整后的跨境债权流量数据构建描述跨境银行资本流出的代理指标，可以消除这种估值效应。

量经济政策的不确定性。总的 EPU 指数是上述四个子指标的加权平均数，由 1/2 的报纸新闻指数、1/6 的税法法条失效指数、1/6 的 CPI 预测差值和 1/6 的政府支出预测差值组成。总的 EPU 指数的衡量方法在国家之间有较大差异，而报纸新闻指数有较高的跨国可比性，所以本章使用新闻指数衡量各国的经济政策不确定性程度。EPU 指数的有效性经过了严格的证明，使用该指数的已有研究表明，经济政策不确定性对一国投资、产出、股票市场、资本流动和大宗商品价格等均具有显著影响（Antonakakis et al., 2013; Colombo, 2013; Antonakakis et al., 2014; Baker et al., 2016; 谭小芬和张文婧, 2017）。

本章经验分析中的报告国为 EPU 指数和银行跨境债权数据均可得的 17 个国家①。跨境银行跨境债权存量数据为正，原始样本中有 5 组报告国—交易对手国的跨境债权存量数据在个别季度的观测数据为负，为了排除错误数据可能带来的影响，参照 Correa 等（2022）的做法②，剔除这 5 个"国家对"的所有观测值，最终得到 17 个报告国对 75 个交易对手国在 1998 年第一季度至 2017 年第四季度的跨境债权季度非平衡面板数据③。17 个报告国包括 14 个发达国家和 3 个发展中国家，75 个交易对手国包括 22 个发达国家和 53 个发展中国家。

二 计量模型设定

为检验假说 4-1，构建如下回归方程：

$$\Delta Claim_{ijt} = \beta_1 + \beta_l EPU_{it} + \gamma_l X_{it} + \epsilon_{ij} + \varepsilon_{ijt} \qquad (4-10)$$

式中：i 为银行跨境债权报告国（银行跨境贷款提供国、总资本流出

---

① 17 个报告国：澳大利亚、巴西、加拿大、智利、法国、德国、希腊、爱尔兰、意大利、日本、韩国、墨西哥、荷兰、西班牙、瑞典、英国、美国。

② 该论文于 2018 年作为工作论文发布，2022 年最终发表。

③ 75 个交易对手国：阿尔及利亚、阿根廷、澳大利亚、奥地利、比利时、玻利维亚、巴西、保加利亚、加拿大、智利、中国、哥伦比亚、科特迪瓦、克罗地亚、塞浦路斯、捷克、丹麦、爱沙尼亚、芬兰、法国、德国、加纳、希腊、危地马拉、匈牙利、冰岛、印度、印度尼西亚、爱尔兰、以色列、意大利、牙买加、日本、约旦、韩国、科威特、拉脱维亚、利比亚、立陶宛、卢森堡、马来西亚、毛里求斯、墨西哥、摩洛哥、荷兰、新西兰、挪威、阿曼、巴基斯坦、巴拿马、巴拉圭、秘鲁、菲律宾、波兰、葡萄牙、卡塔尔、罗马尼亚、俄罗斯、沙特阿拉伯、塞内加尔、新加坡、斯洛伐克、斯洛文尼亚、南非、西班牙、斯里兰卡、瑞典、瑞士、泰国、突尼斯、土耳其、乌克兰、英国、美国、委内瑞拉。

国、本国）；j 为交易对手国（银行跨境贷款接受国、总资本流入国、外国）；t 为时间；$\Delta Claim_{ijt}$ 为报告国 i 对交易对手国 j 的银行跨境债权存量在第 t 期的增长率；EPU_{it} 为报告国的 EPU 指数；X_{it} 为一系列描述报告国宏观经济特征的变量，因为 EPU 指数和多数控制变量为短期指标，对资本流动在当期产生影响，所以解释变量不做滞后处理；ϵ_{ij} 为报告国—交易对手国固定效应，用来控制不随时间变化的"国家对"层面的因素对资本流动的影响；ε_{ijt} 为随机误差项；β_l 为待估计系数，$\beta_l<0$ 表示报告国经济政策不确定性上升时跨境银行总资本流出减少。

为了检验假说 4-2，构建如下回归方程：

$$Share_{ijt} = \beta_2 + \beta_m EPU_{it} + \gamma_m X_{it} + \epsilon_{ij} + \varepsilon_{ijt} \qquad (4-11)$$

式中：$Share_{ijt}$ 为第 t 期报告国 i 向交易对手国 j 提供的银行跨境债权存量占报告国总债权存量的份额；β_m 为待估计系数，$\beta_m>0$ 表示报告国经济政策不确定性上升时跨境债权份额增加。

为检验假说 4-3 和假说 4-4，构建如下交互回归方程：

$$\Delta Claim_{ijt} = \beta_3 + \beta'_l EPU_{it} + \gamma'_l X_{it} + \tau_l EPU_{it} \times X_{it} + \epsilon_{ij} + \varepsilon_{ijt} \qquad (4-12)$$

$$Share_{ijt} = \beta_4 + \beta'_m EPU_{it} + \gamma'_m X_{it} + \tau_m EPU_{it} \times X_{it} + \epsilon_{ij} + \varepsilon_{ijt} \qquad (4-13)$$

式中：τ_l 和 τ_m 为待估计的交互项系数。

三　变量选取与说明

1. 跨境债权存量增长率（$\Delta Claim_{ijt}$）。报告国第 t 期跨境债权存量的变化，也就是第 t 期跨境债权流量 $flow_{ijt}$，就是本书关注的报告国跨境银行总资本流出。为避免跨境银行资本流动规模较大的"国家对"对结果造成支配性影响，使用报告国跨境债权存量增长率描述报告国跨境银行总资本流出[①]。其中，为了消除汇率变动带来的估值效应，当期的跨境债权存量由上一期的跨境债权存量（$Claim_{ij,t-1}$）加上当期经过汇率调整的跨境债权流量（$flow_{ijt}$）计算。$\Delta Claim_{ijt}$ 的计算公式[②]：

$$\Delta Claim_{ijt} = (flow_{ijt} + Claim_{ij,t-1}) / Claim_{ij,t-1} - 1 \qquad (4-14)$$

---

① 直接使用 BIS 数据库经过汇率调整的跨境债权季度流量 $flow_{ijt}$ 作为因变量，或是按照 Papaioannou（2009）的做法，使用经过汇率调整的跨境债权流量的对数值 $\ln flow_{ijt}$ 作为因变量，结果仍然成立。

② 跨境债权存量增长率存在严重的离群值，对此变量在 1% 位置上做截尾处理。

2. 跨境债权份额（$Share_{ijt}$）。这一变量描述了报告国跨境银行在国内债权和跨境债权间的资产配置结构。LBS 数据库并未直接公布各报告国跨境银行的总债权存量，但是报告了其经过汇率调整的国内债权存量（$localclaim_{it}$）[1]，因此报告国的跨境债权份额等于跨境债权占跨境债权和国内债权之和的比率。按 Choi 和 Furceri（2019）的方法，$Share_{ijt}$ 的计算公式：

$$Share_{ijt} = Claim_{ijt} / (Claim_{ijt} + localclaim_{it}) \quad (4-15)$$

3. 经济政策不确定性（EPU_{it}）。使用 Baker 等（2016）编制的国家 EPU 指数描述报告国的经济政策不确定性。EPU 指数为月度数据，参照顾夏铭等（2018）及刘贯春等（2019）的做法，将月度 EPU 指数在季度内取算术平均值，得到季度 EPU 指数。

4. 经济增长（GDP_{it}）。报告国宏观经济的繁荣会改善其跨境银行的经营环境，银行发放贷款的能力增强，在全球范围内增加贷款供给（Choi，2017）。使用报告国的实际 GDP 季度同比增长率描述报告国宏观经济增长状况。

5. 货币市场利率（$Rate_{it}$）。传统的银行信贷渠道表明报告国货币政策收紧将增加银行融资成本，导致银行信贷供给减少，从而跨境银行资本流出减少。但一国经济繁荣往往伴随收紧的货币政策和跨境银行资本流出而增加（Choi，2017；Correa et al.，2022）。

6. 通货膨胀率（CPI_{it}）。通货膨胀率也会影响国际资本流动（张明和肖立晟，2014），因此加入报告国通货膨胀率作为控制变量。

7. 货币对美元的名义汇率增长率（$EXRATEg_{it}$）[2]。Bruno 和 Shin（2015a）基于银行的道德风险问题提出了跨境银行的"风险承担渠道"，跨境银行的资产端规模受到内生杠杆率的约束，报告国货币对美元贬值时，报告国的借款者资产负债表恶化，导致在报告国经营的跨境银行的信用风险上升，贷款供给减少。本书使用报告国货币对美元名义汇率取自然对数后的一阶差分表示汇率变化，采用直接标价法，数值变

---

[1] LBS 数据库的国内债权包括以本币提供的国内债权和以外币提供的国内债权。以本币提供的国内债权数据仅在 2012 年后可得，因此计算跨境债权份额时仅使用以外币提供的国内债权数据。

[2] 报告国经济增长、利率、通货膨胀率、报告国货币对美元汇率的数据来源：EIU 数据库。

大表示报告国货币对美元贬值。

8. 制度质量（$GovQuality_{it}$）。本书使用 Kaufmann 等（2011）构建的全球治理指标表示国家制度质量，这一指标从民众问责权、政局稳定性、政府效率、监管质量、法律制度、腐败控制六个维度描述了国家制度质量[①]。全球治理指标描述的国家制度质量会影响跨境银行资本流动，例如，政府效率这一维度描述了政府政策的实施力度及政府公信力，法律制度这一维度描述了合约的执行力度和对债权人的保护，这些因素都会改变报告国跨境银行的经营环境和资产负债表状况。

9. 金融发展水平（$FinDev_{it}$）。金融发展可以减轻信息不对称和融资约束问题，促进风险分散，吸收冲击对经济的影响（Bernanke et al., 1999；杨子晖和陈创练，2015）。本书使用 Svirydzenka（2016）提出的金融发展程度指数衡量报告国的金融发展状况，该指数从金融机构和金融市场两个层面描述了金融发展的深度（市场的规模和流动性）、广度（个人和企业获取金融服务的能力）和效率（金融机构以低成本提供金融服务并获得持续性收入的能力，以及资本市场的活跃水平），能更全面地衡量金融发展水平[②]。

10. 资本账户开放程度（$KAOpen_{it}$）。资本账户管制在部分情形下会显著影响由本国驱动的国际总资本流出。本书采用 Chinn 和 Ito（2006）提出的 KAOPEN 指数表示报告国的资本账户开放程度，数值越大表示资本账户开放程度越高，取值为 1 表示资本账户完全开放[③]。

11. 主权风险（$DebttoGDP_{it}$）。采用报告国政府部门负债占 GDP 的比例描述报告国主权风险[④]。

本书实证分析中所用变量的基本描述性统计如表 4—1 所示。

表 4—1　　　　　　　　变量的基本描述性统计

变量	定义	观测值	均值	标准差	最小值	中位数	最大值
$\Delta Claim_{ijt}$	跨境债权存量增长率（%）	56877	1.383	37.911	-153.763	0.225	163.804

---

① https：//datacatalog.worldbank.org/dataset/worldwide-governance-indicators.
② http：//data.imf.org/? sk=F8032E80-B36C-43B1-AC26-493C5 B1CD33B.
③ http：//web.pdx.edu/~ito/trilemma_indexes.htm.
④ http：//data.imf.org/? sk=806ED027-520D-497F-9052-63EC199 F5E63.

续表

变量	定义	观测值	均值	标准差	最小值	中位数	最大值
$Share_{ijt}$	跨境债权份额（%）	52477	6.456	13.887	0.000	0.689	88.525
EPU_{it}	经济政策不确定性	56877	124.940	72.655	17.571	106.207	659.818
GDP_{it}	经济增长（%）	56877	2.296	3.135	-10.300	2.300	29.100
$Rate_{it}$	货币市场利率（%）	56877	2.446	2.747	-0.600	2.000	26.200
CPI_{it}	通货膨胀率（%）	56877	1.775	1.699	-2.700	1.700	16.800
$EXRATEg_{it}$	货币对美元的名义汇率增长率	53627	0.000	0.043	-0.158	0.000	0.312
$GovQuality_{it}$	制度质量	55081	0.624	1.861	-5.953	1.160	2.983
$FinDev_{it}$	金融发展水平	51365	0.764	0.111	0.316	0.783	0.948
$KAOpen_{it}$	资本账户开放程度	51365	0.930	0.156	0.166	1.000	1.000
$DebttoGDP_{it}$	主权风险	47341	72.437	50.318	3.890	62.472	249.114

第四节　经验分析

一　国家 EPU 上升与跨境银行资本流出减少

首先检验报告国经济政策不确定性上升与报告国跨境银行资本流出间的关系。将报告国实际 GDP 增长率、货币市场利率和通货膨胀率作为基本控制变量，在此基础上逐个加入其他控制变量，对式（4-10）进行回归，结果如表4-2所示。表4-2列（1）至列（6）中，EPU 的系数始终为负且至少在10%的水平上显著，表明假说4-1成立，即报告国 EPU 上升将导致报告国跨境银行资本流出减少。加入所有控制变量的检验结果如列（6）所示，当报告国 EPU 指数上升一个标准差（72.655）时，报告国跨境债权增长率将下降 0.530%（ -0.073×7.2655），相对于跨境债权平均每季度 1.383% 的增长率而言，这一影响在经济上是十分显著的[①]。控制变量的系数与以往文献的发现大致相符。报告国实际 GDP 增长率和货币市场利率的系数显著为正，表明当

---

① EPU_{it} 和 $DebttoGDP_{it}$ 的平均值较大，为便于表示回归系数，本书在所有回归中将这两个变量除以 10。

报告国经济繁荣时，在报告国经营的跨境银行发放贷款的能力增强，跨境贷款供给增加。报告国货币对美元的名义汇率增长率的系数显著为负，这与 Bruno 和 Shin（2015a）提出的风险承担渠道相符。报告国金融发展水平的系数显著为正，表明随着一国金融市场的完善，跨境银行资本流出增加。报告国跨境银行资本流出随报告国主权风险的上升而减少，这可能是由报告国跨境银行资产负债表恶化并收缩贷款供给导致的。

表 4-2　　　　　　　　报告国 EPU 与跨境债权存量增长率

变量	$\Delta Claim$					
	(1)	(2)	(3)	(4)	(5)	(6)
EPU	-0.067***	-0.043**	-0.041*	-0.058**	-0.056**	-0.073**
	(0.020)	(0.020)	(0.021)	(0.024)	(0.024)	(0.034)
GDP	0.261***	0.244***	0.242***	0.277***	0.277***	0.274***
	(0.053)	(0.054)	(0.055)	(0.057)	(0.057)	(0.054)
$Rate$	0.471***	0.451***	0.483***	0.479***	0.486***	0.334***
	(0.091)	(0.092)	(0.097)	(0.101)	(0.104)	(0.116)
CPI	0.043	0.091	0.099	-0.021	-0.020	0.015
	(0.119)	(0.123)	(0.125)	(0.133)	(0.133)	(0.138)
$EXRATEg$		-17.920***	-18.405***	-17.389***	-17.397***	-15.788***
		(4.017)	(4.011)	(4.201)	(4.202)	(4.327)
$GovQuality$			-0.187	-0.493	-0.525	-0.741
			(0.466)	(0.486)	(0.499)	(0.547)
$FinDev$				19.552***	19.594***	24.877***
				(3.020)	(3.031)	(3.379)
$KAOpen$					1.287	1.037
					(3.819)	(4.834)
$DebttoGDP$						-0.354***
						(0.083)
常数项	0.391	0.115	0.116	-14.228***	-15.490***	-15.935***
	(0.425)	(0.430)	(0.518)	(2.237)	(4.444)	(5.390)
报告国—交易对手国固定效应	是	是	是	是	是	是

续表

变量	$\Delta Claim$					
	(1)	(2)	(3)	(4)	(5)	(6)
标准误在报告国—交易对手国层面聚类	是	是	是	是	是	是
R^2	0.011	0.012	0.013	0.014	0.014	0.016
组内 R^2	0.001	0.002	0.002	0.002	0.002	0.003
观测值	56877	53627	51975	48543	48543	44809

注：括号内为回归系数的聚类稳健标准误，*、**、***分别表示在10%、5%、1%的水平上显著。

二 国家EPU上升与跨境银行债权份额增加

为了研究报告国EPU上升时报告国跨境银行的债权资产配置是否从国内债权向跨境债权调整，对式（4-11）进行回归，结果如表4-3所示。表4-3列（1）至列（6），控制变量的加入使组内 R^2 显著提高。如列（6）所示，EPU 的系数在1%的水平上显著为正，表明假说4-2成立。随着报告国EPU上升，报告国的跨境银行为避免净收益的损失和资产端进一步收缩，会将债权资产配置从国内债权向跨境债权调整，即存在跨国的向高质量转移机制。报告国货币市场利率的系数显著为负，表明更高的报告国利率将导致跨境债权占总债权的份额下降。当报告国利率较高时，向本国提供贷款的盈利相对更高，因此在报告国经营的跨境银行增加总信贷供给的同时，国内债权的增加比跨境债权更多，报告国跨境银行的债权资产配置从国外向国内调整。报告国货币对美元的名义汇率增长率的系数显著为负，表明报告国货币对美元贬值时，报告国跨境债权份额下降。报告国金融发展水平的系数显著为正，表明随着报告国金融市场的完善，跨境债权的份额将上升。

表4-3 报告国EPU与跨境银行债权份额

变量	Share					
	(1)	(2)	(3)	(4)	(5)	(6)
EPU	0.001	0.003	0.010	0.018**	0.020***	0.034***
	(0.007)	(0.007)	(0.007)	(0.007)	(0.007)	(0.010)

续表

变量	Share					
	(1)	(2)	(3)	(4)	(5)	(6)
GDP	-0.005	-0.001	-0.013	-0.000	-0.001	0.004
	(0.014)	(0.014)	(0.013)	(0.012)	(0.012)	(0.012)
Rate	-0.228***	-0.218***	-0.228***	-0.194***	-0.184***	-0.156***
	(0.045)	(0.046)	(0.048)	(0.045)	(0.046)	(0.051)
CPI	0.060	0.069	0.038	-0.012	-0.010	-0.020
	(0.046)	(0.049)	(0.042)	(0.044)	(0.044)	(0.043)
EXRATEg		-1.169***	-1.389***	-0.794*	-0.804*	-1.551***
		(0.383)	(0.405)	(0.437)	(0.438)	(0.471)
GovQuality			0.599**	0.519	0.476	0.616*
			(0.294)	(0.327)	(0.320)	(0.329)
FinDev				6.095***	6.151***	7.369***
				(1.874)	(1.874)	(1.902)
KAOpen					1.674	2.133**
					(1.097)	(1.029)
DebttoGDP						0.001
						(0.045)
常数项	6.774***	7.041***	6.625***	1.970	0.337	-1.325
	(0.153)	(0.158)	(0.269)	(1.346)	(1.760)	(1.793)
报告国—交易对手国固定效应	是	是	是	是	是	是
标准误在报告国—交易对手国层面聚类	是	是	是	是	是	是
R^2	0.933	0.934	0.935	0.936	0.936	0.938
组内 R^2	0.011	0.010	0.012	0.016	0.017	0.020
观测值	54718	50919	49338	46022	46022	42398

注：括号内为回归系数的聚类稳健标准误；*、**、***分别表示在10%、5%、1%的水平上显著；由于国内债权数据缺失，当因变量为 Share 时，报告国不包括美国，本章其余表同。

三 国家 EPU 与本国经济环境的交互作用

为了研究报告国 EPU 与报告国宏观经济状况如何对跨境银行资本流出产生交互影响，对式（4-12）进行回归，结果如表 4-4 所示。EPU 与

表 4-4　报告国 EPU 与报告国宏观经济状况对跨境银行资本流出的交互影响

变量	(1)	(2)	(3)	(4)	$\Delta Claim$ (5)	(6)	(7)	(8)	(9)
EPU	-0.108**	-0.019	-0.084*	-0.047	-0.080*	0.165	-0.152	-0.021	-0.228**
	(0.042)	(0.039)	(0.047)	(0.035)	(0.043)	(0.398)	(0.274)	(0.086)	(0.110)
GDP	0.045	0.261***	0.275***	0.268***	0.274***	0.277***	0.274***	0.276***	0.262***
	(0.190)	(0.055)	(0.054)	(0.054)	(0.054)	(0.054)	(0.054)	(0.054)	(0.056)
Rate	0.351***	0.591***	0.337***	0.371***	0.339***	0.320***	0.337***	0.343***	0.331***
	(0.117)	(0.175)	(0.118)	(0.120)	(0.115)	(0.117)	(0.116)	(0.118)	(0.117)
CPI	0.018	0.022	-0.049	0.000	0.011	0.025	0.015	0.001	0.001
	(0.138)	(0.139)	(0.313)	(0.138)	(0.138)	(0.140)	(0.138)	(0.140)	(0.139)
EXRATEg	-15.003***	-14.175***	-15.951***	8.726	-15.608***	-16.081***	-15.499***	-16.114***	-15.953***
	(4.377)	(4.348)	(4.307)	(12.046)	(4.320)	(4.292)	(4.382)	(4.322)	(4.332)
GovQuality	-0.790	-0.744	-0.741	-0.854	-0.855	-0.701	-0.743	-0.800	-0.705
	(0.547)	(0.548)	(0.546)	(0.557)	(0.689)	(0.554)	(0.548)	(0.545)	(0.547)
FinDev	25.110***	25.754***	24.826***	26.603***	25.091***	27.853***	24.967***	24.773***	24.357***
	(3.370)	(3.452)	(3.396)	(3.516)	(3.491)	(5.624)	(3.407)	(3.396)	(3.346)
KAOpen	0.587	-0.159	1.238	0.054	0.619	2.048	-0.313	0.951	1.140
	(4.838)	(4.819)	(4.852)	(4.863)	(5.046)	(4.922)	(6.478)	(4.847)	(4.842)

续表

变量	(1)	(2)	(3)	(4)	(5)	(6)	(7)	(8)	(9)
				ΔClaim					
DebttoGDP	-0.368***	-0.376***	-0.352***	-0.384***	-0.356***	-0.353***	-0.357***	-0.273**	-0.342***
	(0.083)	(0.084)	(0.083)	(0.083)	(0.083)	(0.083)	(0.083)	(0.135)	(0.083)
$EPU \times GDP$	0.020								
	(0.016)								
$EPU \times Rate$		-0.024*							
		(0.013)							
$EPU \times CPI$			0.005						
			(0.022)						
$EPU \times EXRATEg$				-1.840**					
				(0.858)					
$EPU \times GovQuality$					0.008				
					(0.028)				
$EPU \times FinDev$						-0.308			
						(0.501)			
$EPU \times KAOpen$							0.083		
							(0.275)		

续表

变量	ΔClaim								
	(1)	(2)	(3)	(4)	(5)	(6)	(7)	(8)	(9)
$EPU \times DebttoGDP$								-0.007	0.005
								(0.009)	(0.003)
$EPU \times EPU$									
常数项	-15.111***	-15.947***	-15.980***	-16.303***	-15.608***	-19.211***	-14.710**	-16.302***	-14.726***
	(5.447)	(5.380)	(5.384)	(5.392)	(5.507)	(7.118)	(6.688)	(5.338)	(5.408)
报告国—交易对手国固定效应	是	是	是	是	是	是	是	是	是
标准误在报告国—交易对手国层面聚类	是	是	是	是	是	是	是	是	是
R^2	0.016	0.016	0.016	0.016	0.016	0.016	0.016	0.016	0.016
组内 R^2	0.003	0.003	0.003	0.003	0.003	0.003	0.003	0.003	0.003
观测值	44809	44809	44809	44809	44809	44809	44809	44809	44809

注：括号内为回归系数的聚类稳健标准误，*、**、***分别表示在10%、5%、1%的水平上显著。

GDP、*CPI*、*GovQuality*、*FinDev*、*KAOpen*、*DebttoGDP*、*EPU* 交互项的估计系数在统计上不显著，表明报告国 EPU 上升对跨境银行资本流出的负向影响不随其本国经济增长、通货膨胀率、制度质量、金融发展水平、资本账户开放程度、主权风险及 EPU 的变化而变化。*EPU* 与 *Rate* 和 *EXRATEg* 的交互项的估计系数为负且在统计上显著，下文具体分析它们的交互影响。

第一，交互项 *EPU×Rate* 的系数显著为负。一方面，交互项系数与 *EPU* 系数的符号相同，表明较高的货币市场利率将加剧报告国 EPU 上升导致的跨境银行资本流出减少。如图 4-2（a）所示，随着报告国货币市场利率的提高，报告国 EPU 对跨境银行资本流出的负向作用逐渐增强，并在统计上显著。报告国货币市场利率的上升使国内债权成为盈利相对更高的资产，银行在因 EPU 上升而收缩贷款供给的同时会减少跨境债权份额，使跨境银行资本流出减少的程度更大。另一方面，交互项的系数与 *Rate* 系数符号相反，表明报告国 EPU 上升会削弱报告国货币市场利率对跨境银行资本流出的正向作用。如图 4-2（b）所示，当报告国 EPU 较低时，报告国货币市场利率对跨境银行资本流出有显著为正的影响，但是当报告国 EPU 上升到较高水平时，报告国货币市场利率对跨境银行资本流出的影响在统计意义上不再显著。货币市场利率对跨境银行资本流出的影响有两个相反方向的影响机制，在 EPU 较低的环境中，报告国货币市场利率对跨境银行资本流出的正向影响机制发挥更大的作用，但是随着报告国 EPU 的上升，报告国货币市场利率的负向影响机制被加强。

第二，交互项 *EPU×EXRATEg* 的系数显著为负。一方面，交互项的系数与 *EPU* 的系数符号相同，表明报告国货币对美元贬值将加剧报告国 EPU 上升导致的报告国跨境银行资本流出减少。如图 4-3（a）所示，随着报告国货币对美元贬值程度加深，报告国 EPU 对跨境银行资本流出的负向作用逐渐增强。报告国货币对美元贬值时银行信用风险上升，当报告国跨境银行处在信用风险较高的经营环境中时，报告国 EPU 上升导致的跨境银行资本流出减少将更严重。另一方面，如图 4-3（b）所示，只有当报告国 EPU 较高时，*EXRATEg* 对跨境银行资本流出才有显著的负向影响。

（a）报告国EPU对跨境银行资本流出的边际效应

（b）报告国货币市场利率对跨境银行资本流出的边际效应

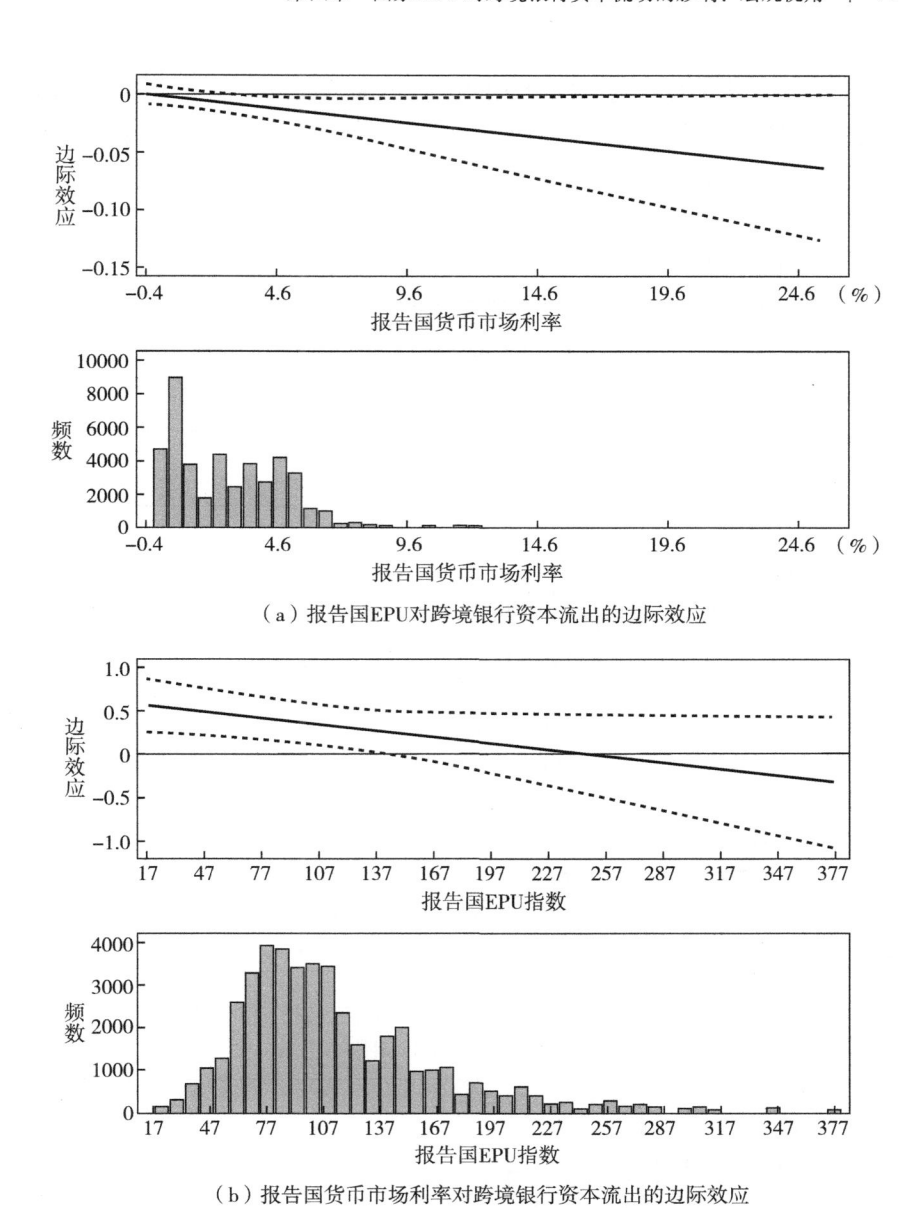

图 4-2　报告国 EPU 与货币市场利率对跨境银行资本流出的交互影响

注：实斜线为边际效应，虚线为95%置信区间。

为了研究报告国 EPU 与宏观经济状况对其跨境银行跨境债权份额产生的交互影响，对式（4-13）进行回归，结果如表 4-5 所示。EPU 与 *GovQuality*、*FinDev*、*KAOpen* 的交互项的估计系数在统计上不显著，表明报告国 EPU 对跨境债权份额的影响不随其制度质量、金融发展水平、资本账户开放程度的变化而变化。下文具体分析估计系数在统计上显著的交互项对跨境债权份额产生的交互影响。

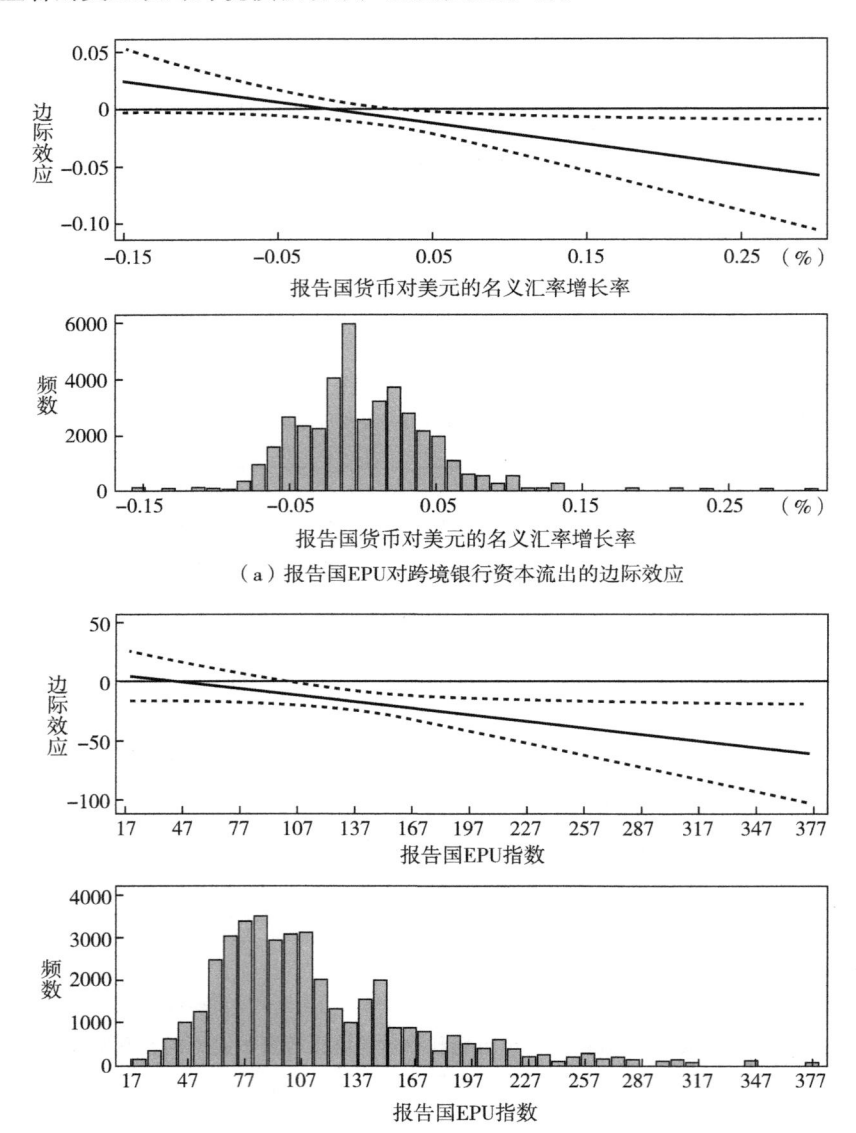

（a）报告国EPU对跨境银行资本流出的边际效应

（b）报告国货币对美元贬值对跨境银行资本流出的边际效应

图 4-3　报告国 EPU 与货币对美元贬值对跨境银行资本流出的交互影响

注：实斜线为边际效应，虚线为 95% 置信区间。

表 4-5　报告国 EPU 与报告国宏观经济变量对银行跨境债权份额的交互影响

变量	(1)	(2)	(3)	(4)	Share (5)	(6)	(7)	(8)	(9)
EPU	0.016	0.015	0.017	0.030***	0.028***	0.045	0.099**	0.062***	0.115***
	(0.011)	(0.013)	(0.015)	(0.010)	(0.011)	(0.064)	(0.040)	(0.017)	(0.027)
GDP	-0.111***	0.009	0.005	0.005	0.004	0.004	0.005	0.005	0.011
	(0.035)	(0.012)	(0.012)	(0.012)	(0.012)	(0.012)	(0.012)	(0.012)	(0.012)
Rate	-0.148***	-0.243***	-0.153***	-0.162***	-0.151***	-0.157***	-0.158***	-0.152***	-0.156***
	(0.050)	(0.062)	(0.051)	(0.051)	(0.050)	(0.051)	(0.051)	(0.051)	(0.051)
CPI	-0.017	-0.021	-0.114*	-0.017	-0.023	-0.019	-0.020	-0.028	-0.011
	(0.042)	(0.043)	(0.060)	(0.043)	(0.042)	(0.042)	(0.043)	(0.043)	(0.043)
EXRATEg	-1.168**	-2.087***	-1.795***	-5.234***	-1.393***	-1.564***	-1.787***	-1.726***	-1.483***
	(0.468)	(0.495)	(0.485)	(1.164)	(0.457)	(0.465)	(0.467)	(0.492)	(0.466)
GovQuality	0.584*	0.611*	0.615*	0.632*	0.512*	0.617*	0.615*	0.576*	0.594*
	(0.329)	(0.329)	(0.329)	(0.329)	(0.307)	(0.326)	(0.329)	(0.325)	(0.329)
FinDev	7.515***	7.088***	7.289***	7.110***	7.556***	7.517***	7.295***	7.330***	7.662***
	(1.906)	(1.915)	(1.914)	(1.909)	(1.890)	(2.276)	(1.908)	(1.907)	(1.924)
KAOpen	1.922*	2.518**	2.429**	2.271**	1.749*	2.185**	3.245**	2.093**	2.092**
	(1.019)	(1.043)	(1.053)	(1.030)	(0.984)	(1.013)	(1.258)	(1.019)	(1.025)

续表

变量	Share								
	(1)	(2)	(3)	(4)	(5)	(6)	(7)	(8)	(9)
DebttoGDP	-0.006	0.009	0.005	0.006	-0.000	0.001	0.004	0.046	-0.005
	(0.045)	(0.045)	(0.045)	(0.045)	(0.045)	(0.045)	(0.045)	(0.051)	(0.045)
EPU × GDP	0.010***								
	(3.583)								
EPU × Rate		0.008***							
		(3.290)							
EPU × CPI			0.008**						
			(2.072)						
EPU×EXRATEg				0.278***					
				(3.835)					
EPU × GovQuality					0.007				
					(1.504)				
EPU × FinDev						-0.015			
						(-0.189)			
EPU × KAOpen							-0.069		
							(-1.585)		

续表

变量	Share								
	(1)	(2)	(3)	(4)	(5)	(6)	(7)	(8)	(9)
$EPU \times DebttoGDP$								-0.004**	
								(-2.085)	
$EPU \times EPU$									-0.003***
									(-3.953)
常数项	-0.940	-1.307	-1.389	-1.263	-1.021	-1.490	-2.329	-1.541	-1.976
	(1.782)	(1.793)	(1.789)	(1.795)	(1.792)	(2.080)	(1.875)	(1.791)	(1.843)
报告国—交易对手国固定效应	是	是	是	是	是	是	是	是	是
标准误在报告国—交易对手国层面聚类	是	是	是	是	是	是	是	是	是
R^2	0.938	0.938	0.938	0.938	0.938	0.938	0.938	0.938	0.938
组内 R^2	0.021	0.021	0.020	0.021	0.020	0.020	0.020	0.020	0.021
观测值	42398	42398	42398	42398	42398	42398	42398	42398	42398

注：括号内为回归系数的聚类稳健标准误，*、**、***分别表示在10%、5%、1%的水平上显著。

首先，*EPU* 与 *GDP*、*Rate*、*CPI* 和 *EXRATEg* 的交互项的估计系数显著为正，与 *EPU* 的估计系数符号相同，表明报告国更高的经济增速、货币市场利率、通货膨胀率及报告国货币对美元贬值将加剧报告国 *EPU* 上升时跨境债权份额的增加。如图 4-4（a）所示，当实际 GDP 增长率较高时，由于经济繁荣往往伴随着信贷繁荣，此时国内债权份额较高，报告国 EPU 上升导致的本国贷款收益率下降将导致银行净收益更大程度下降，跨境银行为改善资产负债表状况，其债权资产配置需要向跨境债权更大幅度调整。报告国实际 GDP 增长率、货币市场利率和通货膨胀率的上升都可以描述经济繁荣，三者与报告国 EPU 的交互作用呈现出相似的特征[①]。

同时，报告国 EPU 上升会改变报告国宏观经济变量对跨境债权份额的作用。如图 4-4（b）所示，当报告国 EPU 较低时，报告国实际 GDP 增长率对跨境债权份额有显著为负的作用，即报告国经济繁荣会使其跨境银行的债权资产配置向国内债权调整，因为国内有盈利更高的投资机会。但随着报告国 EPU 上升，报告国跨境银行预期现有的经济繁荣不可持续，报告国经济增长对跨境银行资产配置的影响由向国内债权调整转变为向跨境债权调整。此外，当报告国 EPU 较低时，报告国货币对美元贬值会降低跨境债权份额，但是随着报告国 EPU 的上升，报告国货币对美元贬值导致其跨境银行信用风险上升，债权资产配置向跨境债权调整以改善资产负债表状况，报告国货币对美元贬值会显著增加报告国跨境银行的跨境债权份额。

其次，*EPU* 与 *DebttoGDP* 的交互项的估计系数为负且在统计上显著，与 *EPU* 的估计系数符号相反，如图 4-5（a）所示，主权风险的上升将削弱报告国 EPU 上升时跨境银行贷款资产配置向跨境债权的转移。

最后，*EPU* 与 *EPU* 的交互项的估计系数为负且在统计上显著，表明报告国 EPU 对跨境债权份额的影响不是线性的。如图 4-6 所示，当报告国 EPU 处于低水平或中等水平时，报告国 EPU 上升会使报告国跨

---

① 由于与图 4-4 显示了完全一致的结论，报告国利率和通货膨胀率与 EPU 的交互作用图未报告。

（a）报告国EPU对跨境债权份额的边际效应

（b）报告国实际GDP增长率对跨境债权份额的边际效应

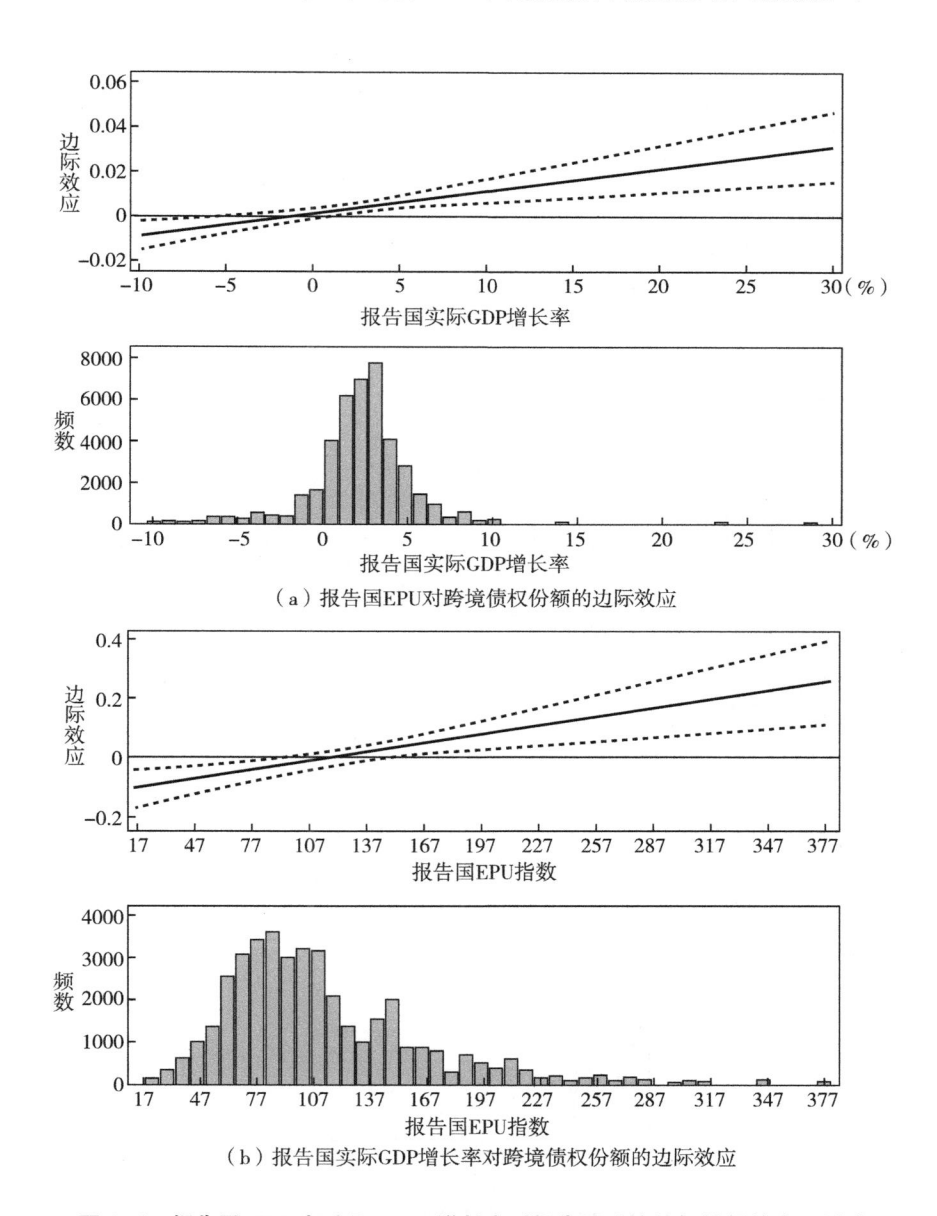

图 4-4　报告国 EPU 与实际 GDP 增长率对报告国跨境债权份额的交互影响

注：实斜线为边际效应，虚线为95%置信区间。

境银行的债权资产配置向跨境债权调整，但是随着报告国 EPU 不断上升，报告国 EPU 对跨境债权份额的正向作用不再显著存在。

（a）报告国EPU对跨境债权份额的边际效应

（b）报告国主权风险对跨境债权份额的边际效应

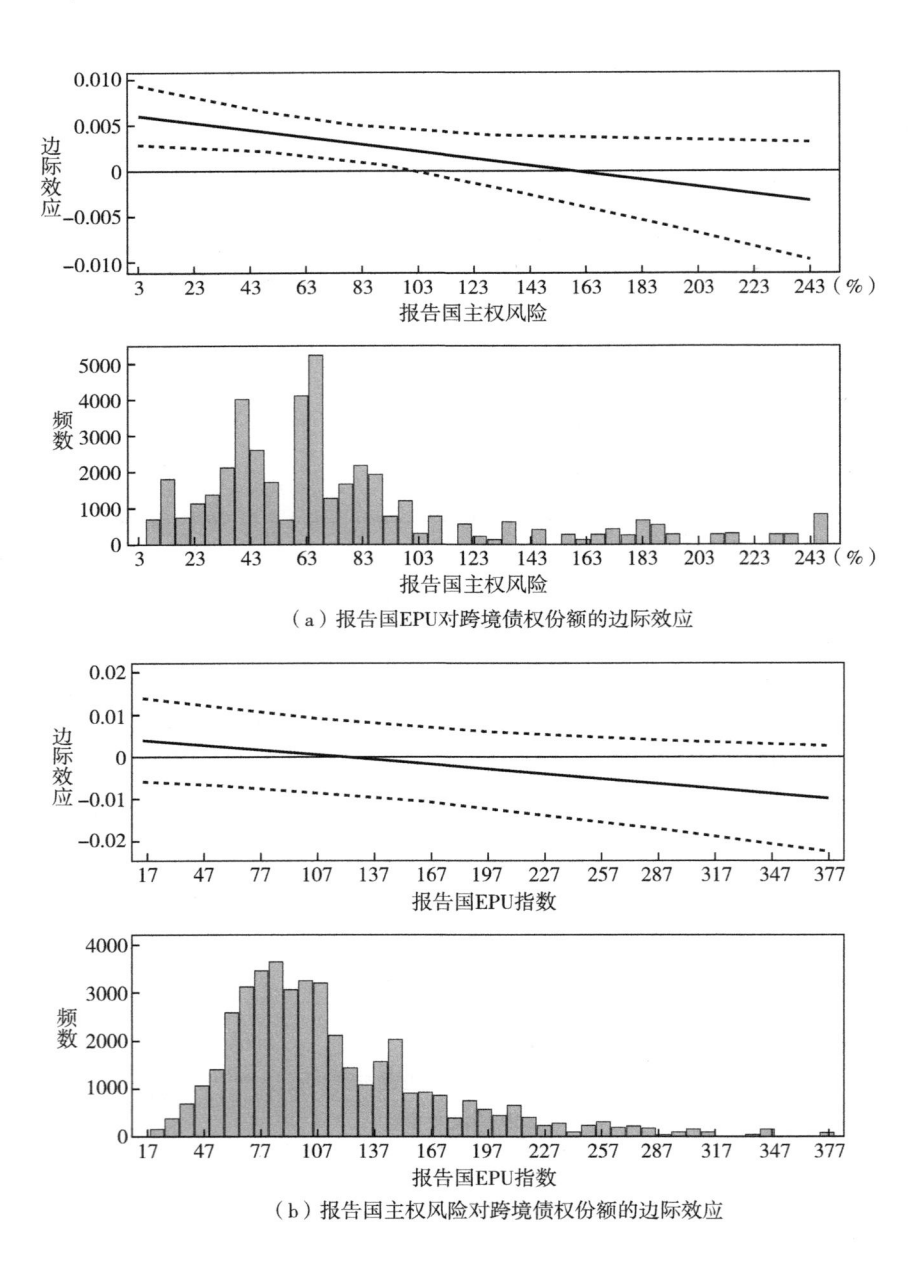

图 4-5　报告国 EPU 与主权风险对跨境债权份额的交互影响

注：实斜线为边际效应，虚线为 95% 置信区间。

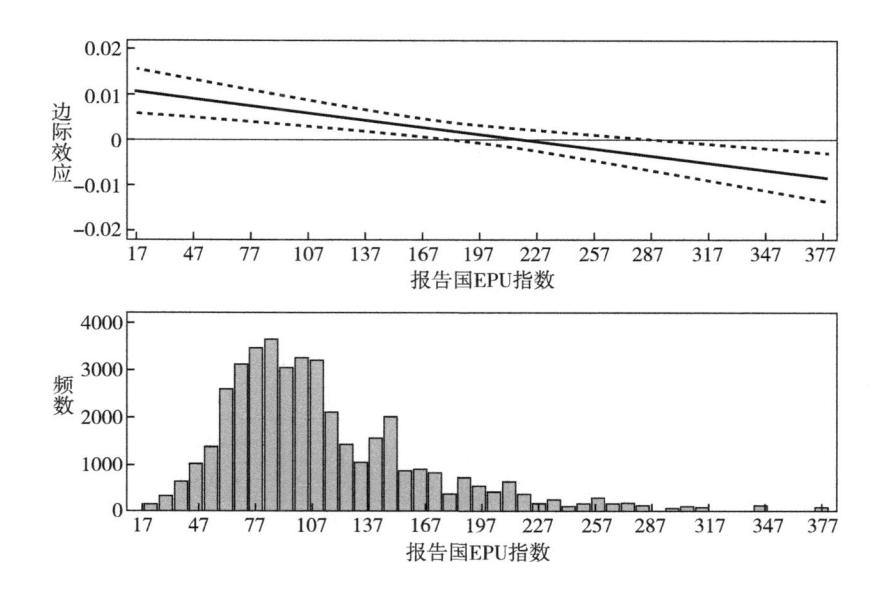

图 4-6　报告国 EPU 对跨境债权份额的非线性影响

注：实斜线为边际效应，虚线为 95% 置信区间。

四　国家 EPU 与资本流出目的国经济环境的交互作用

为研究报告国 EPU 上升的影响是否会随着交易对手国状况的变化而变化，本章将交易对手国分别划分为新兴市场国家和发达国家及边缘国家和核心国家①。定义虚拟变量 EM_j，当交易对手国为新兴市场国家时取 1，否则取 0。定义虚拟变量 $PERI_j$，当交易对手国为边缘国家时取 1，否则取 0。使用虚拟变量 EM 和 $PERI$ 对式（4-12）和式（4-13）进行回归，结果如表 4-6 所示。首先，列（1）和列（2）中交互项 $EM×EPU$ 和 $PERI×EPU$ 的估计系数均不显著，表明报告国 EPU 上升导致的报告国跨境银行资本流出减少不因交易对手国类型而改变。其次，列（3）和列（4）中交互项 $EM×EPU$ 和 $PERI×EPU$ 的估计系数显著为

---

① 在本书中，核心国家是指 BIS 数据库的 48 个报告国，边缘国家是指除这 48 个报告国外的国家。75 个交易对手国中，核心国家包括：澳大利亚、奥地利、比利时、巴西、加拿大、智利、中国、塞浦路斯、丹麦、芬兰、法国、德国、希腊、印度、印度尼西亚、爱尔兰、意大利、日本、韩国、卢森堡、马来西亚、墨西哥、荷兰、挪威、巴拿马、菲律宾、葡萄牙、俄罗斯、新加坡、南非、西班牙、瑞典、瑞士、土耳其、英国、美国，其余交易对手国为边缘国家。

负并且在绝对值上接近 EPU 系数，表明当交易对手国为新兴市场国家或边缘国家时，报告国跨境银行认为跨境债权不具备避险功能，报告国 EPU 上升引起的银行债权资产风险再平衡调整机制将被削弱。

表 4-6　　报告国 EPU 的影响在交易对手国层面的异质性

变量	$\Delta Claim$		$Share$	
	(1)	(2)	(3)	(4)
EPU	-0.089**	-0.068*	0.060***	0.059***
	(0.044)	(0.040)	(0.017)	(0.015)
$EM \times EPU$	0.026		-0.044**	
	(0.051)		(0.019)	
$PERI \times EPU$		-0.012		-0.053***
		(0.051)		(0.017)
GDP	0.274***	0.275***	0.005	0.005
	(0.054)	(0.054)	(0.012)	(0.012)
$Rate$	0.335***	0.334***	-0.157***	-0.158***
	(0.116)	(0.116)	(0.051)	(0.051)
CPI	0.014	0.015	-0.019	-0.019
	(0.138)	(0.138)	(0.043)	(0.043)
$EXRATEg$	-15.735***	-15.816***	-1.638***	-1.675***
	(4.328)	(4.323)	(0.471)	(0.469)
$GovQuality$	-0.745	-0.740	0.624*	0.614*
	(0.547)	(0.547)	(0.329)	(0.330)
$FinDev$	24.876***	24.884***	7.370***	7.404***
	(3.378)	(3.379)	(1.895)	(1.895)
$KAOpen$	0.951	1.078	2.276**	2.305**
	(4.829)	(4.826)	(1.023)	(1.028)
$DebttoGDP$	-0.354***	-0.354***	0.001	0.002
	(0.083)	(0.083)	(0.045)	(0.045)
常数项	-15.845***	-15.964***	-1.474	-1.543
	(5.385)	(5.379)	(1.790)	(1.794)
报告国—交易对手国固定效应	是	是	是	是

续表

变量	$\Delta Claim$		Share	
	（1）	（2）	（3）	（4）
标准误在报告国—交易对手国层面聚类	是	是	是	是
R^2	0.016	0.016	0.938	0.938
组内 R^2	0.003	0.003	0.021	0.022
观测值	44 809	44 809	42 398	42 398

注：括号内为回归系数的聚类稳健标准误，*、**、***分别表示在10%、5%、1%的水平上显著。

第五节 稳健性检验

一 EPU 的长期效应

为检验 EPU 的作用是否长期存在，首先，构建一个按滞后期数加权平均的报告国 EPU 指数，定义 $EPUweighted = 1/2 \times L1.EPU + 1/4 \times L2.EPU + 1/6 \times L3.EPU + 1/12 \times L4.EPU$ 作为 EPU 的代理变量①。其次，使用年度数据检验滞后一年的报告国 EPU 指数的作用。回归结果如表 4-7 所示，报告国 EPU 的影响长期存在。

表 4-7　　　　　稳健性检验：EPU 的长期效应

变量	季度数据		年度数据	
	$\Delta Claim$	Share	$\Delta Claim$	Share
	（1）	（2）	（3）	（4）
EPUweighted	-0.135***	0.049***		
	(0.043)	(0.015)		
L1.EPU			-0.105**	0.042**
			(0.050)	(0.017)

---

① L1 表示滞后一期，L2 表示滞后二期，L3 表示滞后三期，L4 表示滞后四期。

续表

变量	季度数据		年度数据	
	$\Delta Claim$	Share	$\Delta Claim$	Share
	(1)	(2)	(3)	(4)
GDP	0.258***	0.012	0.270***	-0.003
	(0.054)	(0.012)	(0.060)	(0.014)
$Rate$	0.244*	-0.115**	0.299**	-0.152***
	(0.130)	(0.051)	(0.146)	(0.055)
CPI	0.010	-0.024	0.105	-0.021
	(0.139)	(0.044)	(0.164)	(0.048)
$EXRATEg$	-17.092***	-1.220***	-6.812	0.694
	(4.467)	(0.452)	(7.682)	(1.255)
$GovQuality$	-0.416	0.505	-1.111*	0.525
	(0.551)	(0.331)	(0.622)	(0.328)
$FinDev$	24.661***	7.845***	22.300***	8.521***
	(3.768)	(1.922)	(3.926)	(1.886)
$KAOpen$	0.653	2.177**	0.693	1.988**
	(4.862)	(1.058)	(6.198)	(0.974)
$DebttoGDP$	-0.292***	-0.016	-0.298***	-0.011
	(0.087)	(0.046)	(0.099)	(0.046)
常数项	-15.178***	-1.796	-13.423**	-0.629
	(5.632)	(1.866)	(6.692)	(1.838)
报告国—交易对手国固定效应	是	是	是	是
标准误在报告国—交易对手国层面聚类	是	是	是	是
R^2	0.016	0.942	0.077	0.964
组内 R^2	0.003	0.018	0.010	0.025
观测值	43246	40975	11941	11588

注：括号内为回归系数的聚类稳健标准误，*、**、***分别表示在10%、5%、1%的水平上显著。

二 工具变量回归

报告国 EPU 与报告国宏观经济环境会相互影响，而报告国的跨境银行资本流出会同时受到报告国 EPU 和宏观经济环境的影响。考虑到这种内生性问题，分别使用全球 EPU 指数和美国 EPU 指数作为报告国 EPU 指数的工具变量进行回归，全球 EPU 和美国 EPU 上升时，会通过国际贸易和金融渠道传导到报告国 EPU，报告国 EPU 也会随之上升（Alam，2015）。如表 4-8 所示，使用工具变量的回归结果依然保持稳健。

表 4-8　　　　　　　　稳健性检验：工具变量回归

变量	工具变量：全球 EPU 指数		工具变量：美国 EPU 指数	
	$\Delta Claim$	$Share$	$\Delta Claim$	$Share$
	（1）	（2）	（3）	（4）
EPU	-0.353***	0.032***	-0.419***	0.066***
	（0.080）	（0.008）	（0.102）	（0.009）
GDP	0.213***	0.004	0.182***	0.010*
	（0.064）	（0.006）	（0.066）	（0.006）
$Rate$	0.039	-0.158***	-0.060	-0.121***
	（0.156）	（0.015）	（0.179）	（0.016）
CPI	0.270	-0.018	0.326*	-0.051***
	（0.172）	（0.017）	（0.193）	（0.018）
$EXRATEg$	-12.127***	-1.526***	-11.306***	-1.976***
	（4.203）	（0.386）	（4.314）	（0.393）
$GovQuality$	-1.335**	0.610***	-1.040	0.712***
	（0.675）	（0.068）	（0.777）	（0.070）
$FinDev$	22.437***	7.355***	20.573***	7.600***
	（4.611）	（0.422）	（4.692）	（0.424）
$KAOpen$	-4.521	2.095***	-6.207	2.763***
	（5.293）	（0.477）	（5.465）	（0.489）
$DebttoGDP$	-0.185*	0.002	-0.158	-0.019*
	（0.110）	（0.010）	（0.120）	（0.011）
报告国—交易对手国固定效应	是	是	是	是
标准误在报告国—交易对手国层面聚类	是	是	是	是

续表

变量	工具变量：全球 EPU 指数		工具变量：美国 EPU 指数	
	$\Delta Claim$	$Share$	$\Delta Claim$	$Share$
	(1)	(2)	(3)	(4)
R^2	0.002	0.020	0.001	0.019
观测值	44809	42398	40966	42398

注：括号内为回归系数的聚类稳健标准误，*、**、*** 分别表示在 10%、5%、1% 的水平上显著；以美国 EPU 指数为工具变量进行回归时，报告国中剔除了美国。

三 银行业危机的影响

报告国银行业危机的发生会对跨境银行资本流出产生显著影响，同时可能伴随 EPU 的上升，因此检验报告国发生银行业危机是否会改变基准结果。Laeven 和 Valencia（2013）构建的国家银行业危机数据库①，虚拟变量 $BankCrisis$ 在报告国当年发生银行业危机时取 1，否则取 0。使用年度数据进行回归，加入报告国银行业危机与报告国 EPU 交互项的模型回归结果如表 4-9 所示，$BankCrisis$ 的估计系数表明报告国发生银行业危机会导致报告国跨境银行资本流出急剧增加且跨境债权份额增加，EPU 的估计系数表明即便在控制报告国银行业危机的影响后，报告国 EPU 的原有影响仍显著存在。列（1）中交互项 $BankCrisis \times EPU$ 的估计系数显著为负，表明报告国发生银行业危机会加剧报告国 EPU 对该国跨境银行资本流出的负向影响。

表 4-9   稳健性检验：银行业危机的影响

变量	$\Delta Claim$	$Share$
	(1)	(2)
EPU	-0.094*	0.034**
	(0.048)	(0.016)
$BankCrisis$	8.073*	2.132**
	(4.592)	(0.930)

---

① https://www.imf.org/en/Publications/WP/Issues/2018/09/14/Systemic-Banking-Crises-Revisited-46232.

续表

变量	$\Delta Claim$	$Share$
	(1)	(2)
$BankCrisis \times EPU$	-0.762**	-0.017
	(0.333)	(0.073)
GDP	0.260***	0.015
	(0.062)	(0.014)
$Rate$	0.366**	-0.212***
	(0.150)	(0.057)
CPI	0.128	-0.045
	(0.170)	(0.048)
$EXRATEg$	-3.446	-2.635**
	(8.167)	(1.295)
$GovQuality$	-1.171*	0.606*
	(0.631)	(0.332)
$FinDev$	24.045***	7.117***
	(3.999)	(1.824)
$KAOpen$	1.200	1.318
	(6.255)	(0.994)
$DebttoGDP$	-0.307***	0.008
	(0.100)	(0.046)
常数项	-15.410**	1.061
	(6.805)	(1.775)
报告国—交易对手国固定效应	是	是
标准误在报告国—交易对手国层面聚类	是	是
R^2	0.077	0.964
组内 R^2	0.011	0.034
观测值	11941	11588

注：括号内为回归系数的聚类稳健标准误，*、**、***分别表示在10%、5%、1%的水平上显著。

四 控制其他固定效应

考虑到交易对手国层面的因素会对报告国对其跨境银行总资本流出

和跨境债权份额的调整产生影响，使用交易对手国固定效应控制交易对手国层面不随时间变化的因素，在此基础上加入时间固定效应，或者使用交易对手国—时间固定效应控制交易对手国层面随时间变化的因素，如表 4-10 所示，结论不存在明显差异。

表 4-10　　　　　　稳健性检验：控制其他固定效应

变量	ΔClaim			Share		
	（1）	（2）	（3）	（4）	（5）	（6）
EPU	-0.134***	-0.046***	-0.052***	0.039**	0.049*	0.049*
	（0.014）	（0.017）	（0.017）	（0.017）	（0.028）	（0.030）
常数项	3.062***	1.961***	2.034***	5.812***	5.690***	5.689***
	（0.208）	（0.247）	（0.243）	（0.391）	（0.492）	（0.519）
交易对手国固定效应	是	是	否	是	是	否
时间固定效应	否	是	否	否	是	否
交易对手国—时间固定效应	否	否	是	否	否	是
标准误在报告国—交易对手国层面聚类	是	是	是	是	是	是
R^2	0.002	0.006	0.120	0.520	0.520	0.531
观测值	56889	56889	56889	54739	54739	54739

注：括号内为回归系数的聚类稳健标准误，*、**、*** 分别表示在 10%、5%、1% 的水平上显著。

五　不区分交易对手国

考虑到不区分交易对手国能更好地描述报告国跨境银行总资本流动的整体变动，对于提出政策建议更具现实意义，因此使用在报告国层面对所有交易对手国加总的跨境银行总资本流出数据进行回归，结果如表 4-11 所示，基准结果仍成立。

表 4-11　　　　　　稳健性检验：不区分交易对手国

变量	$\Delta Claim$	$Share$
	（1）	（2）
EPU	−0.149***	0.202***
	（0.043）	（0.043）
常数项	3.426***	75.908***
	（0.517）	（0.519）
报告国固定效应	是	是
R^2	0.014	0.025
组内 R^2	0.017	0.052
观测值	1223	1160

注：括号内为回归系数的聚类稳健标准误，***表示在1%的水平上显著。

第六节　本章小结

本章研究国家经济政策不确定性上升对该国跨境银行总资本流出的影响。首先，本章基于经营跨境业务的银行视角，使用包含银行、居民和非金融企业三个部门的两国开放理论模型，分析国家 EPU 上升影响跨境银行资本流出的微观传导机制。国家 EPU 上升导致银行内生杠杆率约束收紧，银行债权资产规模收缩。同时，国家 EPU 上升导致国内债权风险相对跨境债权升高，银行可以通过调整国内债权和跨境债权的相对份额减轻资产端的进一步收缩。因此，国家 EPU 上升时，该国跨境银行资本流出的变动方向取决于银行的债权资产规模收缩和债权资产结构调整的综合作用。其次，本章使用 1998 年第一季度到 2017 年第四季度 17 个国家对 75 个国家的银行跨境债权双边数据和国家 EPU 指数数据进行经验分析，结果表明，国家 EPU 上升时该国跨境银行资本流出减少，而银行债权资产配置结构会从国内债权向跨境债权调整，表现为银行跨境债权占总债权份额的上升。

进一步研究表明，国家 EPU 会与其他宏观经济变量产生交互影响。第一，本国高利率环境或报告国货币对美元贬值会加剧国家 EPU 上升时报告国跨境银行资本流出的减少。第二，在国家 EPU 较低时，报告国利率对跨境银行资本流出的影响显著;随着国家 EPU 上升,利率的作用不再显著,但汇率的影响显著。第三,本国经济繁荣、汇率贬值或主权风险较低时,国家 EPU 上升将导致其跨境银行的跨境债权份额更大幅度地上升。第四,国家 EPU 对跨境债权份额的影响是非线性的,在经济政策不确定性较低时,其对跨境债权份额有显著的正向影响;随着经济政策不确定性的上升,其正向影响减弱,甚至转变为负向影响。第五,当本国跨境债权的交易对手国为新兴市场国家或边缘国家时,本国 EPU 上升对银行跨境债权份额的风险再平衡机制不成立。

本章提出以下政策建议:首先,本国宏观经济运行状况会影响本国 EPU 的作用强弱,当处于高利率环境或报告国货币对美元贬值时,应额外警惕报告国 EPU 上升造成的资本回撤。其次,利率和汇率是跨境银行资本流动的重要驱动因素,当国家 EPU 较低时,利率等货币政策调控工具对跨境银行资本流动的作用力度更大;当国家 EPU 较高时,汇率调控的效果更好。最后,国家 EPU 上升时,新兴市场经济体和边缘国家作为其跨境银行资本流出的目的国受到的冲击更大,新兴市场经济体和边缘国家应关注跨境银行资金来源国的经济政策不确定性水平,并适时采取宏观审慎政策及其他缓冲政策。

第五章　国家 EPU 对跨境银行资本流动的影响：微观视角

第一节　引言

如上章所述，Choi 和 Furceri（2019）首次关注了国家 EPU 对跨境银行资本流动的影响，他们采取国家 EPU 指数衡量经济政策不确定性，发现本国 EPU 上升时，本国跨境银行资本总流出和总流入均减少，总流入的减少幅度大于总流出的减少幅度，从而本国跨境银行净资本流入减少。后续的研究进一步验证和解释了上述结论（谭小芬和左振颖，2020；曾松林等，2022）。然而，Biswas 和 Zhai（2021）使用银行层面的跨境贷款数据和贷款银行所在国家的 EPU 指数进行经验分析，得到银行所在国家的经济政策不确定性上升时银行跨境贷款总资本流出增加的结论，并认为经济政策不确定性对银行贷款供给不会产生负向影响。基于此，本章使用银行层面的跨境贷款数据，进一步探究一国 EPU 上升时该国跨境银行资本流出的变动方向，尝试为这一尚有争议的研究问题提供更多证据。

利用银行跨境贷款的微观数据，本章丰富了经济政策不确定性对跨境银行资本流动的影响在银行经营特征层面的异质性。关于不确定性冲击对银行影响的异质性的研究分为银行外部经营环境层面的异质性和银行内部经营特征层面的异质性两类。在银行外部经营环境层面，相关文献研究了经济政策不确定性对银行风险承担和贷款供给的影响在信贷环境景气度、银行业市场竞争强度及行业集中度等特征上的异质性（顾海峰和于家珺，2019；Biswas & Zhai，2021）。在银行内部经营特征层面，银行资产规模和质量、资本充足率及银行流动性产生的异质性作用是相关文献关注的重点。Albertazzi 和 Marchetti（2010）发现国际金融危机冲击导致银行信贷供给收缩，并且资本充足性较低和流动性较差的银行受到的影响更严重。Raunig 等（2017）发现经济政策不确定性骤升事件发生时，银行贷款减少，并且流动性高、资产规模小的银行贷款减少程度较轻。使用 EPU 指数作为经济政策不确定性的代理指标，相关文献就经济政策不确定性对银行经营的影响在银行各种经营特征上的异质性进行了研究。Bordo 等（2016）发现经济政策不确定性上升会抑制银行信贷增长，但资产规模更小、持有更多现金资产或资本资产比例更高的银行信贷减少的程度相对较轻。He 和 Niu（2018）发现经济政策不确定性上升会对银行贷款增长产生负向影响，并且对于贷款占总资产比例更高的银行，这种负向影响的作用会被加强。顾海峰和于家珺（2019）发现经济政策不确定性上升会抑制银行的主动风险承担，并且银行资本充足率与流动性水平的升高会削弱经济政策不确定性对银行主动风险承担的抑制作用。田国强和李双建（2020）发现经济政策不确定性会显著抑制银行流动性创造，并且经济政策不确定性对规模较小、资本充足率较低、市场势力较弱以及区域性银行流动性创造的负向影响更明显。

基于以往文献，本章的边际贡献在于：第一，关于经济政策不确定性对银行跨境资本流动影响的文献大多使用国家层面的双边数据，发现国家 EPU 上升时银行跨境资本流出减少，但是最新的使用银行层面跨境贷款数据的研究得到了相反的结论，本章同样使用银行层面数据进行经验分析，进一步验证国家 EPU 上升时银行跨境银行资本流出下降这一结论的可靠性。第二，现有关于经济政策不确定性对银行跨境资本流动异质性影响的研究大多关注国家宏观经济基本面特征，本章丰富了经济政策不确定性在银行经营特征方面的异质性影响研究。第三，因为影响银行跨境贷款需求的因素在国外而非在本国，所以贷款需求端较少受到本国 EPU 上升的影响，本章的基准分析和异质性分析结果为"经济政策不确定性上升导致的银行贷款减少至少在一定程度上是银行贷款供给减少导致的"观点提供了来自开放经济角度的证据。

第二节 理论分析与研究假说

一 国家 EPU 与银行跨境贷款

经济政策不确定性是银行难以规避的系统性风险。银行的日常经营活动以追求收益和分散风险为目的，经济政策不确定性是银行作出经营决策时必须考虑的因素。除银行对经济政策不确定性作出的直接反应外，居民收入、消费和储蓄及企业的投融资活动都会受到经济政策不确定性的影响，作为连接各经济部门的关键纽带，经济政策不确定性对其他经济主体的影响最终也会传导到银行。

对经营跨境业务的银行而言，本国经济政策不确定性上升不仅会改变银行的总贷款供给，还会改变银行贷款供给在本国借款者和外国借款者之间的配置，最终影响银行的跨境贷款。

一方面，从银行总贷款供给来看，经济政策不确定性上升通过降低银行的存款吸收能力、资产收益状况和风险承担意愿抑制银行的信贷供给规模。第一，经济政策不确定性上升时银行存款吸收能力下降，从而限制银行贷款供给规模。经济政策不确定性上升时，居民预期未来收入的不确定性上升，从而增加其预防性储蓄（Bansal & Yaron，2004）；企业未来现金流的不确定性上升，使企业倾向于持有更多现金以应对可能发生的临时性现金流短缺（王红建等，2014；Duong et al.，2020）。此外，存款者对银行偿债能力的不良预期会对银行存款产生挤出效应（Diamond & Dybvig，1983），其他经济主体存款意愿的下降导致银行吸收存款能力下降，限制了银行的贷款供给能力。第二，经济政策不确定性上升导致银行的资产收益状况恶化，降低其贷款供给规模。贷款银行所在国家 EPU 上升，首先会降低该国资本收益率，此外，银行与企业间信息不对称问题加剧，银行需要付出更高的贷款审批和监督成本，导致银行资产投资的预期收益下降，在内生杠杆率的约束下，银行新贷款的发放会更严格（谭小芬和左振颖，2020）。第三，经济政策不确定性上升会降低银行风险承担意愿。顾海峰和于家珺（2019）构建了一个局部均衡模型考察经济政策不确定性对银行主动风险承担行为的影响，发现经济政策不确定性越高，银行风险容忍度越低。在自身审慎动机的驱动下，为应对潜在的贷款违约风险，银行会表现出明显的惜贷行为，主动减少信贷供给规模。

另一方面，经济政策不确定性上升将改变银行贷款供给在本国和外国之间的配置结构。按照"向高质量转移"机制，贷款银行所在国家 EPU 上升时，跨境贷款被视为比本国贷款更安全的资产，因此银行会相对增加对跨境贷款的配置，不过这种资产配置结构调整并不表现为银行跨境资本流出增加，而是银行跨境贷款相对于本国贷款份额增加，这表明相比银行总贷款供给的减少而言，"向高质量转移"机制使银行跨境贷款增加的作用有限（Choi & Furceri，2019；谭小芬和左振颖，2020）。使用国家层面的跨境银行资本流动数据进行的经验分析得到了国家跨境银行资本流出随本国经济政策不确定性上升而减少的实证证据（Wang，2018；Choi & Furceri，2019；谭小芬和左振颖，2020）。基于此，本章提出假说 5-1。

假说 5-1：贷款银行所在国家经济政策不确定性上升时银行跨境贷款减少。

二 国家 EPU、银行业异质性与银行跨境贷款

银行资本充足性在银行经营中发挥重要作用，也是监管部门对银行实施微观审慎监管时关注的重点。银行资本充足性监管要求的严格程度本身是银行跨境贷款增长的影响因素之一，更严格的资本充足性要求意味着银行需要以更高的资本支撑贷款的发放，从而限制了银行的贷款规模和跨境贷款的增长速度。探究贷款银行所在国家 EPU 对银行跨境贷款的影响在银行业层面的异质性，自然也绕不开该国对银行资本充足性监管要求的严格程度不同造成的差异。

对银行更严格的资本充足性监管可以减轻经济政策不确定性上升对银行贷款供给的负向影响。第一，对银行更严格的资本充足性监管会减轻经济政策不确定性上升对银行存款吸收能力的负向影响。贷款银行所在国家 EPU 上升加剧了银行与存款者间的信息不对称，银行的道德风险问题加剧，而国家对银行更严格的资本充足性监管要求降低了银行无法满足存款者的流动性需求的概率，相对降低了银行的道德风险（王

擎和吴玮，2012），保证了银行在经济政策不确定性上升的环境中继续以较低的成本获得存款进而发放贷款。第二，经济政策不确定性上升时，对银行更严格的资本充足性监管要求为银行内生杠杆率约束的收紧提供了缓冲，减轻了资产收益状况恶化对银行贷款创造的负向影响（Bordo et al.，2016）。经济政策不确定性上升时，资本收益率的下降及银行与企业间信息不对称问题的加剧共同导致了银行资产预期收益下降，银行杠杆率和净收益存在互相加强的下降机制（谭小芬和左振颖，2020），更严格的资本充足性监管要求银行在确定最低资本充足水平时将特定风险事件对银行资产的市场价值损失纳入考虑，帮助面临经济政策不确定性上升的银行减弱杠杆率约束的收紧和贷款规模的缩小。基于此，本章提出假说5-2。

假说5-2：贷款银行所在国家对银行资本充足性监管要求越严格，贷款银行所在国家经济政策不确定性对银行跨境贷款的负向影响越弱。

三　国家EPU、银行异质性与银行跨境贷款

资产规模是银行重要的特征变量之一，银行在资产规模上的差异可能导致银行跨境贷款对经济政策不确定性的反应程度不尽相同。

一方面，资产规模较大的银行可能对经济政策不确定性冲击的抵御能力更强。第一，"大而不倒"减弱了经济政策不确定性对大规模银行的影响。大规模银行在一国经济和金融体系中有举足轻重的地位，银行受不确定性冲击而发生的经营危机会对经济产生极强的负外部性，银行规模越大，这种负外部性就越强，大规模银行因此具有国家隐性信用担保和"大而不倒"的特征。首先，这种"大而不倒"的特征具有信号作用，能降低存款者对银行道德风险的担忧，大规模银行能以更低的成本吸收存款，减轻了经济政策不确定性上升对银行存款吸收能力的损害。其次，危机发生时，维系金融体系的稳定主要依靠增加流动性来实现，当其遭受经济政策不确定性冲击时，政府为大规模银行提供的注资和重组等实质性救助行为能放松银行的财务约束，使大规模银行由于受到不确定性冲击而被损害的流动性供给能力在一定程度上得到恢复（Raunig et al.，2017；童中文等，2018）。最后，政府的隐性信用担保使大规模银行有更高的风险承担意愿，从而降低经济政策不确定性上升

时银行由于风险规避机制而主动减少贷款供给的程度。第二，资产规模较大的银行往往具有更大的市场势力、更强的风险控制能力、更高素质的人力资本等优势，这些经营能力上的优势能帮助大规模银行抵抗经济政策不确定性的冲击（田国强和李双建，2020）。

另一方面，大规模银行的一些经营特征也可能加剧经济政策不确定性冲击的影响。第一，规模较大的银行有更多元化的外部融资渠道（徐明东和陈学彬，2011），这一特征本身能帮助银行降低融资成本和提高贷款供给能力，但当银行处在经济政策不确定性上升的环境中时，多元化的融资渠道意味着其融资不确定性受到经济政策不确定性的冲击更大。反之，以存款吸收作为主要融资渠道的小规模银行反而在经济政策不确定性上升时有更稳定的融资来源，从而受到的冲击较小（Raunig et al.，2017）。第二，与小规模银行相比，规模较大的银行有更高的地域分散化经营特征，导致其受到国家 EPU 上升的影响更广泛和深刻（Bordo et al.，2016）。第三，相比大规模银行而言，小规模银行对借款人的信息掌握得更详细，并且在贷款业务中关系贷款的比例更高，当处于经济政策不确定性上升的环境中时，这种经营特征降低了小规模银行的未来现金流的不确定性和贷款资产价值损失，换言之，这一经营特征差异将导致大规模银行受到经济政策不确定性冲击的影响相对更大。

本书认为大规模银行"大而不倒"特征会发挥更大的作用，此外，尽管大规模银行的地域分散化、融资渠道多元化等经营特征会导致其对经济政策不确定性上升的风险暴露增加，但由这些经营特征所增加的风险暴露能被大规模银行更高的风险管控能力抵消，基于此，本章提出假说5-3。

假说5-3：贷款银行的资产规模越大，贷款银行所在国家经济政策不确定性对银行跨境贷款的负向影响越弱。

随着银行业的市场化发展，除存贷款业务外，银行还经营投资银行、资产管理、保险和租赁等非利息业务。经济政策不确定性上升对金融市场和企业财务有广泛的影响，经济政策不确定性冲击对其业务涉及领域的影响传导至银行，将更大程度地影响银行未来现金流和预期收益，加剧银行贷款的反应。例如，经济政策不确定性的上升将抑制企业的上市活动（Çolak et al.，2017；Luo et al.，2017），从而减少投资银行业务收入。再如，经济政策不确定性上升时，由于信息风险的上升和投资需求的减少，金融中介机构的证券配售成本上升（Gungoraydinoglu et al.，2017），银行营业收入将面临更高的不确定性。又如，经济政策不确定性上升将导致股票价格下降与股票收益波动率上升（Pastor & Veronesi，2012、2013），并且损失企业债券的市场价值（Gilchrist et al.，2014），银行经营资产管理业务的收入不确定性上升。与营业收入更集中于利息收入的银行相比，营业收入来源于以上多种非利息业务的银行对不确定性冲击的风险暴露程度更高，从而对经济政策不确定性上升的反应程度更大。基于此，本章提出假说5-4。

假说5-4：贷款银行收入来源越多样，经济政策不确定性对银行跨境贷款的负向影响越强。

经济政策不确定性上升时，银行持有资产的收益状况恶化导致的杠杆率约束收紧是经济政策不确定性影响银行跨境贷款的重要渠道之一，银行资产质量的差异会改变银行资产收益受冲击影响的程度。银行资产质量越差，意味着银行过去发放贷款的风险越高。当经济政策不确定性上升时，相比资产质量较高的银行，资产质量差的银行的预期投资收益下降的程度更大，此外，存款者对资产质量差的银行的道德风险有更大的担忧，通过信号传递机制，经济政策不确定性上升对银行存款吸收能力的负向冲击也增强。基于此，本书提出假说5-5。

假说5-5：贷款银行资产质量越差，经济政策不确定性对银行跨境贷款的负向影响越强。

第三节 经验研究设计

一 数据

（一）银行层面的贷款数据

银行贷款数据来自贷款定价公司（Loan Pricing Corporation，LPC）的DealScan数据库。DealScan数据库提供了全球商业贷款市场中银团贷款的全面历史数据，记录了每笔贷款的贷款金融机构和借款公司的名称、位置和行业等信息，以及贷款合同的贷款利差、期限、抵押和其他条款。利用贷款数据的贷款国家和借款国家的信息，可以控制贷款供给和需求方面的影响因素，银行层面的微观贷款数据也使笔者能深入研究银行不同的经营状态是否会改变其跨境贷款对经济政策不确定性上升的反应。

（二）经济政策不确定性数据

经济政策不确定性数据来源于 Baker 等（2016）基于文本分析方法构建的 EPU 指数。Baker 等（2016）共提供了 26 个国家的 EPU 指数，在 EPU 指数数据可得的样本期间内，剔除 DealScan 跨境贷款数据存续年限小于 3 年的样本国家[①]，保留了 24 个国家的 EPU 指数数据。

（三）银行经营特征数据

为研究银行的经营特征是否会改变银行跨境贷款对经济政策不确定性上升的反应，本章检验了银行的经营特征与 EPU 指数对银行跨境贷款的交互影响。银行的经营特征数据来源于 BankFocus 数据库。由于 DealScan 数据库和 BankFocus 数据库的银行代码并不通用，为获得 DealScan 数据库中贷款银行的经营特征数据，本章参照 Biswas 等（2017）的做法，根据银行名和银行经营地对两个数据库进行匹配。具体采取的匹配步骤如下：第一，因为两个数据库都有上市银行统一的股票代码信息，所以按照股票代码和银行经营地进行匹配，保留完全匹配的结果；第二，对其余数据，按银行名和银行经营地进行匹配，保留完全匹配的结果；第三，对前两步未能匹配的其余数据，按银行名和银行经营地进行文本模糊匹配，为保证匹配结果的准确性，使用不同的算法进行模糊匹配，并对所有模糊匹配的结果进行人工筛查。

本章最终使用从 1998 年第一季度至 2020 年第三季度来自 24 个国家[②]的 741 家银行对来自 155 个国家的借款公司的银行跨境贷款数据，共计 66839 个观测值。与国际清算银行（BIS）或国际货币基金组织（IMF）的国家层面的银行跨境贷款数据相比，DealScan 数据库的贷款数据的广泛性使样本最大限度地包含了国家 EPU 指数数据可得的国家。

---

① 由于跨境贷款数据存续年限不足而剔除的样本国家：巴基斯坦、克罗地亚。
② 样本国家：澳大利亚、比利时、巴西、加拿大、智利、中国、哥伦比亚、丹麦、法国、德国、希腊、印度、爱尔兰、意大利、日本、韩国、墨西哥、荷兰、俄罗斯、新加坡、西班牙、瑞典、英国、美国。

由于 BankFocus 数据库样本范围、数据缺失和数据频率的限制，加入银行经营特征变量后的子样本保留了来自 14 个国家①的 69 家贷款银行向 134 个借款国家的跨境贷款数据，共计 4769 个观测值。

二　计量模型设定

为检验贷款银行所在国家经济政策不确定性上升对银行跨境贷款的影响，构建回归方程如下：

$$CL_{kjt} = \beta_5 + \beta_a EPU_{it} + \delta Z_t + \gamma X_{it} + \mu_k + \mu_j + \varepsilon_{it} \quad (5-1)$$

式中：k 为贷款银行；i 为贷款银行的国家；j 为借款公司的国家；t 为时间；CL_{kjt} 为来自国家 i 的贷款银行 k 对借款公司的国家 j 在第 t 期的跨境贷款额；EPU_{it} 为贷款银行所在国家第 t 期的经济政策不确定性指数；Z_t 为一组描述全球宏观经济运行特征的控制变量；X_{it} 为一组描述贷款银行所在国家宏观经济特征的控制变量；β_a 为待估计系数，$\beta_a < 0$ 表示贷款银行所在国家经济政策不确定性上升时银行跨境贷款减少。

国家 EPU 指数和多数控制变量为短期指标，对资本流动在当期产生影响，所以不对解释变量做滞后处理。随着全球经济发展和金融全球化的推进，银行跨境贷款存在长期增长趋势，以往文献大多使用国家 GDP 等变量对资本流动的跨国面板数据做标准化处理，或者以资本流动增长率为代理指标。因为本章所用数据是银行层面而非国家层面的跨境贷款数据，并且银行对某一借款国的跨境贷款在时间上的连续性有限，所以常用的标准化处理或以增长率为代理指标的方法不适用。参照 Bordo 等（2016）的做法，本章加入时间趋势项 t 以控制银行跨境贷款的长期增长趋势。μ_k 是贷款银行固定效应，用来控制不随时间变化的贷款银行特征对银行跨境贷款额的影响。μ_j 是借款国家固定效应，用来控制不随时间变化的借款国的贷款需求因素对银行跨境贷款额的影响。经济政策不确定性是时间序列变量，直接引用时间固定效应会引起多重共线性问题，造成时间固定效应与经济政策不确定性变量对银行跨境贷款的作用相互抵消，因而在模型中不直接控制时间固定效应（田

---

① 子样本国家：澳大利亚、加拿大、智利、中国、丹麦、法国、德国、希腊、印度、日本、韩国、西班牙、英国、日本。

国强和李双建，2020）。ε_{it} 是随机误差项。

为检验银行业监管和竞争特征是否会改变银行跨境贷款对其所在国家经济政策不确定性上升的反应，构建回归方程如下：

$$CL_{kjt}=\beta_6+\beta_c EPU_{it}+\delta Z_t+\gamma X_{it}+\theta D_{it}+\beta_d D_{it}\times EPU_{it}+\mu_k+\mu_j+\varepsilon_{it} \quad (5-2)$$

式中：D_{it} 为一组描述贷款银行所在国家的银行业特征的变量。增加国家层面的银行业特征变量控制贷款国银行业监管和竞争状况的影响，并关注银行业特征变量与 EPU_{it} 交互项的待估计系数 β_d。

为检验银行经营特征是否会改变银行跨境贷款对其所在国家经济政策不确定性上升的反应，构建回归方程如下：

$$CL_{kjt}=\beta_7+\beta_n EPU_{it}+\delta Z_t+\gamma X_{it}+\lambda B_{kt}+\beta_b B_{kt}\times EPU_{it}+\mu_k+\mu_j+\varepsilon_{it} \quad (5-3)$$

式中：B_{kt} 为一组描述贷款银行经营特征的变量。增加银行层面变量控制贷款银行的资产规模与质量、资本充足率、盈利能力等经营特征的影响，并关注银行经营特征变量与 EPU_{it} 交互项的系数 β_b。由于银行业控制变量和银行控制变量的数据有可得性限制，为最大限度地保留观测值，式（5-3）中没有加入银行业控制变量。

三 变量选取与说明

1. 银行跨境贷款（CL_{kjt}）。为得到银行层面的跨境贷款数据，本章对 DealScan 数据库的贷款数据进行如下处理。首先，根据贷款金融机构的企业类型，保留企业类型为银行的贷款。其次，为得到跨境贷款，保留贷款银行和借款公司来自不同国家的贷款。最后，因为原始数据是贷款层面的数据，而一笔银团贷款由多家银行共同提供，所以用银团贷款总额乘每家银行在该笔贷款中的参与份额得到每家银行提供的贷款额。然而，DealScan 数据库提供的贷款数据中，大约只有 25% 的贷款记录了银行参与份额。对另外 75% 的缺失银行参与份额信息的贷款，假定具备份额信息的贷款记录与缺失份额信息的贷款记录间不存在系统性差异（Ivashina，2009），使用具备份额信息的贷款记录，计算每笔银团贷款中主导银行和参与银行的份额并取平均值[①]，

---

① 贷款合约包含"贷款人角色"的信息，根据这一变量，可将贷款银行分为主导银行和参与银行。

得到主导银行在银团贷款中的平均份额约为 52%，参与银行在银团贷款中的平均份额约为 48%，在每一笔银团贷款中，用主导银行的平均份额除以主导银行的个数所得结果作为主导银行在该笔贷款中的份额，用参与银行的平均份额除以参与银行的个数所得结果作为参与银行在该笔贷款中的份额。将每家银行在每个季度对所有借款公司提供的贷款额在借款国家层面加总，最终得到"贷款银行—借款国家—季度"层面的银行跨境贷款数据。CL_{kjt} 指标采用银行跨境贷款额的自然对数值。

2. 贷款银行所在国家的经济政策不确定性（EPU_{it}）。Baker 等（2016）构建的 EPU 指数为月度数据，将月度 EPU 指数在季度内取算术平均值，得到季度 EPU 指数。EPU_{it} 采用季度 EPU 指数的自然对数值。

3. 全球宏观经济控制变量（Z_t）。一是美国联邦基金利率（FFR_t）。因美国货币政策在全球银行业金融状况的跨境传导中起重要作用，采用美国联邦基金名义有效利率衡量美国货币政策，取其自然对数值，数据来源于 FRED 经济数据库[①]。二是全球流动性（$OECDM1_t$）。全球流动性是银行跨境资本流动周期性波动的重要驱动因素（Cerutti et al., 2014），采用所有 OECD 国家的狭义货币供应量 M1 衡量全球流动性，取其自然对数值，数据来源于 OECD 主要经济指标数据库[②]。

4. 国家宏观经济控制变量（X_{it}）。一是实际 GDP 增长率（GDP_{it}）。采用贷款银行所在国家的实际 GDP 增长率控制贷款国家的实体经济发展水平，数据经过了季节调整。二是贷款银行所在国家货币对美元名义汇率增长率（$EXRATE_{it}$）。以直接标价法下贷款银行所在国家货币对美元名义汇率取自然对数后的一阶差分为汇率增长率的代理指标，数值变大表示贷款国货币对美元贬值。三是 CPI 增长率（CPI_{it}）。用贷款银行所在国家的 CPI 增长率描述贷款国通货膨胀情况，数据经过了季节调整。四是货币市场利率（$RATE_{it}$）。采用贷款银行所在国家金融机构间短期借款、短期国库券或中央银行票据利率的平均值衡量贷

[①] https://fred.stlouisfed.org/.

[②] https://www.oecd.org/sdd/oecdmaineconomicindicatorsmei.htm.

款国家的货币市场利率。国家层面的宏观经济控制变量来源于 EIU 数据库。

5. 银行业监管和竞争特征变量（D_{it}）。银行业层面的控制变量包括银行业监管特征变量和银行业竞争特征变量两类，均为年度数据。一是银行经营活动限制（$ActRes_{it}$）。$ActRes_{it}$ 描述了贷款国家的银行经营证券、保险、房地产等业务面临的限制，该指标数值越大表明该国银行经营活动限制越严格。二是银行业资本要求严格性（$CapStr_{it}$）。$CapStr_{it}$ 描述了贷款国家的银行资本监管要求是否反映了特定的风险因素，以及在确定最低资本充足率要求时是否考虑了特定的市场价值损失，该指标数值越大表明该国银行业面临的资本充足性要求越严格。银行监管特征变量的数据来源于世界银行基于全球调查构建的银行监管特征数据库[1]（Barth et al., 2013）。三是银行业替代竞争（$PrBond_{it}$）。贷款银行所在国家的企业进行外源融资时，发行债券是银行贷款最相近的替代办法。用贷款银行所在国家私人部门发行的本国债券占该国 GDP 的比值（$PrBond_{it}$）描述银行业贷款业务可替代程度，该指标数值越大表明贷款国银行业面临的替代竞争越激烈。数据来源于世界银行金融结构（World Bank Financial Structure）数据库[2]。

6. 贷款银行经营特征（B_{kt}）。考虑贷款银行资产规模、资产质量、资本结构、盈利能力、流动性和收入结构六方面的经营特征。一是资产规模（$Asset_{kt}$）。用贷款银行的总资产的自然对数表示。二是不良贷款率（NPL_{kt}）。用不良贷款占总贷款余额的比值表示，不良贷款率度量了存在违约问题贷款的占比，是描述银行资产质量的反向指标，数值越高意味着银行过去发放贷款的风险越大（方意，2015）。三是资本充足率（CAR_{kt}）。用银行资本净额与风险加权资产的比值表示，描述银行资本结构。四是平均总资产回报率（$ROAA_{kt}$）。用营业利润除以平均总资产表示，描述银行的盈利能力。五是存贷比（$LoanDp_{kt}$）。用贷款总额与存款总额的比值表示，存贷比越高表明负债对应的贷款资产越多，银行的流动性越低，因此是描述银行流动性的反向指标。六是收入结构

---

[1] https://www.worldbank.org/en/research/brief/BRSS.
[2] https://www.worldbank.org/en/publication/gfdr/data/financial-structure-database.

（$NIIOI_{kt}$）。用非利息营业收入与营业收入之比描述银行的收入结构，该指标越高表明银行收入多样性越高。贷款银行经营特征数据存在较严重的离群值，因此对银行经营特征变量在1%位置上做缩尾处理。

变量的基本描述性统计如表5-1所示。

表5-1　　　　　　　　变量的基本描述性统计

变量	定义	观测值	均值	标准差	最小值	中位数	最大值
CL_{kjt}	银行跨境贷款（取对数）	66839	3.548	1.708	-15.607	3.555	10.205
EPU_{it}	经济政策不确定性（EPU指数取对数）	1714	4.705	0.491	2.998	4.670	6.492
FFR_t	美国联邦基金名义有效利率（取对数）	91	-0.147	1.552	-2.813	0.231	1.875
$OECDM1_t$	OECD国家M1（取对数）	91	4.098	0.589	3.156	4.033	5.986
GDP_{it}	实际GDP增长率（%）	1714	2.770	3.890	-24.500	2.600	29.400
$EXRATE_{it}$	贷款银行所在国家货币对美元名义汇率增长率	1696	0.000	0.040	-0.158	0.000	0.312
CPI_{it}	CPI增长率（%）	1714	2.343	2.265	-6.100	2.000	18.600
$RATE_{it}$	货币市场利率（%）	1699	3.013	3.374	-0.500	2.200	31.600
$ActRes_{it}$	银行经营活动限制	376	6.750	1.963	3.000	7.000	11.000
$CapStr_{it}$	银行业资本要求严格性	248	4.956	1.720	2.000	6.000	7.000
$PrBond_{it}$	银行业替代竞争（%）	146	38.271	28.402	0.169	31.947	119.953
$Asset_{kt}$	资产规模（取对数）	419	19.703	2.740	15.166	19.617	25.978
NPL_{kt}	不良贷款率（%）	402	2.580	2.828	0.190	1.525	12.290
CAR_{kt}	资本充足率（%）	197	15.140	3.897	7.890	14.660	39.640
$ROAA_{kt}$	平均总资产回报率（%）	374	0.725	0.646	-0.630	0.660	3.080
$LoanDp_{kt}$	存贷比	358	117.196	79.781	43.750	96.005	477.270
$NIIOI_{kt}$	收入结构	414	0.398	0.202	-0.247	0.407	0.833

注：CL_{kjt}是贷款层面的季度数据，EPU_{it}、GDP_{it}、$EXRATE_{it}$、CPI_{it}、$RATE_{it}$是贷款国家层面的季度数据，FFR_t、$OECDM1_t$是全球层面的季度数据，$ActRes_{it}$、$CapStr_{it}$、$PrBond_{it}$是贷款国家层面的年度数据，$Asset_{kt}$、CAR_{kt}、NPL_{kt}、$ROAA_{kt}$、$LoanDp_{kt}$、$NIIOI_{kt}$是贷款银行层面的年度数据。

第四节 经验分析

一 国家 EPU 对银行跨境贷款的影响

首先检验一国 EPU 上升对在该国经营的银行的跨境贷款的影响，对式 (5-1) 进行回归，结果如表 5-2 所示。在列 (1) 中加入全球层面控制变量，并控制贷款银行固定效应和借款国家固定效应，EPU 的回归系数为 -0.098，并且在 1% 的水平上显著，该系数表明贷款银行所在国家的经济政策不确定性指数上升 1% 时，在该国经营的银行的跨境贷款将减少 9.8%，这一影响在经济上也是显著的。在列 (2) 中加入贷款国家宏观经济控制变量。在列 (3) 中加入季度固定效应，控制季节因素的影响。在列 (4) 中加入借款国家—季度固定效应，控制借款国家随时间变化的跨境贷款需求因素的影响。在列 (5) 中使用贷款国家—借款国家固定效应，控制国家间不随时间变化的贸易和金融合作关系的影响。在列 (6) 中，考虑到银行海外子公司的情形，加入贷款银行—借款国家固定效应，控制贷款银行与特定借款国家间不随时间变化的特定关系的影响。列 (1) 至列 (6) EPU 的回归系数均为负且在 1% 的水平上显著，较好地验证了假说 5-1。其他控制变量的回归系数与以往文献大致相符。FFR 的回归系数为负且在 1% 的水平上显著，验证了美国货币政策收紧对银行信贷的负向影响在全球银行业间的跨境传导。OECDM1 的回归系数为负且在 1% 的水平上显著，表明全球流动性水平充足时，银行跨境贷款减少。CPI 和 RATE 的回归系数为正且在统计上显著，表明贷款银行所在国家经济的繁荣将增加该国银行的跨境贷款。

表 5-2　贷款银行所在国家 EPU 对银行跨境贷款的影响

变量	CL					
	(1)	(2)	(3)	(4)	(5)	(6)
EPU	-0.098*** (0.014)	-0.101*** (0.014)	-0.098*** (0.014)	-0.100*** (0.014)	-0.107*** (0.014)	-0.097*** (0.014)

续表

变量	CL					
	(1)	(2)	(3)	(4)	(5)	(6)
FFR	-0.025***	-0.042***	-0.041***	-0.041***	-0.041***	-0.038***
	(0.004)	(0.005)	(0.005)	(0.005)	(0.005)	(0.005)
OECDM1	-0.892***	-0.720***	-0.765***	-0.752***	-0.701***	-0.688***
	(0.071)	(0.079)	(0.079)	(0.079)	(0.078)	(0.083)
GDP		0.002	0.002	0.002	0.004	0.007**
		(0.003)	(0.003)	(0.003)	(0.003)	(0.003)
EXRATE		0.142	0.121	0.093	0.080	0.085
		(0.149)	(0.150)	(0.150)	(0.148)	(0.147)
CPI		0.040***	0.040***	0.040***	0.044***	0.043***
		(0.005)	(0.005)	(0.005)	(0.005)	(0.005)
RATE		0.025***	0.024***	0.025***	0.027***	0.031***
		(0.005)	(0.005)	(0.005)	(0.005)	(0.005)
常数项	6.023***	5.335***	5.464***	5.431***	5.306***	5.285***
	(0.226)	(0.262)	(0.262)	(0.262)	(0.261)	(0.276)
时间趋势项	0.038***	0.036***	0.037***	0.036***	0.035***	0.034***
	(0.002)	(0.002)	(0.002)	(0.002)	(0.002)	(0.002)
贷款银行固定效应	是	是	是	是	是	否
借款国家固定效应	是	是	是	否	否	否
季度固定效应	否	否	是	否	否	否
借款国家—季度固定效应	否	否	否	是	是	是
贷款国家—借款国家固定效应	否	否	否	否	是	是
贷款银行—借款国家固定效应	否	否	否	否	否	是
R^2	0.454	0.451	0.452	0.461	0.505	0.589
观测值	66839	65505	65505	65470	65195	61522

注：括号内为回归系数的异方差稳健标准误；**、*** 分别表示在 5%、1% 的水平上显著；贷款银行固定效应包含了贷款国家固定效应，借款国家—季度固定效应包含了借款国家固定效应和季度固定效应，贷款国家—借款国家固定效应包含了借款国家固定效应，贷款银行—借款国家固定效应包含了贷款银行固定效应与借款国家固定效应，故列（6）实际上包含了前列所有的固定效应，是最严格的模型设置。

二 国家 EPU 与银行业特征的交互作用

为检验贷款银行所在国家的经济政策不确定性与该国银行业特征对银行跨境贷款的交互影响，首先，使用加入银行业控制变量的年度数据对式（5-1）进行回归，结果如表 5-3 所示。表 5-3 控制了贷款银行—借款国家固定效应，列（1）使用年度数据①，不加入银行业控制变量，EPU 的回归系数为负并且在 1% 的水平上显著。在列（2）至列（4）中，依次加入银行业监管和竞争变量，EPU 的回归系数仍为负且至少在 10% 的水平上显著②。在银行业控制变量的回归系数方面，*CapStr* 和 *PrBond* 的回归系数为负且在 1% 的水平上显著，表明贷款银行所在国家银行业的资本充足性要求越严格，银行业面临的来自其他行业的替代竞争越激烈，银行的跨境贷款越少。

表 5-3 贷款银行所在国家 EPU 对银行跨境贷款的影响：加入银行业控制变量

变量	CL			
	（1）	（2）	（3）	（4）
EPU	-0.115***	-0.105***	-0.156***	-0.063*
	(0.018)	(0.020)	(0.025)	(0.036)
FFR	-0.056***	-0.054***	-0.084***	-0.014
	(0.006)	(0.007)	(0.008)	(0.015)
OECDM1	-0.713***	-0.605***	-0.651***	0.330
	(0.096)	(0.104)	(0.120)	(0.307)
GDP	0.004	0.007**	0.010**	0.019***
	(0.003)	(0.004)	(0.004)	(0.006)
EXRATE	-0.139	-0.220	-0.477*	-0.186
	(0.215)	(0.232)	(0.271)	(0.308)
CPI	0.047***	0.040***	0.038***	0.045***
	(0.006)	(0.007)	(0.009)	(0.013)

① 季度数据在年度内取算术平均值，得到年度数据。
② 表 5-3 列（4）中，EPU 的回归系数在统计上的显著性下降，可能是全部银行业控制变量的加入使样本量减少导致的。

续表

变量	CL			
	(1)	(2)	(3)	(4)
RATE	0.027***	0.031***	0.055***	0.042***
	(0.006)	(0.007)	(0.009)	(0.013)
ActRes		0.022**	0.020	-0.021
		(0.010)	(0.014)	(0.016)
CapStr			-0.033***	-0.057***
			(0.007)	(0.012)
PrBond				-0.004***
				(0.001)
常数项	-275.216***	-256.731***	-273.377***	-173.760***
	(15.703)	(17.001)	(19.579)	(45.895)
时间趋势项	0.140***	0.131***	0.139***	0.088***
	(0.008)	(0.009)	(0.010)	(0.023)
贷款银行—借款国家固定效应	是	是	是	是
R^2	0.640	0.637	0.655	0.680
观测值	33731	28546	19890	13173

注：括号内为回归系数的异方差稳健标准误；*、**、***分别表示在10%、5%、1%的水平上显著；受银行业特征变量的数据限制，本表回归使用年度数据。

然后，加入银行业监管和竞争变量与EPU指数的交互项，对式（5-2）进行回归，结果如表5-4所示。表5-4控制贷款银行—借款国家固定效应，分别加入EPU与ActRes、CapStr、PrBond的交互项。列（2）中，交互项EPU×CapStr的回归系数为正，EPU和CapStr的回归系数分别为负，并且以上三项的回归系数均在1%的水平上显著，表明贷款银行所在国家的经济政策不确定性和银行业资本要求严格性对银行跨境贷款的影响存在显著的交互作用。一方面，如果贷款银行所在国家的银行业资本要求更严格，那么该国经济政策不确定性上升对银行跨境贷款的负向影响会减弱，如图5-1（a）所示，随着银行业资本要求的放宽，经济政策不确定性上升对银行跨境贷款的负向影响显著加剧，相反地，当银行业资本要求严格性高于中位数时①，经济政策不确定性上升不会再导致银行跨境贷款的显著减少。另一方面，一国经济政策不确定性上升也会削弱银行业资本要求对银行跨境贷款的影响，如图 5-1（b）所示，当贷款银行所在国家未处于经济政策高度不确定的环境中时，该国银行业更加严格的资本要求会显著减少银行跨境贷款，但是当该国处于经济政策高度不确定性环境中时，银行业资本要求严格性对银行跨境贷款的影响变得不再显著。

表 5-4　　　　　贷款银行所在国家 EPU 与银行业特征
对银行跨境贷款的交互影响

变量	CL		
	（1）	（2）	（3）
EPU	-0.055	-0.324***	-0.020
	(0.089)	(0.091)	(0.057)
FFR	-0.014	-0.016	-0.014
	(0.015)	(0.015)	(0.015)
OECDM1	0.332	0.365	0.321
	(0.308)	(0.307)	(0.307)
GDP	0.019***	0.019***	0.019***
	(0.006)	(0.006)	(0.006)
EXRATE	-0.184	-0.041	-0.204
	(0.309)	(0.314)	(0.309)
CPI	0.045***	0.043***	0.044***
	(0.013)	(0.013)	(0.013)
RATE	0.042***	0.043***	0.042***
	(0.013)	(0.013)	(0.013)
ActRes	-0.014	-0.009	-0.023
	(0.074)	(0.016)	(0.016)
CapStr	-0.056***	-0.312***	-0.054***
	(0.012)	(0.085)	(0.012)

① 表 5-4 列（2）的回归中，变量 CapStr 的中位数为 5，此数值与表 5-1 中报告的数值不同，这是由于表 5-1 中变量 CapStr 的中位数是基于表 5-3 列（3）的回归计算的，而表 5-4 列（2）的回归中全部银行业特征控制变量的加入导致参与回归的观测值发生了变化。

续表

变量	CL		
	(1)	(2)	(3)
$PrBond$	-0.004***	-0.004***	0.001
	(0.001)	(0.001)	(0.005)
$EPU \times ActRes$	-0.002		
	(0.016)		
$EPU \times CapStr$		0.054***	
		(0.018)	
$EPU \times PrBond$			-0.001
			(0.001)
常数项	-173.550***	-165.731***	-174.454***
	(45.995)	(45.970)	(45.900)
时间趋势项	0.088***	0.084***	0.088***
	(0.024)	(0.023)	(0.023)
贷款银行—借款国家固定效应	是	是	是
R^2	0.680	0.681	0.680
观测值	13173	13173	13173

注：括号内为回归系数的异方差稳健标准误；***表示在1%的水平上显著；受到银行业特征变量的数据限制，本表回归使用年度数据。

三 国家 EPU 与银行特征的交互作用

为检验贷款银行所在国家的经济政策不确定性与该国银行经营特征对银行跨境贷款的交互影响，首先，加入描述银行经营特征的控制变量对式（5-1）进行回归，结果如表 5-5 所示。表 5-5 控制贷款银行—借款国家固定效应，列（1）至列（6）逐个加入银行经营特征变量，EPU 的系数始终为负且至少在 10% 的水平上显著[①]，表明控制贷款银行在资产、资本和收入等方面的经营特征后，经济政策不确定性上升对银行跨境贷款的负向影响仍成立。在银行经营特征变量的回归系数方面，$Asset$ 的回归系数始终为正，并且至少在 10% 的水平上显著，表明资产规模更大的银行倾向于有更多的跨境贷款。

---

① 表 5-5 列（6）中，EPU 的回归系数在统计上的显著性下降，可能是全部银行经营特征变量的加入使样本量减少导致的。

(a) 贷款银行所在国家EPU对银行跨境贷款的边际效应

(b) 银行业资本要求严格性对银行跨境贷款的边际效应

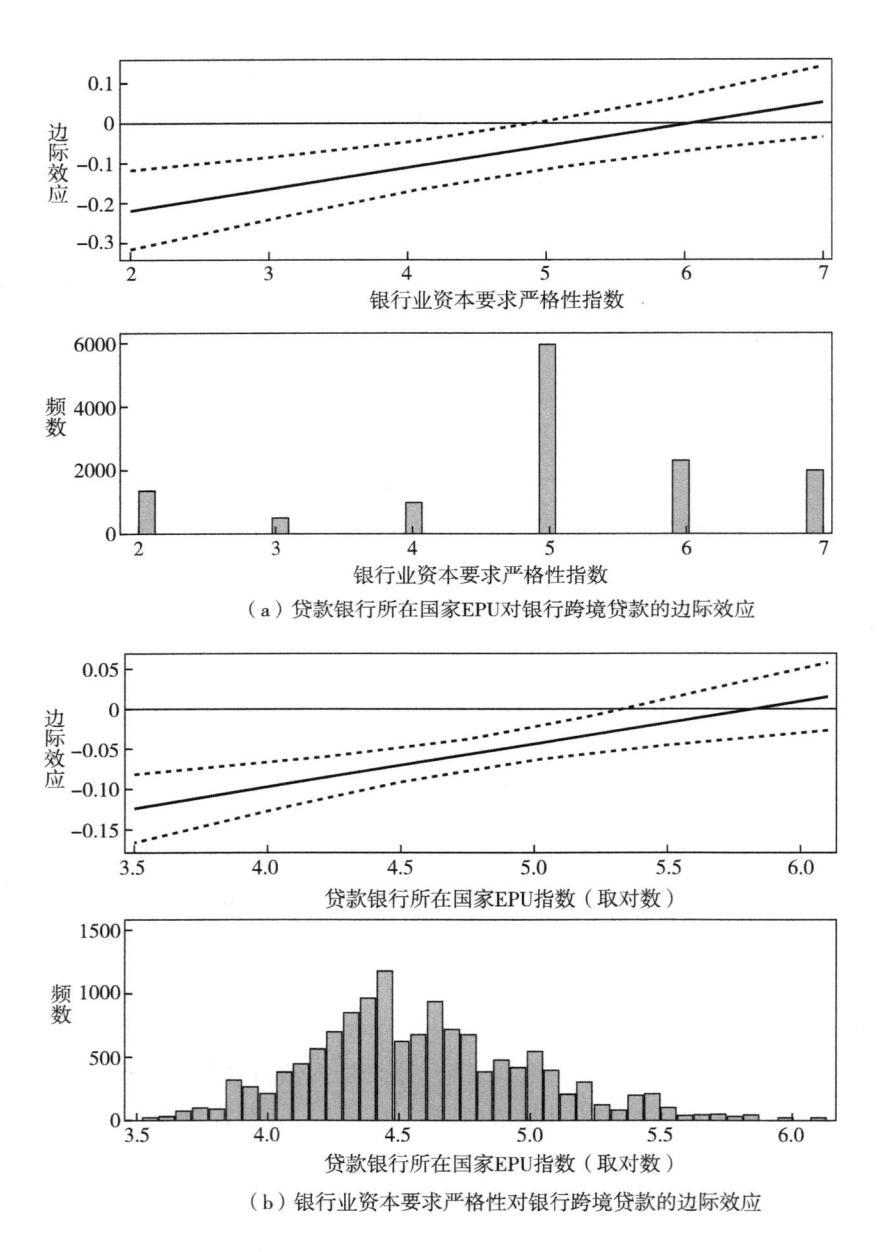

图 5-1　贷款银行所在国家 EPU 与银行业资本要求严格性对银行跨境贷款的交互影响

注：实斜线为边际效应，虚线为95%置信区间。

表 5-5 　 贷款银行所在国家 EPU 对银行跨境贷款的影响：
加入银行经营特征控制变量

变量	CL					
	(1)	(2)	(3)	(4)	(5)	(6)
EPU	-0.166***	-0.151***	-0.150***	-0.160***	-0.155***	-0.149*
	(0.049)	(0.050)	(0.050)	(0.053)	(0.055)	(0.087)
FFR	-0.060***	-0.061***	-0.062***	-0.065***	-0.062***	-0.091***
	(0.015)	(0.016)	(0.016)	(0.018)	(0.018)	(0.029)
OECDM1	0.319	0.250	0.087	0.028	-0.032	-0.619
	(0.402)	(0.406)	(0.414)	(0.421)	(0.439)	(0.631)
GDP	0.032***	0.031***	0.030***	0.028***	0.026***	-0.001
	(0.008)	(0.008)	(0.008)	(0.009)	(0.009)	(0.017)
EXRATE	-0.172	-0.027	-0.056	0.109	0.038	-0.016
	(0.598)	(0.599)	(0.601)	(0.629)	(0.646)	(0.993)
CPI	0.006	0.007	0.011	0.030	0.034*	-0.019
	(0.018)	(0.018)	(0.019)	(0.020)	(0.021)	(0.034)
RATE	0.045**	0.050**	0.038*	0.030	0.021	0.026
	(0.020)	(0.021)	(0.022)	(0.024)	(0.025)	(0.044)
Asset	0.173**	0.169**	0.201***	0.202***	0.267***	0.329*
	(0.070)	(0.070)	(0.072)	(0.077)	(0.086)	(0.188)
NIIOI		0.194	0.209	0.228	0.163	-0.185
		(0.131)	(0.132)	(0.139)	(0.190)	(0.336)
NPL			-0.017*	-0.019*	-0.034**	-0.023
			(0.010)	(0.010)	(0.015)	(0.028)
ROAA				0.063	0.027	-0.000
				(0.050)	(0.072)	(0.139)
LoanDp					-0.001	-0.003
					(0.001)	(0.002)
CAR						-0.003
						(0.013)
常数项	-77.042	-90.021	-108.236	-116.693	-112.094	-227.646**
	(67.668)	(68.551)	(69.138)	(71.279)	(73.430)	(102.405)
时间趋势项	0.038	0.045	0.054	0.058	0.055	0.114**
	(0.035)	(0.035)	(0.035)	(0.037)	(0.038)	(0.053)

续表

变量	CL					
	(1)	(2)	(3)	(4)	(5)	(6)
贷款银行—借款国家固定效应	是	是	是	是	是	是
R^2	0.669	0.667	0.668	0.673	0.675	0.743
观测值	4405	4384	4345	4049	3695	1889

注：括号内为回归系数的异方差稳健标准误；*、**、***分别表示在10%、5%、1%的水平上显著；受银行业特征变量的数据限制，本表回归使用年度数据。

其次，加入银行经营特征变量与 EPU 指数的交互项，对式 (5-3) 进行回归，结果如表 5-6 所示。表 5-6 控制贷款银行—借款国家固定效应，列（1）至列（6）分别加入 EPU 与 Asset、NIIOI、NPL、ROAA、LoanDp 和 CAR 的交互项。列（2）中，交互项 EPU×NIIOI 的回归系数为负且在 10% 的水平上显著，表明贷款银行的收入结构会显著改变银行所在国家的经济政策不确定性对银行跨境贷款的影响，非利息营业收入占总营业收入之比越高的银行，在经济政策不确定性上升时跨境贷款减少越严重。如图 5-2（a）所示，对于非利息营业收入与总营业收入之比低于 0.5 的贷款银行，其所在国家经济政策不确定性上升时，银行跨境贷款不会显著减少；而对于收入结构更多样化的银行，经济政策不确定性上升时，其跨境贷款显著减少。列（3）中，交互项 EPU×NPL 的回归系数为负且在 10% 的水平上显著，表明贷款银行的资产质量会显著改变银行所在国家的经济政策不确定性对银行跨境贷款的影响，资产质量越差的银行，在经济政策不确定性上升时跨境贷款减少越严重。如图 5-2（b）所示，对于不良贷款率低于 2% 的贷款银行，其所在国家 EPU 上升对其跨境贷款的负向影响不显著；而银行不良贷款率一旦高于 2%，银行的跨境贷款就会在经济政策不确定性上升时减少，并且银行不良贷款率越高，跨境贷款减少的程度越严重。

此外，尽管表 5-6 列（1）中交互项 EPU×Asset 的回归系数在统计上不显著，但如表 5-5 所示，银行资产规模是其跨境贷款的显著影响因素，为进一步确认银行资产规模对其跨境贷款的影响，用不同资产规模水平上经济政策不确定性对跨境贷款的边际效应图详细描述银行资规模的异质性作用，如图 5-2（c）所示。当贷款银行的资产规模小于中位数时，银行所在国家的经济政策不确定性上升对其跨境贷款有显著的负向影响，但对于规模较大的银行，跨境贷款不会因经济政策不确定性上升而减少。假说 5-3 仅在边际效应图的结果上得到验证，没有在交互项回归系数上得到验证，一个可能的解释是，银行更大的资产规模对经济政策不确定性的边际影响有两个相反方向的影响。具体而言，一是"大而不倒"的特征和更高的风险控制能力对经济政策不确定性影响的削弱作用，二是地域分散化和融资多元化特征对经济政策不确定性影响的加强作用，边际效应图的结果表明前者的影响力超过了后者，但是后者的对冲作用导致交互项回归系数不显著。

表 5-6　贷款银行所在国家 EPU 与银行经营特征对银行跨境贷款的交互影响

变量	CL					
	(1)	(2)	(3)	(4)	(5)	(6)
EPU	-1.375*	0.291	-0.027	-0.194	-0.248**	-0.315
	(0.813)	(0.252)	(0.113)	(0.122)	(0.117)	(0.260)
FFR	-0.098***	-0.108***	-0.096***	-0.091***	-0.091***	-0.093***
	(0.029)	(0.032)	(0.029)	(0.029)	(0.029)	(0.029)
$OECDM1$	-0.699	-0.600	-0.585	-0.593	-0.622	-0.671
	(0.622)	(0.625)	(0.623)	(0.634)	(0.632)	(0.637)
GDP	-0.001	0.000	-0.006	-0.001	-0.003	-0.003
	(0.017)	(0.017)	(0.017)	(0.017)	(0.017)	(0.017)
$EXRATE$	0.062	-0.100	-0.114	-0.012	-0.059	-0.041
	(0.998)	(0.987)	(0.996)	(0.993)	(0.995)	(0.990)
CPI	-0.015	-0.021	-0.013	-0.020	-0.022	-0.017
	(0.035)	(0.034)	(0.034)	(0.034)	(0.034)	(0.035)
$RATE$	0.022	0.034	0.021	0.023	0.031	0.018
	(0.044)	(0.045)	(0.044)	(0.044)	(0.044)	(0.046)
$Asset$	0.010	0.264	0.338*	0.320*	0.339*	0.341*
	(0.272)	(0.197)	(0.188)	(0.190)	(0.188)	(0.192)
$NIIOI$	-0.153	4.730*	-0.177	-0.198	-0.214	-0.140
	(0.340)	(2.788)	(0.333)	(0.338)	(0.335)	(0.339)

续表

变量	CL					
	(1)	(2)	(3)	(4)	(5)	(6)
NPL	−0.021	−0.025	0.283	−0.030	−0.024	−0.022
	(0.028)	(0.028)	(0.179)	(0.032)	(0.028)	(0.028)
$ROAA$	0.004	−0.011	0.015	−0.401	−0.001	−0.006
	(0.139)	(0.140)	(0.139)	(0.807)	(0.139)	(0.140)
$LoanDp$	−0.003*	−0.003*	−0.003*	−0.003	−0.007**	−0.002
	(0.002)	(0.002)	(0.002)	(0.002)	(0.004)	(0.002)
CAR	−0.002	0.004	−0.006	−0.003	0.001	−0.062
	(0.013)	(0.013)	(0.013)	(0.013)	(0.013)	(0.085)
$EPU \times Asset$	0.060					
	(0.040)					
$EPU \times NIIOI$		−0.927*				
		(0.513)				
$EPU \times NPL$			−0.068*			
			(0.041)			
$EPU \times ROAA$				0.078		
				(0.154)		
$EPU \times LoanDp$					0.001	
					(0.001)	
$EPU \times CAR$						0.011
						(0.016)
常数项	−240.081**	−236.239**	−206.662**	−221.022**	−225.225**	−234.791**
	(101.069)	(101.474)	(102.079)	(103.466)	(102.370)	(102.609)
时间趋势项	0.123**	0.117**	0.103**	0.111**	0.113**	0.118**
	(0.052)	(0.052)	(0.052)	(0.053)	(0.053)	(0.053)
贷款银行—借款国家固定效应	是	是	是	是	是	是
R^2	0.744	0.744	0.744	0.743	0.744	0.744
观测值	1889	1889	1889	1889	1889	1889

注：括号内为回归系数的异方差稳健标准误；*、**、***分别表示在10%、5%、1%的水平上显著；受银行业特征变量的数据限制，本表回归使用年度数据。

(a) 银行收入结构的异质性作用

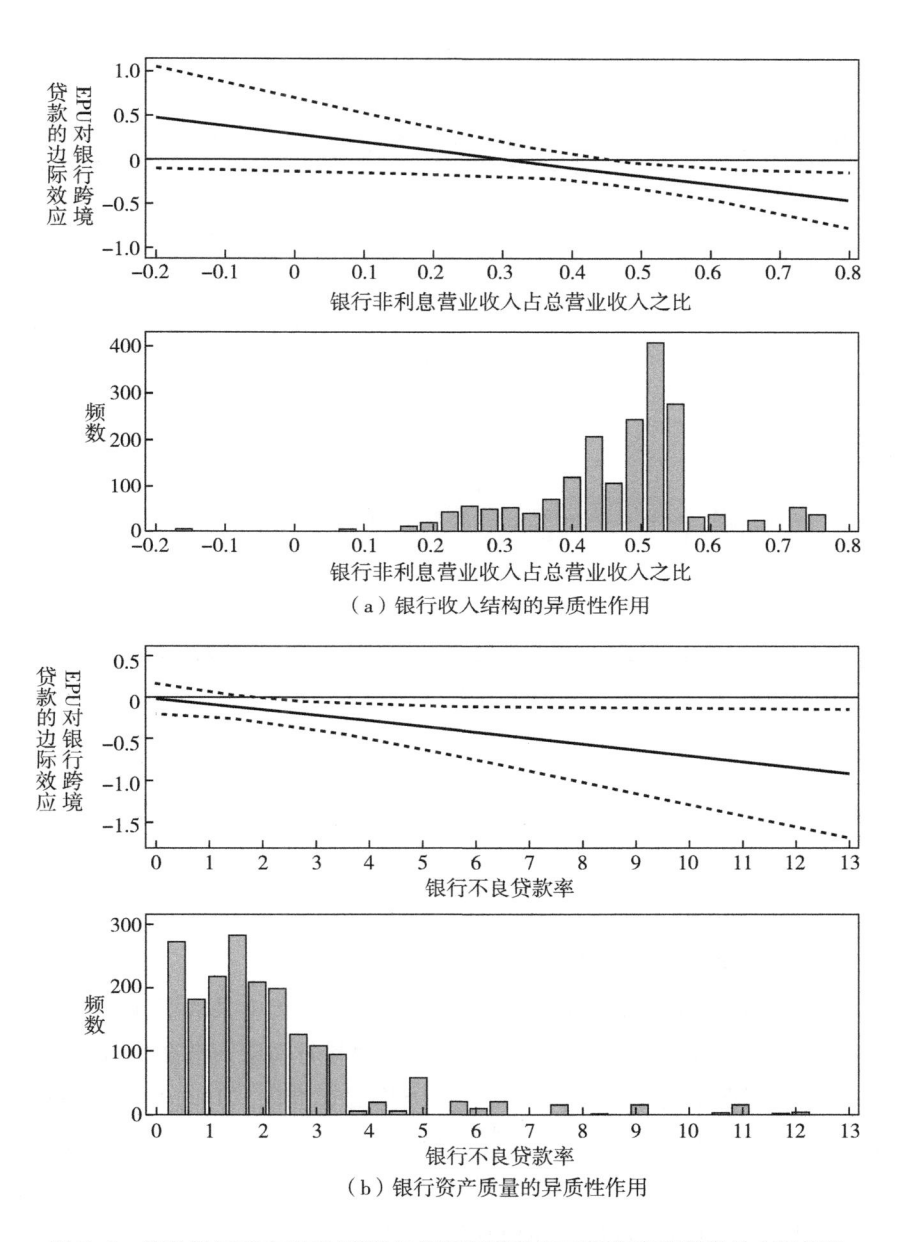

(b) 银行资产质量的异质性作用

图 5-2　贷款银行所在国家 EPU 与银行经营特征对银行跨境贷款的交互影响

(c) 银行资产规模的异质性作用

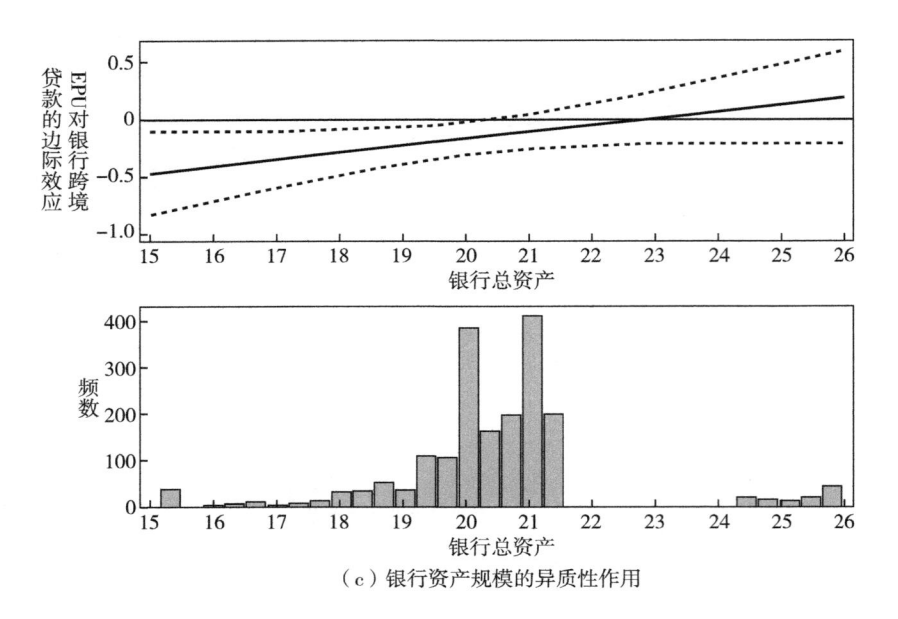

图 5-2 贷款银行所在国家的 EPU 与银行经营特征对银行跨境贷款的交互影响（续）
注：实斜线为边际效应，虚线为 95% 置信区间。

第五节 稳健性检验

一 聚类稳健标准误

为处理潜在的异方差问题，本章基准模型设置中采取了异方差稳健标准误。进一步地，为处理误差项在横截面和时间层面潜在的自相关问题，将数据在不同层面聚类，计算聚类稳健标准误（Petersen，2009），结果如表 5-7 所示。列（1）中标准误在贷款银行—借款国家层面聚类。列（2）中标准误在贷款银行—借款国家层面和时间层面聚类。列（3）中标准误在贷款银行—时间层面聚类。列（4）中标准误在贷款国家—时间层面聚类。列（5）中标准误在借款国家—时间层面聚类。如表 5-7 所示，EPU 的系数为负且在 1% 的水平上显著，基准结果是稳健的。

表 5-7　　　　　　　稳健性检验：聚类稳健标准误

变量	CL				
	(1)	(2)	(3)	(4)	(5)
EPU	-0.097***	-0.097***	-0.097***	-0.097***	-0.097***
	(0.020)	(0.032)	(0.018)	(0.024)	(0.022)
FFR	-0.038***	-0.038***	-0.038***	-0.038***	-0.038***
	(0.007)	(0.013)	(0.006)	(0.008)	(0.008)
$OECDM1$	-0.688***	-0.688***	-0.688***	-0.688***	-0.688***
	(0.087)	(0.223)	(0.098)	(0.128)	(0.160)
GDP	0.007**	0.007	0.007**	0.007*	0.007
	(0.003)	(0.006)	(0.003)	(0.004)	(0.004)
$EXRATE$	0.085	0.085	0.085	0.085	0.085
	(0.150)	(0.359)	(0.179)	(0.238)	(0.250)
CPI	0.043***	0.043***	0.043***	0.043***	0.043***
	(0.007)	(0.011)	(0.006)	(0.008)	(0.008)
$RATE$	0.031***	0.031**	0.031***	0.031***	0.031***
	(0.007)	(0.012)	(0.007)	(0.009)	(0.007)
常数项	5.285***	5.285***	5.285***	5.285***	5.285***
	(0.292)	(0.730)	(0.322)	(0.427)	(0.525)
时间趋势项	0.034***	0.034***	0.034***	0.034***	0.034***
	(0.002)	(0.005)	(0.002)	(0.003)	(0.003)
贷款银行—借款国家固定效应	是	是	是	是	是
借款国家—季度固定效应	是	是	是	是	是
R^2	0.589	0.589	0.589	0.589	0.589
观测值	61522	61522	61522	61522	61522

注：括号内为回归系数的聚类稳健标准误，*、**、***分别表示在10%、5%、1%的水平上显著。

二　控制国家特定时间趋势

为控制银行跨境贷款的长期增长趋势，本章基准模型设置中加入了线性的时间趋势项。在此基础上，不同贷款国家的银行跨境贷款额可能存在自身特定的时间变化趋势，不同借款国家的银行跨境借款额也是如此。因此，参考 Wang（2018）的做法，在回归模型中加入每个贷款国家和借款国家的时间趋势项，回归结果如表 5-8 所示。列（1）中加入贷款国家—时间趋势项，控制贷款银行资产规模在时间上的特定变化趋势。列（2）中加入借款国家—时间趋势项，控制借款国家的跨境借款需求在时间上的特定变化趋势。列（3）中同时加入贷款国家—时间趋势项和借款国家—时间趋势项。如表 5-8 所示，EPU 的系数为负且在 1%的水平上显著，基准结果是稳健的。

表 5-8　　　　稳健性检验：控制国家特定时间趋势

变量	CL		
	（1）	（2）	（3）
EPU	-0.208***	-0.103***	-0.202***
	(0.016)	(0.014)	(0.016)
FFR	-0.051***	-0.041***	-0.053***
	(0.005)	(0.005)	(0.005)
$OECDM1$	-0.613***	-0.659***	-0.589***
	(0.083)	(0.081)	(0.082)
GDP	0.012***	0.007**	0.013***
	(0.003)	(0.003)	(0.003)
$EXRATE$	0.123	0.122	0.140
	(0.147)	(0.146)	(0.146)
CPI	0.048***	0.039***	0.047***
	(0.005)	(0.005)	(0.005)
$RATE$	0.031***	0.037***	0.033***
	(0.006)	(0.005)	(0.006)
常数项	5.502***	5.170***	5.357***
	(0.278)	(0.270)	(0.273)
时间趋势项	0.034***	-0.031	-0.029
	(0.002)	(0.031)	(0.031)
贷款国家—时间趋势项	是	否	是
借款国家—时间趋势项	否	是	是
贷款银行—借款国家固定效应	是	是	是

续表

变量	CL		
	（1）	（2）	（3）
借款国家—季度固定效应	是	是	是
R^2	0.592	0.597	0.600
观测值	61522	61522	61522

注：括号内为回归系数的异方差稳健标准误，**、***分别表示在5%、1%的水平上显著。

三　内生性问题的处理

本章基准模型中添加了全球、国家、银行层面的控制变量，并控制多种固定效应和时间趋势项，尽可能地减少了遗漏变量。此外，本章的被解释变量是单家银行的跨境贷款额，核心解释变量是国家层面的经济政策不确定性，单家银行的经营行为对国家层面变量很难产生系统且重要的影响，因此出现严重内生性问题的可能性有限。本章进一步采取稳健性检验以减轻内生性问题对研究结论的干扰。第一，借款国家的经济政策不确定性会通过影响跨境贷款需求而影响被解释变量，也会通过不同国家经济政策不确定性的同步变动性而影响核心解释变量，因此可能成为内生性问题的来源，为此，加入借款国家经济政策不确定性作为控制变量。第二，采取工具变量法，分别使用全球、美国和欧洲的经济政策不确定性作为贷款国家 EPU 的工具变量进行回归。处理内生性问题的稳健性检验结果如表 5-9 所示。列（1）中加入借款国家 EPU 作为控制变量，EPU 和 BCEPU 的回归系数均为负且在 1% 的水平上显著，表明贷款国和借款国的经济政策不确定性上升都会导致跨境贷款减少，这一结果不仅进一步验证了基准结果，也与 Wang（2018）提出的"同向变动之谜"相符。列（2）至列（4）是分别采取全球 EPU、美国 EPU 和欧洲 EPU 作为工具变量的回归结果。在工具变量的相关性检验中，Kleibergen-Paap rk LM 统计量的 P 值均小于 0.01，拒绝工具变量识别不足的原假设；Kleibergen-Paap rk Wald F 统计量大于相应的 Stock-Yogo 临界值 16.38，拒绝弱工具变量的原假设，表明工具变量的选取是适宜的。EPU 的回归系数依然为负且在 1% 的水平上显著，结论是稳健的。

表 5-9　　稳健性检验：内生性问题的处理

变量	CL			
	(1)	(2)	(3)	(4)
EPU	-0.070***	-0.393***	-0.412***	-0.308***
	(0.020)	(0.022)	(0.028)	(0.023)
BCEPU	-0.082***			
	(0.019)			
FFR	-0.007	-0.049***	-0.055***	-0.046***
	(0.007)	(0.005)	(0.005)	(0.005)
OECDM1	-0.554***	-0.659***	-0.753***	-0.650***
	(0.107)	(0.083)	(0.093)	(0.083)
GDP	0.003	-0.005*	-0.002	-0.001
	(0.003)	(0.003)	(0.003)	(0.003)
EXRATE	0.283	0.320**	0.287*	0.269*
	(0.199)	(0.148)	(0.148)	(0.148)
CPI	0.033***	0.058***	0.053***	0.054***
	(0.007)	(0.005)	(0.006)	(0.005)
RATE	0.026***	0.018***	0.022***	0.022***
	(0.007)	(0.005)	(0.006)	(0.005)
时间趋势项	0.029***	0.036***	0.039***	0.035***
	(0.002)	(0.002)	(0.002)	(0.002)
贷款银行—借款国家固定效应	是	是	是	是
借款国家—季度固定效应	是	否	否	否
R^2	0.569	0.081	0.086	0.084
观测值	35747	61576	50302	61576
Kleibergen-Paap rk LM 统计量		13914	9141	12826
Kleibergen-Paap rk LM 统计量 P 值		0.000	0.000	0.000
Kleibergen-Paap rk Wald F 统计量		38495	19958	34644
Stock-Yogo 临界值		16.38	16.38	16.38

注：括号内为回归系数的异方差稳健标准误；*、**、*** 分别表示在 10%、5%、1% 的水平上显著；列（3）的回归中，剔除了贷款国家为美国的样本；省略了常数项的回归结果。

四　EPU 的长期效应

本章基准模型设定中，解释变量采取当期值，为解决潜在的反向因果关系问题，采用几种不同的方法构建描述滞后期经济政策不确定性的指标，以确保研究结果的稳健性。第一，采用贷款国家滞后1个季度的EPU指数代替当期EPU指数作为核心解释变量。第二，采用贷款国家滞后4个季度的EPU指数的移动加权平均值代替当期EPU指数作为核心解释变量，指标的构建方法为 $EPUweighted = 1/2 \times L1.EPU + 1/4 \times L2.EPU + 1/6 \times L3.EPU + 1/12 \times L4.EPU$。第三，使用年度数据，检验滞后1年的EPU指数的作用。经济政策不确定性长期效应的检验结果如表5-10所示。列（1）中，$L.EPU$ 的回归系数为负且在1%的水平上显著，表明滞后1个季度的经济政策不确定性上升会显著降低跨境贷款，初步减轻了反向因果关系问题。列（2）中，$EPUweighted$ 的回归系数为负且在1%的水平上显著，列（3）中，$L.EPU$ 的回归系数为负且在5%的水平上显著，表明用不同方法衡量的过去1年内的经济政策不确定性上升仍会显著降低银行跨境贷款，进一步验证了经济政策不确定性的长期效应。

表5-10　　稳健性检验：经济政策不确定性的长期效应

变量	CL		
	（1）	（2）	（3）
$L.EPU$	−0.105***		−0.054**
	(0.015)		(0.022)
$EPUweighted$		−0.076***	
		(0.018)	
FFR	−0.039***	−0.039***	−0.055***
	(0.005)	(0.005)	(0.006)
$OECDM1$	−0.707***	−0.711***	−0.674***
	(0.083)	(0.083)	(0.097)
GDP	0.006**	0.007**	0.007**
	(0.003)	(0.003)	(0.003)
$EXRATE$	0.002	−0.275*	−0.641***
	(0.147)	(0.153)	(0.224)
CPI	0.042***	0.027***	0.030***
	(0.005)	(0.005)	(0.006)

续表

变量	CL		
	（1）	（2）	（3）
RATE	0.029*** （0.005）	0.039*** （0.006）	0.035*** （0.006）
常数项	5.392*** （0.281）	5.349*** （0.287）	−256.965*** （15.691）
时间趋势项	0.034*** （0.002）	0.033*** （0.002）	0.131*** （0.008）
贷款银行—借款国家固定效应	是	是	是
借款国家—季度固定效应	是	是	否
R^2	0.589	0.583	0.635
观测值	61419	57398	31231

注：括号内为回归系数的异方差稳健标准误，*、**、***分别表示在10%、5%、1%的水平上显著。

第六节 本章小结

本章使用银行层面的跨境贷款双边数据，进一步确认国家EPU上升对该国跨境银行资本流出的负向影响。使用1998年第一季度至2020年第三季度24个国家的741家银行对来自155个国家的借款公司的银行跨境贷款双边数据和国家EPU指数数据，研究贷款银行所在国家EPU上升对银行跨境贷款的影响。经验分析结果表明，贷款银行所在国家EPU上升时，银行跨境贷款减少。控制贷款银行所在国家的银行业监管和竞争环境特征以及贷款银行的经营特征后，该结论依然成立。这一结果为国家EPU上升对跨境银行资本流出的负向影响提供了微观层面的经验分析证据。

在此基础上，本章进一步考察了在不同的银行业监管和竞争环境特征以及银行经营特征下，贷款银行所在国家EPU上升对银行跨境贷款的异质性影响。异质性分析结果表明，第一，贷款银行所在国家对银行业更严格的资本充足性监管会减弱国家EPU上升对银行跨境贷款的负向影响。第二，经济政策不确定性上升对资产规模较小、资产质量较差及营业收入来源更多元的银行的跨境贷款负向影响更明显。本章研究还发现，银行业更严格的资本充足性监管对银行跨境贷款有显著的负向影响，但这种影响随贷款银行所在国家 EPU 上升而减弱，在经济政策高度不确定的环境中，银行业资本充足性监管要求对银行跨境贷款不再具有显著的影响。

　　本章研究结论蕴含丰富的政策启示。第一，贷款银行所在国家的经济政策不确定性是银行跨境贷款的显著驱动因素，银行跨境资本流动波动是银行跨境贷款业务扩张和收缩的结果，政策当局应当避免频繁出台短期刺激政策，提高政策制定、实施等环节的透明度，维护经济政策环境的稳定性，使银行等市场主体充分了解经济政策导向，形成稳定合理的预期。第二，银行业资本充足性监管要求会与经济政策不确定性产生交互作用，银行业资本充足性监管要求相对宽松的国家更应该警惕经济政策不确定性变动导致的银行跨境贷款资本流动波动。监管部门需要完善银行监管框架，在确定银行业最低资本充足率要求时，可将经济政策不确定性的变动作为特定风险因素纳入考虑。第三，经济政策不确定性上升对银行跨境贷款的影响在不同特征的银行间有显著的异质性，随着中国银行业市场化改革进程的推进，目前已经形成了一个多层次的银行体系，在经济政策不确定性上升时，监管部门可尝试通过"道义劝告""窗口指导"等途径对具有不同经营特征的银行的跨境贷款业务进行针对性指导和差异化监管。此外，银行需根据自身经营特点应对外部的不确定性冲击，以获得竞争优势和稳健发展的空间。

第六章 全球 EPU 对新兴市场国家跨境银行资本流动的影响

第一节 引言

从全球范围看，经济政策不确定性上升是普遍存在的现象。2008年国际金融危机爆发以来，全球经济遭受重创，各国纷纷出台经济刺激政策。随后，英国脱欧和中美贸易摩擦等事件的发生使全球化进程遭遇挫折。2020年初，在新冠疫情的冲击下，主要发达国家实施了超宽松宏观经济政策。伴随这些事件的发生，全球 EPU 水平屡创新高。经济政策不确定性的影响存在跨国溢出效应。就溢出水平而言，发达国家溢出效应整体高于发展中国家（李政等，2020），而新兴市场国家往往处于承受溢出效应的地位。金融自由化的发展导致跨国银行业务的扩张，这一变化对新兴市场国家跨境银行资本造成的影响高于全球平均水平（McCauley et al.，2010）。此外，银行业往往在新兴市场国家金融体系中占据主导地位，新兴市场国家更容易面临银行跨境资本流动大幅波动风险。在此背景下，本章研究全球 EPU 对新兴市场国家跨境银行资本流动的影响。

纵观以往研究可以发现，Calvo 等（1993、1996）创造性地将国际资本流动的驱动因素区分为全球层面的"推动"因素和国家层面的"拉动"因素，并强调了全球推动因素在新兴市场国家国际资本流动驱动因素中的重要地位，此后学界在"推动—拉动"因素分析框架下进一步确认了全球风险和不确定性、全球流动性和主要发达国家的经济发展状况等推动因素对新兴市场国家国际资本流动的重要影响（Fernandez-Arias，1996；Taylor & Sarno，1997；Chuhan et al.，1998；Wang & Yan，2022）。其中，全球风险和不确定性是影响新兴市场国家跨境银行资本流动最显著的推动因素，相关研究使用芝加哥期权交易所波动率指数（Volatility Index，VIX）、全球 EPU 指数及国际金融危机事件等不同的代理指标，侧重风险规避情绪、经济和金融不确定性、经济政策不确定性等方面，广泛验证了这一结论（Jeanneau & Micu，2002；Takáts，2010；Milesi-Ferretti & Tille，2011；Ahmed & Zlate，2014；Nier et al.，2014；Avdjiev et al.，2017；谭小芬等，2018；杨海珍和杨洋，2021）。

早期对新兴市场国家资本流动驱动因素的研究更关注净资本流动（Calvo et al.，1996；Calvo，1998），彼时新兴市场国家对外投资规模有限，净资本流入基本上反映了一国资本流动的方向和规模。20 世纪 90 年代初以来，随着金融全球化的发展，全球风险和不确定性上升时，总资本流出和流入的同向变动性增加，造成总资本流动的波动性上升和净资本流动的波动性下降（张明，2011；Forbes & Warnock，2012；Obstfeld，2012；Davis et al.，2021）。尽管对总资本流动的关注在增加，对净资本流动的关注也是必要的。净资本流动变化与实际经济周期的波动联系密切，净资本流入的激增会导致本币升值，进而损害本国出口和经济增长。为了在不发生严重通货膨胀的前提下保持经济稳定增长，宏观经济政策需要对净资本流动的大幅波动作出响应。经由银行发生的债权资本流动是理解总资本流入和总资本流出同向变动的关键，Avdjiev 等（2017）将债权资本流动按公共部门、银行和非银行金融机构分类，发现全球风险规避情绪上升时，银行是总资本流入和总资本流出变动的相关系数唯一超过 50% 的部门，并且跨境银行资本流动可进一步划分为跨境银行贷款资本流动和跨境银行债券资本流动，两部分均占不可忽视的比例且存在不同的跨国异质性。鉴于此，有必要同时关注跨境银行贷款和跨境银行债券的总资本流动和净资本流动。

探讨全球推动因素对新兴市场国家国际资本流动的影响在国家层面的异质性是相关研究的重点。从理论上看，如果国家层面因素对资本流动变动产生影响实际上是通过改变该国资本流动对全球推动因素的反应程度实现的，那么将这种作用归类为国家层面的拉动因素就存在误导性（Krogstrup & Tille，2018）。从国家资本流动管制和金融风险防范的角度看，由于国际资本流动的全球推动因素是外生不可控的，各国的政策制定者更关注的是本国可调控的变量如何改变本国资本流动对全球推动因素的反应，并在必要时对这些变量采取针对性措施（Davis et al.，2021）。目前对全球推动因素的跨国异质性影响的研究大多集中在各国宏观经济状况、制度质量和金融市场特征等方面（谭小芬等，2018；Fratzscher，2012；Cerutti et al.，2019）。Davis 等（2021）提出，外国资产与外国负债之差（即外国净头寸）衡量了各国对全球性风险的暴露程度，随着金融全球化的发展，已经成为解释全球风险因素对国际资本流动变动的跨国异质性影响的最重要宏观经济变量。Krogstrup 和 Tille（2018）从投资组合管理的角度建立了一个理论模型，阐述本国银行现有的外国净头寸如何改变该国银行跨境资本流入对全球风险变动反应的方向和规模，但以上研究没有注意到的一个事实是，全球风险和不确定性上升时，非银行金融机构由于持有外国净头寸而产生的风险管理需求可通过与本国银行进行交易来满足，而这种风险管理操作可能在不改变银行资产负债表特征的前提下使银行产生额外的风险管理操作，从而对跨境银行资本流动变动产生影响。因此，本章同时关注新兴市场国家银行和非银行金融机构的外国净头寸与全球 EPU 产生的交互作用。

基于以往文献，本章的边际贡献在于：第一，将跨境银行资本流动进一步划分为跨境银行贷款资本流动和跨境银行债券资本流动，全面研究全球 EPU 上升对新兴市场国家银行跨境资本总流入、总流出和净流入的影响。第二，在关于全球风险因素对资本流动变动的影响在国家层面的异质性研究中，将异质性的解释因素从宏观层面深入银行和非银行金融机构层面，探讨新兴市场国家银行和非银行金融机构的外国净头寸发挥的异质性作用。

第二节 理论分析与研究假说

一 全球 EPU 与跨境银行资本流动

经由实物期权机制、金融摩擦机制和风险规避机制，全球 EPU 对新兴市场国家银行跨境债权和债务产生作用，从而影响新兴市场国家银行跨境总资本流出和流入，最终影响银行跨境净资本流动。

全球 EPU 从供给和需求两方面影响新兴市场国家银行跨境总资本流入。从其他国家对新兴市场国家银行跨境债权供给方面看，全球 EPU 将在全球范围内影响银行的资产规模扩张和资产配置地区结构，从而影响新兴市场国家银行跨境总资本流入。首先，全球 EPU 上升将在全球范围抑制银行的资产规模扩张。第一，根据实物期权机制，全球 EPU 上升使银行倾向于等待观望，推迟资产投资决策。第二，根据金融摩擦机制，全球 EPU 上升导致银行与居民间的金融摩擦加剧，银行道德风险问题加重，银行融资成本的上升限制了其资产扩张能力（Diamond & Dybvig，1983）。第三，根据风险规避机制，经济政策不确定性上升时经济主体由于主观上的风险厌恶而变得更谨慎，居民的预防性储蓄动机上升通过增加银行吸收存款的难度而降低银行贷款供给能力，由于资产收益不确定性增加，银行也会主动推迟投资而保留更多流动性储备（Raunig et al.，2017）。其次，全球 EPU 上升将导致银行的资产配置结构从新兴市场国家向发达国家调整。根据风险规避机制，经济政策不确定性上升时，银行将在风险不同的资产间进行结构调整（Bernanke et al.，1996；Baum et al.，2009；Quagliariello，2009；Albertazzi & Marchetti，2010）。从地区结构上看，新兴市场国家相比发达国家，一方面金融体系不够完善，另一方面在全球地缘政治格局中话语权较弱，在全球 EPU 上升的背景下，新兴市场国家资产被视为典型的风险资产，银行对新兴市场国家跨境债权的供给相比全球平均水平会更大程度减少（谭小芬和左振颖，2020）。从新兴市场国家银行对外负债需求上看，全球 EPU 上升时，不明朗的未来发展前景会抑制新兴市场国家的投资和信贷需求，外部政策不确定性上升带来的额外风险和借款成本的上升会进一步抑制新兴市场国家银行承担跨境债务的意愿。

全球 EPU 也会从供给和需求两方面影响新兴市场国家银行跨境总资本流出。从新兴市场国家对其他国家的跨境债权供给方面看，首先，新兴市场国家经济运行状况会不可避免地受到全球经济环境的影响，在外部不确定性上升的背景下，根据实物期权机制和风险规避机制，新兴市场国家银行对资产规模扩张同样持谨慎态度。更重要的是，相比更广泛意义上的经济不确定性，经济政策不确定性与政治摩擦、军事活动等事件具有更紧密的联系（Baker et al.，2016），随着全球 EPU 的上升，新兴市场国家银行有理由担忧其海外资产的安全性，在避险动机的驱动下，"本国偏好"机制在新兴市场国家发挥更大作用，新兴市场国家银行提供跨境债权的意愿下降。其次，从其他国家对新兴市场国家跨境负债需求方面看，全球范围内投资和信贷的推迟也会降低其他国家对新兴市场银行跨境负债的需求。但考虑全球推动因素对新兴市场国家跨境资产的影响弱于对跨境负债的影响（Ghosh et al.，2014），因此，全球 EPU 上升时，新兴市场国家银行跨境总资本流出的减少可能小于银行跨境总资本流入的减少，从而导致银行跨境净资本流入减少。基于此，本章提出假说 6-1。

假说 6-1：全球经济政策不确定性上升时，新兴市场国家跨境银行总资本流入、总资本流出和净资本流入减少。

二 全球 EPU、外国净头寸与跨境银行资本流动

新兴市场国家银行持有的外国净头寸会影响全球 EPU 上升时银行面临的风险，银行采取的风险和收益再平衡调整会改变全球 EPU 对跨境银行资本流动的原本影响。从银行投资组合管理的视角看，经营国际业务的银行持有外国资产和外国负债的目的是最优化自身的投资组合，以最大化风险调整后的收益或最小化预期损失。当全球 EPU 上升时，本国银行持有的外国净头寸使银行面临的风险发生变化，然而这部分外国净头寸暴露带来的预期收益没有发生变化，银行要采取措施调整外国净头寸以使其投资组合的风险和收益重新达到平衡。外国净头寸调整的方向及由此带来的资本流动的方向取决于银行自身的外国净头寸的方向

和规模。持有外国净资产的银行需要减少外国净资产,反映在资本流动上是银行跨境资本净流入的增加。具体地说,银行需要减少外国资产或增加外国负债,反映在资本流动上是银行跨境资本总流出的减少或总流入的增加。反之,背负外国净负债的银行需要减少外国净负债,反映在资本流动上是跨境银行净资本流入的减少。具体地说,银行需要增加外国资产或减少外国负债,反映在资本流动上是银行跨境资本总流出的增加或总流入的减少。

全球 EPU 上升时,新兴市场国家银行可通过以下两种渠道调整投资组合。以持有外国净资产的银行为例:第一,银行可减少外国资产,如减少银行间跨境贷款供给或向外国银行卖出外国债券,使本国的跨境银行贷款总资本流出减少或跨境银行债券总资本流出减少。第二,银行可以增加外国负债,如在国际银行间市场上借入外国贷款或者向外国银行卖出本国债券,使本国的跨境银行贷款总资本流入增加或者跨境银行债券总资本流入增加。银行背负外国净负债的情形则反之。基于此,本章提出假说 6-2a 和假说 6-2b。

假说 6-2a:全球经济政策不确定性上升时,新兴市场国家银行持有的外国净资产将缓解本国跨境银行总资本流入的减少,背负的外国净负债将加剧本国跨境银行总资本流入的减少。

假说 6-2b:全球经济政策不确定性上升时,新兴市场国家银行持有的外国净资产将加剧本国跨境银行总资本流出的减少,背负的外国净负债将缓解本国跨境银行总资本流出的减少。

不可忽视的是,非银行金融机构,如养老基金、保险公司、投资基金等。面对全球 EPU 的上升,非银行金融机构同样产生风险管理需求,除了直接在国际市场上进行交易,本国非银行金融机构可与本国银行进行衍生品交易以对冲风险。尽管这种交易不列入银行资产负债表,但表外业务大多形成银行的或有资产及或有负债,本质上是银行表内资产负债业务的延伸(祝继高等,2016)。经济政策不确定性对银行表外流动性也有显著影响(田国强和李双建,2020)。非银行金融机构与银行的衍生品交易将风险转移给银行,银行由此产生风险管理需求并在国际资本市场上进行风险管理操作,从而可能影响跨境银行资本流动。也就是说,全球 EPU 上升时,有一部分跨境银行资本流动实际是由非银行金融机构持有外国净头寸导致的，非银行金融机构与银行进行的衍生品交易是银行资产负债表外的，与表内业务不同的是，表外业务可以规避风险监管，即使银行的资产负债表上没有显示值得引起注意的外国净头寸规模，仍有可能发生可观的跨境银行资本流动变动现象。

具体地说，在全球 EPU 上升时，持有外国净资产的非银行金融机构，可以向本国银行出售一笔外汇互换或外汇掉期，正的外国净头寸暴露的风险被短暂转移给本国银行，银行可通过以下三种渠道在国际市场上对冲风险。第一，本国银行可减少跨境贷款债权存量，从而抵消由于与非银行金融机构进行衍生品交易而增加的外国净资产头寸暴露的风险，减少跨境贷款供给的操作将加剧本国跨境银行总资本流出的减少。第二，本国银行可向外国银行借入一笔贷款，这笔贷款将要求本国银行在贷款到期时偿还外币，以此对冲银行由于与非银行金融机构进行衍生品交易在未来收到外币的风险，跨境贷款借入的增加将缓解本国跨境总资本流入的减少。第三，本国银行可与外国银行签订远期外汇合同或外汇互换合同，从而将外国净资产头寸暴露的风险转移给外国银行，外国银行为了对冲风险，可在即期市场上用外币换本币并将本币投资于本国债券，导致本国银行跨境债券资本流入增加（Hashimoto & Krogstrup，2019）①。背负外国净负债的非银行金融机构的情形则相反。基于此，本章提出假说 6-3a 和假说 6-3b。

假说 6-3a：全球经济政策不确定性上升时，新兴市场国家非银行金融机构持有的外国净资产将缓解本国跨境银行总资本流入的减少，背负的外国净负债将加剧本国跨境银行总资本流入的减少。

假说 6-3b：全球经济政策不确定性上升时，新兴市场国家非银行金融机构持有的外国净资产将加剧本国跨境银行总资本流出的减少，背负的外国净负债将缓解本国跨境银行总资本流出的减少。

---

① 此处的"本币""外币"都是基于新兴市场国家国内视角的说法，本章同。

第三节　经验研究设计

一　数据

（一）跨境银行资本流动数据

跨境银行资本流动数据来源于国际货币基金组织（IMF）的国际投资头寸（International Investment Position，IIP）数据库①。在一国国际投资头寸表上，资产（负债）端"存款类金融机构债务工具其他投资"项目的变化描述了跨境银行贷款总资本流出（流入），资产（负债）端"存款类金融机构债务工具投资组合"项目的变化描述了跨境银行债券总资本流出（流入）。使用 IIP 数据库提供的按照贷款和债务工具投资组合分类的跨境银行资本流动数据，有助于研究使用不同工具和在不同类型市场上发生的国际银行业务导致的不同类型的跨境银行资本流动的变动。

（二）全球 EPU 数据

全球 EPU 数据来源于 Baker 等（2016）构建的全球 EPU 指数。全球 EPU 指数由 21 个国家的 EPU 指数以各国 GDP 为权重经过加权平均计算得到，每个国家的 EPU 指数都反映了本国报纸、新闻、研究报告中"经济政策不确定性"相关文本出现的频率。进入全球 EPU 指数的 21 个国家在全球经济中占主导地位，这 21 个国家经购买力平价调整后的产出约占全球产出的 71%，按市场汇率计算的产出约占全球产出的 80%②。

（三）银行和非银行金融机构的外国资产和负债数据

新兴市场国家银行和非银行金融机构的外国资产和负债数据来源于国际货币基金组织的国际金融统计（International Financial Statistics，IFS）数据库的标准化报表（Standardized Report Form，SRF）。根据 IMF 提供的标准化报表，IMF 成员以跨国可比的标准形式向 IMF 自愿报告国

---

① 由于新兴市场国家跨境银行资本流动双边数据的可得性限制，本章使用传统的不区分交易对手国的跨境银行资本流动数据。

② 数据来源：http://www.policyuncertainty.com/index.html。

家层面加总的货币和金融资产负债表数据。SRF 提供了报告国金融部门的资产和负债头寸，并将金融部门划分为中央银行、其他存款类机构（Other Depository Corporations，ODCs，银行）和其他金融机构（Other Financial Institutions，OFCs，非银行金融机构）三个分部门，各分部门的资产和负债按照交易对手方进一步分为本国头寸和外国头寸，与本国（外国）交易对手方交易形成的资产和负债存量被定义为本国（外国）头寸，银行和非银行金融机构的数据都是在分部门层面加总的。如表 6-1 所示，对外国交易对手方的债权形成外国资产，对外国交易对手方的债务形成外国负债，外国资产减去外国负债的结果被定义为外国净头寸。如果外国净头寸为正，则持有外国净资产；如果外国净头寸为负，则背负外国净负债。

表 6-1　　银行和非银行金融机构的本国头寸和外国头寸

居民	银行		非银行金融机构	
	债权	债务	债权	债务
本国居民	本国资产	本国负债	本国资产	本国负债
外国居民	外国资产	外国负债	外国资产	外国负债

不同报告国的 SRF 数据有不同的数据频率（月度或季度），并且银行和非银行金融机构的数据可得性不同。银行的数据比较丰富，大多数报告国银行的外国资产和负债数据始于 2001 年 12 月，但是非银行金融机构的数据往往在几年后才可得。考虑数据可得性的问题，本书的经验分析使用季度频率数据，样本国家为 IIP 的银行国际投资头寸和 IFS 的银行和非银行金融机构的外国头寸数据均可得的 21 个新兴市场国家①。

二　计量模型设定

为检验全球 EPU 对新兴市场国家的各类型跨境银行资本流动的影响，构建回归方程如下：

---

① 21 个样本国家：阿尔巴尼亚、亚美尼亚、白俄罗斯、玻利维亚、巴西、智利、哥伦比亚、多米尼加、厄瓜多尔、萨尔瓦多、格鲁吉亚、洪都拉斯、印度尼西亚、哈萨克斯坦、马其顿、摩尔多瓦、罗马尼亚、南非、泰国、土耳其、乌克兰。另外一些国家也提供了银行和非银行金融机构的外国头寸数据，但这些国家的金融机构分类标准与 IMF 标准有较大出入，不具备跨国可比性，因此没有纳入本书的经验分析。

$$Bankflow_{it} = \beta_8 + \beta_g GEPU_t + \gamma X_{it} + \delta Z_t + \epsilon_i + \varepsilon_{it} \quad (6-1)$$

式中：i 为国家；t 为时间；$Bankflow_{it}$ 为不同类型的跨境银行资本流动，包括跨境银行贷款资本流动、跨境银行债券资本流动及二者加总的跨境银行资本流动；$GEPU_t$ 为全球 EPU 指数；X_{it} 为一组描述国家宏观经济特征的控制变量；Z_t 为一组描述全球宏观经济运行特征的控制变量；ϵ_i 为国家固定效应，用来控制不随时间变化的国家层面特征对跨境银行资本流动的影响；ε_{it} 为随机误差项；β_g 为全球经济政策不确定性指数的待估计系数。由于全球 EPU 指数和多数控制变量为短期指标，对资本流动在当期产生影响，所以解释变量不做滞后处理。

为检验新兴市场国家的银行和非银行金融机构的外国净头寸是否会改变全球 EPU 对跨境银行资本流动的作用，构建回归方程如下：

$$Bankflow_{it} = \beta_9 + \beta_h GEPU_t + \beta_x NETEXP_{it} + \beta_p NETEXP_{it} \times GEPU_t + \delta X_{it} + \delta Z_t + \epsilon_i + \varepsilon_{it} \quad (6-2)$$

式中：$NETEXP_{it}$ 为一国银行和非银行金融机构的外国净头寸。β_p 为一国银行和非银行金融机构的外国净头与 $GEPU_t$ 交互项的待估计系数。

三 变量选取与说明

（一）跨境银行资本流动（$Bankflow_{it}$）

本书将跨境银行资本流动划分为跨境银行贷款资本流动和跨境银行债券资本流动，并同时关注总资本流入、总资本流出和净资本流入。

1. 跨境银行贷款总资本流入（$GInL_{it}$）。用一国国际投资头寸表上负债端"存款类金融机构债务工具其他投资"项目的变动来衡量，反映了在一国经营国际业务的银行的跨境存贷款负债的变化。由于本书使用跨国面板数据，为提高数据的跨国可比性，需要消除不同国家的资本流动规模的差异对回归结果的影响，因此使用各国私人部门总负债头寸对跨境银行总资本流入做标准化处理①。计算公式：

---

① 一般情况下使用各国 GDP 数据进行标准化处理。然而，基于银行投资组合调整的视角，影响不同国家银行跨境资本流动对全球风险状况变化反应程度的因素是有待进行风险调整的投资组合的规模，而非本国经济体的规模，因此本章使用各国私人部门总负债头寸对跨境银行总资本流入做标准化处理（Hashimoto & Krogstrup，2019）。类似地，使用各国私人部门总负债头寸对跨境银行债券总资本流入做标准化处理。

$$GInL_{it} = (LoanL_{it} - LoanL_{i,t-1})/PL_{it} \qquad (6-3)$$

式中：$LoanL_{it}$ 和 $LoanL_{i,t-1}$ 分别为本国国际投资头寸表上负债端"存款类金融机构债务工具其他投资"项目的当期和上一期存量；PL_{it} 为本国国际投资头寸表上私人部门总负债的当期存量。

2. 跨境银行贷款总资本流出（$GOutL_{it}$）。用一国国际投资头寸表上资产端"存款类金融机构债务工具其他投资"项目的变动来衡量，反映了在一国经营国际业务的银行的跨境存贷款资产的变化。为消除不同国家的资本流动规模对回归结果的影响，使用各国私人部门总资产头寸对跨境银行总资本流出做标准化处理①。计算公式：

$$GOutL_{it} = (LoanA_{it} - LoanA_{i,t-1})/PA_{it} \qquad (6-4)$$

式中：$LoanA_{it}$ 和 $LoanA_{i,t-1}$ 分别为一国国际投资头寸表上资产端"存款类金融机构债务工具其他投资"项目的当期和上一期存量；PA_{it} 为本国国际投资头寸表上私人部门总资产的当期存量。

3. 跨境银行贷款净资本流入（$NInL_{it}$）。用一国国际投资头寸表上负债端和资产端"存款类金融机构债务工具其他投资"项目的变动之差来衡量，反映了在一国经营国际业务的银行的跨境存贷款净资产的变化。为消除不同国家的资本流动规模对回归结果的影响，使用各国私人部门总资产和总负债的均值对跨境银行净资本流入做标准化处理②。计算公式：

$$NInL_{it} = 2(LoanL_{it} - LoanL_{i,t-1} - LoanA_{it} + LoanA_{i,t-1})/(PA_{it} + PL_{it})$$

$$(6-5)$$

4. 跨境银行债券总资本流入（$GInS_{it}$）。用一国国际投资头寸表上负债端"存款类金融机构债务工具投资组合"项目的变动来衡量，反映了在一国经营国际业务的银行的跨境债权投资组合负债的变化。计算公式：

$$GInS_{it} = (SecurityL_{it} - SecurityL_{i,t-1})/PL_{it} \qquad (6-6)$$

式中：$SecurityL_{it}$ 和 $SecurityL_{i,t-1}$ 分别为一国国际投资头寸表上负债端"存款类金融机构债务工具投资组合"项目的当期和上一期存量。

---

① 类似地，使用各国私人部门总资产头寸对跨境银行债券总资本流出做标准化处理。
② 类似地，使用各国私人部门总资产和总负债的均值对跨境银行债券净资本流入做标准化处理。

5. 跨境银行债券总资本流出（$GOutS_{it}$）。用一国国际投资头寸表上资产端"存款类金融机构债务工具投资组合"项目的变动来衡量，反映了在一国经营国际业务的银行的跨境债权投资组合资产的变化。计算公式：

$$GOutS_{it} = (SecurityA_{it} - SecurityA_{i,t-1})/PA_{it} \quad (6-7)$$

式中：$SecurityA_{it}$ 和 $SecurityA_{i,t-1}$ 分别为一国国际投资头寸表上资产端"存款类金融机构债务工具投资组合"项目的当期和上一期存量。

6. 跨境银行债券净资本流入（$NInS_{it}$）。用一国国际投资头寸表上负债端和资产端"存款类金融机构债务工具投资组合"项目的变动之差来衡量，反映了在一国经营国际业务的银行的跨境债权投资组合净资产的变化。计算公式：

$$NInS_{it} = 2(SecurityL_{it} - SecurityL_{i,t-1} - SecurityA_{it} + SecurityA_{i,t-1})/$$
$$(PA_{it} + PL_{it}) \quad (6-8)$$

7. 跨境银行总资本流入（$GInT_{it}$）。用一国国际投资头寸表上负债端"存款类金融机构债务工具其他投资"项目和"存款类金融机构债务工具投资组合"项目的变动之和来衡量，反映了一国银行经营国际业务导致的总资本流入。计算公式：

$$GInT_{it} = GInL_{it} + GInS_{it} \quad (6-9)$$

8. 跨境银行总资本流出（$GOutT_{it}$）。用一国国际投资头寸表上资产端"存款类金融机构债务工具其他投资"项目和"存款类金融机构债务工具投资组合"项目的变动之和来衡量，反映了一国银行经营国际业务导致的总资本流出。计算公式：

$$GOutT_{it} = GOutL_{it} + GOutS_{it} \quad (6-10)$$

9. 跨境银行净资本流入（$NInT_{it}$）。用一国国际投资头寸表上资产端和负债端"存款类金融机构债务工具其他投资"项目和"存款类金融机构债务工具投资组合"项目的净变动之和来衡量，反映了一国银行经营国际业务导致的净资本流入。计算公式：

$$NInT_{it} = NInL_{it} + NInS_{it} = GInT_{it} - GOutT_{it} \quad (6-11)$$

（二）全球 EPU（$GEPU_t$）

使用 Baker 等（2016）构建的全球 EPU 指数。全球 EPU 指数为月度数据，参照顾夏铭等（2018）、刘贯春等（2019）、顾海峰和于家珺

(2019)及谭小芬和左振颖(2020)的做法,在季度内取算术平均值得到季度 GEPU 指数。

(三)银行和非银行机构的外国净头寸($NETEXP_{it}$)

银行定义为除中央银行外的其他存款类金融机构,非银行金融机构定义为除存款类金融机构外的其他金融机构。

1. 银行外国净头寸($BANKexp_{it}$)。为减轻不同国家的银行规模的差异对结果造成的影响,使用银行总资产对银行外国净头寸进行标准化处理。

2. 非银行金融机构外国净头寸($NONBANKexp_{it}$)。使用非银行金融机构总资产做标准化处理。计算公式:

$$BANKexp_{it} = (BANKfa_{it} - BANKfl_{it})/BANKta_{it} \quad (6-12)$$

$$NONBANKexp_{it} = (NONBANKfa_{it} - NONBANKfl_{it})/NONBANKta_{it}$$

$$(6-13)$$

式中:$BANKfa_{it}$ 为银行外国资产;$BANKfl_{it}$ 为银行外国负债,$BANKta_{it}$ 为银行总资产;$NONBANKfa_{it}$ 为非银行金融机构外国资产;$NONBANKfl_{it}$ 为非银行金融机构外国负债;$NONBANKta_{it}$ 为非银行金融机构的总资产。

(四)控制变量

本章选取的控制变量包括国家层面控制变量(X_{it})和全球层面控制变量(Z_t)。

国家层面控制变量(X_{it})包括新兴市场国家经济增长率、利率和汇率。一是经济增长率(GDP_{it})。经济增长率可大致反映各国的综合投资回报率,对新兴市场国家而言,本国经济增长率是最重要的拉动因素,经济的强劲增长会吸引资本流入(张明和肖立晟,2014)。二是利率(IR_{it})。利率的变化反映了货币政策立场的转变和宏观经济运行状况。一方面,本国利率上升代表货币政策收紧,导致银行融资成本上升和信贷供给减少,银行跨境资本流出减少;另一方面,利率上升可能反映了本国经济的繁荣,本国银行良好的经营状况可能导致银行跨境资本流出增加,同时,本国经济的繁荣可能会吸引寻求更高收益的资本流入本国。使用政策利率作为利率水平的代理指标,政策利率缺失的国家用货币市场利率补充,政策利率和货币市场利率都缺失的国家用存款利率补充。三是新兴市场国家货币对美元名义汇率增长率(ER_{it})。新兴市场国家货币对美元贬值将降低对新兴市场国家的银行跨境债权的收益，从而导致新兴市场国家跨境银行总资本流入减少。使用直接标价法下的新兴市场国家货币对美元名义汇率取自然对数之后的一阶差分作为汇率增长率的代理指标，ER_{it} 数值变大表示本国货币对美元贬值①。

全球层面控制变量（Z_t）包括美国联邦基金名义有效利率和全球流动性水平。一是美国货币政策（FFR_t）。美国货币政策通过利率渠道、汇率渠道、投资组合收益风险再平衡渠道和经济运行预期渠道等相互作用的渠道对新兴市场资本流动产生溢出效应（谭小芬和邵涵，2020）。美国联邦基金利率上升对新兴市场国家跨境银行贷款资本流动的影响依赖于美国货币政策立场和美国宏观经济运行状况（Avdjiev & Hale，2019）。一方面，美元在全球银行业金融状况的跨境传导中发挥重要作用，联邦基金利率的上升及信贷供给的收紧会降低跨境银行向新兴市场国家放贷的意愿（Bruno & Shin，2015a；Avdjiev & Hale，2019）；另一方面，上升的利率代表强劲的经济环境会改善银行的经营状况和财务状况，导致对新兴市场国家的跨境银行贷款增加（Jeanneau & Micu，2002；Avdjiev & Hale，2019）。本书经验分析使用美国联邦基金名义有效利率衡量美国货币政策②。二是全球流动性（$OECDM1_t$）。全球流动性是跨境银行资本流动周期性波动的重要驱动因素（Cerutti et al.，2014），发达国家银行业流动性遭受负向冲击会导致新兴市场国家银行跨境贷款资本流入减少（Cetorelli & Goldberg，2011）。Belke 和 Volz（2019）研究了全球流动性、全球经济政策不确定性和全球风险规避情绪等推动因素和新兴市场国家汇率、资本账户开放程度和制度质量等拉动因素对新兴市场国家各类型资本流动影响的相对重要性，发现全球流动性和全球经济政策不确定性是对新兴市场国家投资组合跨境资本流动影响最显著的驱动因素。本书的经验分析使用所有 OECD 国家的狭义货币供应量 M1 衡量全球流动性。

变量的基本描述性统计如表 6-2 所示。

---

① 利率和实际汇率的数据来源：IMF 的 IFS 数据库。
② 美国联邦基金名义有效利率数据来源：FRED 经济数据库。

表 6-2　　变量的基本描述性统计

变量	定义	观测值	均值	标准差	最小值	中位数	最大值
$GInL_{it}$	跨境银行贷款总资本流入（%）	1090	0.172	1.017	-6.630	0.040	9.882
$GOutL_{it}$	跨境银行贷款总资本流出（%）	1090	0.304	3.075	-21.133	0.159	17.167
$NInL_{it}$	跨境银行贷款净资本流入（%）	1090	0.153	1.713	-8.263	0.054	11.374
$GInS_{it}$	跨境银行债券总资本流入（%）	908	0.030	0.258	-1.343	0.000	2.720
$GOutS_{it}$	跨境银行债券总资本流出（%）	1038	0.048	1.107	-12.733	0.000	8.866
$NInS_{it}$	跨境银行债券净资本流入（%）	897	0.319	0.665	-5.254	0.000	8.281
$GInT_{it}$	跨境银行总资本流入（%）	905	0.213	1.113	-3.910	0.056	10.360
$GOutT_{it}$	跨境银行总资本流出（%）	1034	0.382	3.150	-21.155	0.205	17.871
$NInT_{it}$	跨境银行净资本流入（%）	895	0.197	1.790	-7.368	0.046	11.383
$GEPU_t$	全球 EPU（EPU 指数取对数）	80	4.810	0.444	4.015	4.776	5.919
$BANKexp_{it}$	银行外国净头寸（%）	668	-2.835	11.483	-32.299	-2.761	26.507
$NONBANKexp_{it}$	非银行金融机构外国净头寸（%）	579	-1.153	12.643	-71.126	-0.337	30.111
GDP_{it}	经济增长率（%）	283	3.268	4.166	-15.981	3.746	12.825
IR_{it}	利率（取对数差）	1090	-0.021	0.226	-1.842	0.000	1.485
ER_{it}	新兴市场国家货币对美元名义汇率增长率（取对数差）	1090	0.011	0.063	-0.157	0.000	0.489
FFR_t	美国联邦基金名义有效利率（取对数）	80	-0.453	1.480	-2.813	0.007	1.722
$OECDM1_t$	OECD 国家 M1（取对数）	80	4.247	0.559	3.390	4.159	6.022

第四节 经验分析

一 全球 EPU 对跨境银行资本流动的影响

首先检验全球 EPU 对新兴市场国家跨境银行资本流动的基本影响。对式（6-1）进行回归，结果如表 6-3 所示。在总资本流入方面，列（1）至列（3）GEPU 的系数为负且在 1%的水平上显著，如列（1）所示，当 GEPU 上升 1 个标准差（0.444%）时，新兴市场国家银行跨境总资本流入（GInT）将减少 0.421%（0.444%×0.948），相当于 GInT 的 0.378 个标准差，这一影响在经济上是十分显著的。全球 EPU 上升时，新兴市场国家的银行跨境总资本流入显著减少，并且这种减少是由银行跨境贷款总资本流入的减少和银行跨境债券总资本流入的减少共同导致的。在总资本流出方面，列（5）GEPU 的系数为负并在 5%的水平上显著，表明全球 EPU 上升将导致银行跨境贷款总资本流出减少；列（6）GEPU 的系数表明全球 EPU 对银行跨境债券总资本流出的负向影响在统计上不显著；由于银行跨境债券资本流出规模相比银行跨境贷款总资本流出规模较小，因此，如第（4）列所示，全球 EPU 上升也会导致银行跨境总资本流出显著减少，当 GEPU 上升 1 个标准差时，新兴市场国家银行跨境总资本流出（GOutT）将下降 0.306%（0.444%×0.689），相当于 GOutT 的 0.097 个标准差。在净资本流入方面，列（8）GEPU 的系数为负且在 1%的水平上显著，表明全球 EPU 上升将导致新兴市场国家银行跨境贷款净资本流入减少；列（9）表明全球 EPU 对银行跨境债券净资本流入的负向影响在统计上不显著，如列（7）所示，加总的银行跨境净资本流入显著减少，当 GEPU 上升 1 个标准差时，新兴市场国家银行跨境净资本流入（NInT）将下降 0.456%（0.444%×1.027），相对于 NInT 的 0.255 个标准差，这一影响在经济上也是显著的。总的来说，全球 EPU 上升会导致新兴市场国家的银行跨境资本总流入和总流出均减少，但由于总流出的减少在经济和统计上的显著性水平都低于总流入的减少，因此银行跨境资本净流入显著减少，假说 6-1 成立。此外，控制变量的回归系数与以往文献的结论大致相

表 6-3　全球 EPU 对新兴市场国家跨境银行资本流动的基本影响

变量	总资本流入			总资本流出			净资本流入		
	GInT	GInL	GInS	GOutT	GOutL	GOutS	NInT	NInL	NInS
	(1)	(2)	(3)	(4)	(5)	(6)	(7)	(8)	(9)
GEPU	−0.948***	−0.703***	−0.111***	−0.689*	−0.731**	−0.043	−1.027***	−0.750***	−0.127
	(0.134)	(0.112)	(0.034)	(0.387)	(0.368)	(0.136)	(0.230)	(0.198)	(0.090)
GDP	0.051***	0.042***	0.009***	−0.017	−0.035	0.003	0.084***	0.073***	0.010
	(0.010)	(0.009)	(0.003)	(0.030)	(0.029)	(0.011)	(0.017)	(0.015)	(0.007)
IR	0.067	0.071	−0.060	0.352	0.029	0.180	−0.125	0.147	−0.140
	(0.153)	(0.129)	(0.039)	(0.441)	(0.424)	(0.154)	(0.261)	(0.228)	(0.102)
ER	−1.988***	−1.976***	−0.354***	−0.153	−0.293	−0.603	−2.811***	−2.960***	−0.213
	(0.525)	(0.477)	(0.133)	(1.641)	(1.568)	(0.576)	(0.897)	(0.843)	(0.352)
FFR	0.155***	0.123***	0.002	0.156**	0.190***	−0.022	0.118***	0.086**	0.008
	(0.026)	(0.022)	(0.007)	(0.077)	(0.073)	(0.027)	(0.045)	(0.039)	(0.018)
OECDM1	0.484***	0.360***	0.051*	0.216	0.172	0.080	0.569***	0.437**	0.025
	(0.123)	(0.102)	(0.031)	(0.358)	(0.337)	(0.126)	(0.210)	(0.181)	(0.082)
常数项	2.705***	1.998***	0.327***	2.979**	3.381***	−0.105	2.581***	1.757**	0.521*
	(0.463)	(0.388)	(0.117)	(1.347)	(1.276)	(0.472)	(0.794)	(0.685)	(0.310)
国家固定效应	是	是	是	是	是	是	是	是	是
R^2	0.218	0.176	0.071	0.019	0.025	0.021	0.121	0.093	0.024
样本国家数	19	21	19	21	21	21	19	21	19
观测值	905	1090	908	1034	1090	1038	895	1090	897

注：括号内为标准误；*、**、*** 分别表示在 10%、5%、1%的水平上显著；列 (1)、列 (3)、列 (7)、列 (9) 样本国家数为 19，是因为摩尔多瓦和萨尔瓦多这两个样本国家的银行跨境债券资本流入变量数据缺失①。

① 在样本国家中删除摩尔多瓦和萨尔瓦多，重复所有经验分析，本书结论保持不变。

符。新兴市场国家较高的经济增速是吸引银行跨境资本流入的有利因素。本币对美元贬值会导致该国银行跨境总资本流入和净资本流入显著减少。美国联邦基金利率上升时，强劲的经济运行状况抵消了货币政策立场收紧的影响，对新兴市场国家的跨境贷款增加，同时，更高的资本收益吸引新兴市场国家进行更多的跨境债权投资，导致新兴市场国家银行跨境贷款总资本流出增加。全球流动性水平上升时，新兴市场国家银行跨境总资本流入显著增加。

二 全球 EPU 与银行外国净头寸的交互作用

为研究全球 EPU 对新兴市场国家跨境银行资本流动的影响是否会受到本国银行的外国净头寸的影响，对式（6-2）进行实证检验。

全球 EPU 与新兴市场国家银行外国净头寸对跨境银行总资本流入的交互影响如表 6-4 和图 6-1 所示。表 6-4 中列（2）$GEPU \times BANKexp$ 的系数为正且在统计上显著，表明全球 EPU 上升时，银行跨境资本总流入的减少在银行持有外国净资产的新兴市场国家会得到缓解，在银行背负外国净负债的新兴市场国家会更严重，假说 6-2a 成立。此外，如图 6-1 所示，银行外国净头寸对本国跨境银行总资本流入产生的作用并不是对称的，持有外国净资产对总资本流入减少的缓解作用远小于背负外国净负债对总资本流入减少的加剧作用，随着外国净负债的规模增大，全球 EPU 冲击使总资本流入减少的边际效应显著扩大。表 6-4 中列（4）和列（6）的系数为正且均在统计上显著，表明银行在全球 EPU 上升时对外国资产头寸的调整，既通过调整跨境贷款借入来实现，也通过在国际债券市场上进行债权投资组合的风险再平衡来实现。图 6-1（a）、（b）、（c）呈现相似的特征，并且全球 EPU 对跨境银行总资本流入的边际效应约等于对跨境银行贷款总资本流入和跨境债券总资本流入的边际效应的加总。

全球 EPU 与新兴市场国家银行外国净头寸对跨境银行总资本流出的交互影响如表 6-5 和图 6-2 所示。表 6-5 中列（6）$GEPU \times BANKexp$ 的系数为正且在统计上显著，但如表 6-3 中列（6）所示，全球 EPU 本身对跨境银行债券总资本流出没有显著的影响，因此银行外国净头寸与全球 EPU 对跨境银行债券总资本流出的交互影响是有限的。如

表 6-4　全球 EPU 与新兴市场国家银行外国净头寸对跨境银行总资本流入的交互影响

变量	GlnT		GlnL		GlnS	
	（1）	（2）	（3）	（4）	（5）	（6）
GEPU	-0.763***	-0.583***	-0.553***	-0.449***	-0.150***	-0.119***
	(0.156)	(0.160)	(0.133)	(0.132)	(0.037)	(0.038)
BANKexp	-0.047***	-0.245***	-0.039***	-0.217***	-0.005***	-0.038***
	(0.007)	(0.047)	(0.006)	(0.037)	(0.002)	(0.011)
GDP	0.064***	0.067***	0.053***	0.057***	0.006**	0.007**
	(0.013)	(0.013)	(0.011)	(0.011)	(0.003)	(0.003)
IR	-0.531**	-0.476**	-0.585***	-0.545***	-0.066	-0.057
	(0.230)	(0.227)	(0.198)	(0.195)	(0.054)	(0.054)
ER	-1.738***	-1.504***	-1.769***	-1.539***	-0.232*	-0.192
	(0.588)	(0.582)	(0.538)	(0.530)	(0.138)	(0.137)
FFR	0.165***	0.154***	0.135***	0.130***	0.020***	0.018**
	(0.032)	(0.032)	(0.027)	(0.027)	(0.008)	(0.008)
OECDM1	0.327**	0.346**	0.206	0.203	0.100***	0.103***
	(0.154)	(0.152)	(0.130)	(0.128)	(0.036)	(0.036)
GEPU×BANKexp		0.041***		0.036***		0.007***
		(0.010)		(0.007)		(0.002)
常数项	2.236***	1.233**	1.820***	1.282**	0.281**	0.111
	(0.587)	(0.625)	(0.499)	(0.503)	(0.138)	(0.148)
国家固定效应	是	是	是	是	是	是
R^2	0.241	0.265	0.226	0.254	0.101	0.116
样本国家数	19	19	21	21	19	19
观测值	590	590	668	668	591	591

注：括号内为标准误；*、**、*** 分别表示在 10%、5%、1% 的水平上显著；列（1）、列（2）、列（5）、列（6）样本国家数为 19，是因为摩尔多瓦和萨尔瓦多这两个样本国家的银行跨境债券资本流入变量数据缺失。

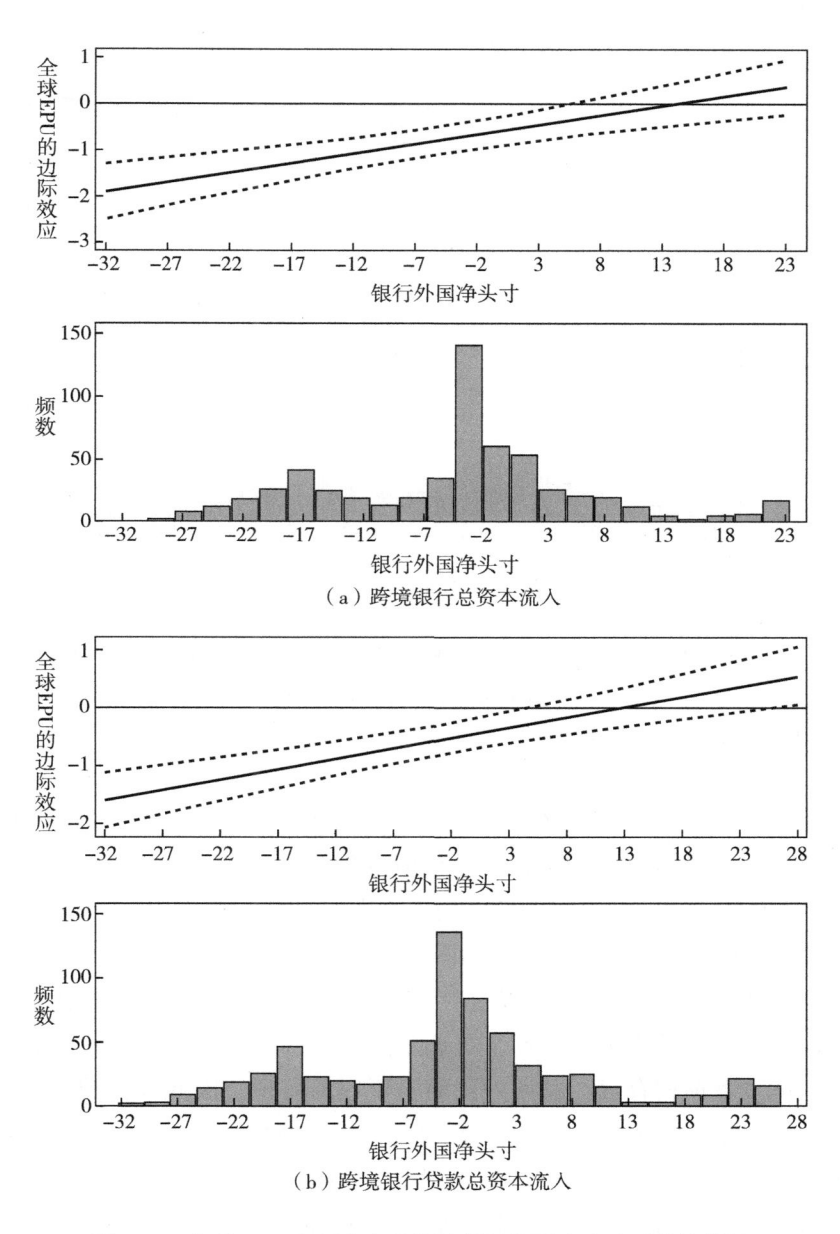

图 6-1　全球 EPU 与新兴市场国家银行外国净头寸对跨境银行
总资本流入的交互影响

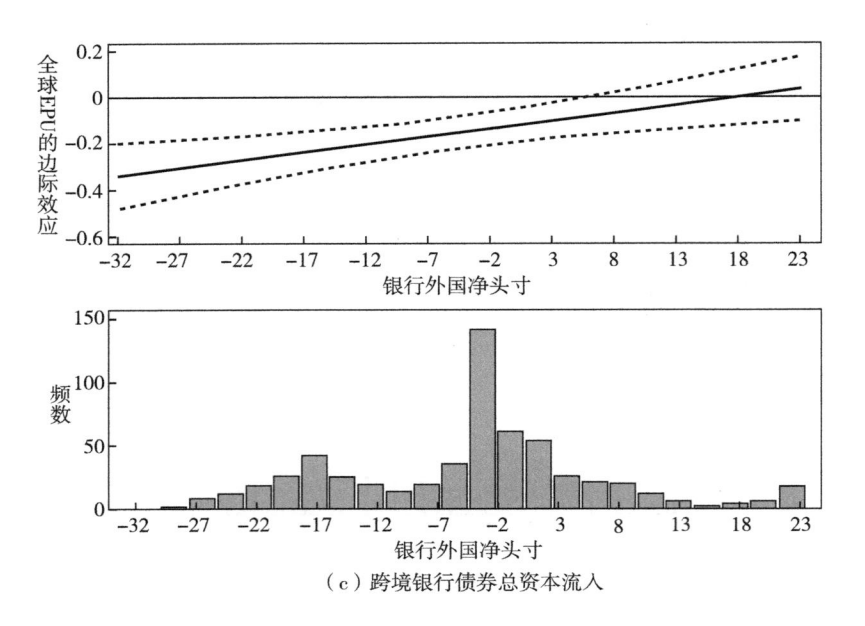

图 6-1　全球 EPU 与新兴市场国家银行外国净头寸对跨境银行总资本流入的交互影响（续）

注：实斜线为边际效应，虚线为 95% 置信区间。

图 6-2（c）所示，只有在银行背负较大规模的外国净负债的情形下，全球 EPU 上升才会对本国跨境银行债券总资本流出产生显著的负向影响，并且随着银行的外国净负债规模的增加，跨境银行债券总资本流出的减少程度会加剧。当新兴市场国家银行背负大规模的外国净负债时，全球 EPU 冲击造成的本国银行杠杆率收紧会更严重，银行整体收紧资产负债表的效果大于资产组合调整的效果，并且在短期内，相比调整跨境贷款债权存量，赎回外国债券更容易实现，因此导致跨境银行债券总资本流出的减少。表 6-5 中列（4）$GEPU \times BANKexp$ 的系数在统计上不显著，表明银行的外国净头寸不会显著改变全球 EPU 上升对新兴市场国家跨境银行贷款总资本流出的影响。由于跨境银行贷款总资本流出的规模在跨境银行总资本流出中占绝对地位，所以如表 6-5 中列（2）所示，总的来说，全球 EPU 上升对新兴市场国家跨境银行总资本流出的负向影响不会被本国银行的外国净头寸显著改变，假说 6-2b 不成立。

表6-5　全球EPU与新兴市场国家银行外国净头寸对跨境银行总资本流出的交互影响

变量	$GOutT$		$GOutL$		$GOutS$	
	(1)	(2)	(3)	(4)	(5)	(6)
$GEPU$	-0.598	-0.479	-0.686	-0.644	-0.067	0.012
	(0.499)	(0.505)	(0.492)	(0.499)	(0.174)	(0.175)
$BANKexp$	-0.002	-0.203	-0.005	-0.076	-0.003	-0.137***
	(0.022)	(0.138)	(0.021)	(0.138)	(0.008)	(0.048)
GDP	0.025	0.029	0.019	0.020	0.003	0.006
	(0.042)	(0.042)	(0.042)	(0.042)	(0.015)	(0.015)
IR	0.626	0.671	0.063	0.079	0.104	0.134
	(0.746)	(0.746)	(0.736)	(0.737)	(0.260)	(0.259)
ER	1.384	1.643	2.239	2.331	-1.011	-0.839
	(2.007)	(2.013)	(1.994)	(2.003)	(0.700)	(0.698)
FFR	0.182*	0.176*	0.219**	0.217**	0.007	0.004
	(0.103)	(0.103)	(0.101)	(0.101)	(0.036)	(0.036)
$OECDM1$	0.542	0.542	0.642	0.641	0.011	0.011
	(0.493)	(0.493)	(0.484)	(0.484)	(0.172)	(0.171)
$GEPU×BANKexp$		0.041		0.014		0.027***
		(0.028)		(0.028)		(0.010)
常数项	0.805	0.173	0.700	0.484	0.361	-0.059
	(1.875)	(1.921)	(1.852)	(1.899)	(0.653)	(0.666)
国家固定效应	是	是	是	是	是	是
R^2	0.029	0.033	0.031	0.031	0.016	0.029
样本国家数	21	21	21	21	21	21
观测值	646	646	668	668	646	646

注：括号内为标准误，*、**、***分别表示在10%、5%、1%的水平上显著。

(a) 跨境银行总资本流出

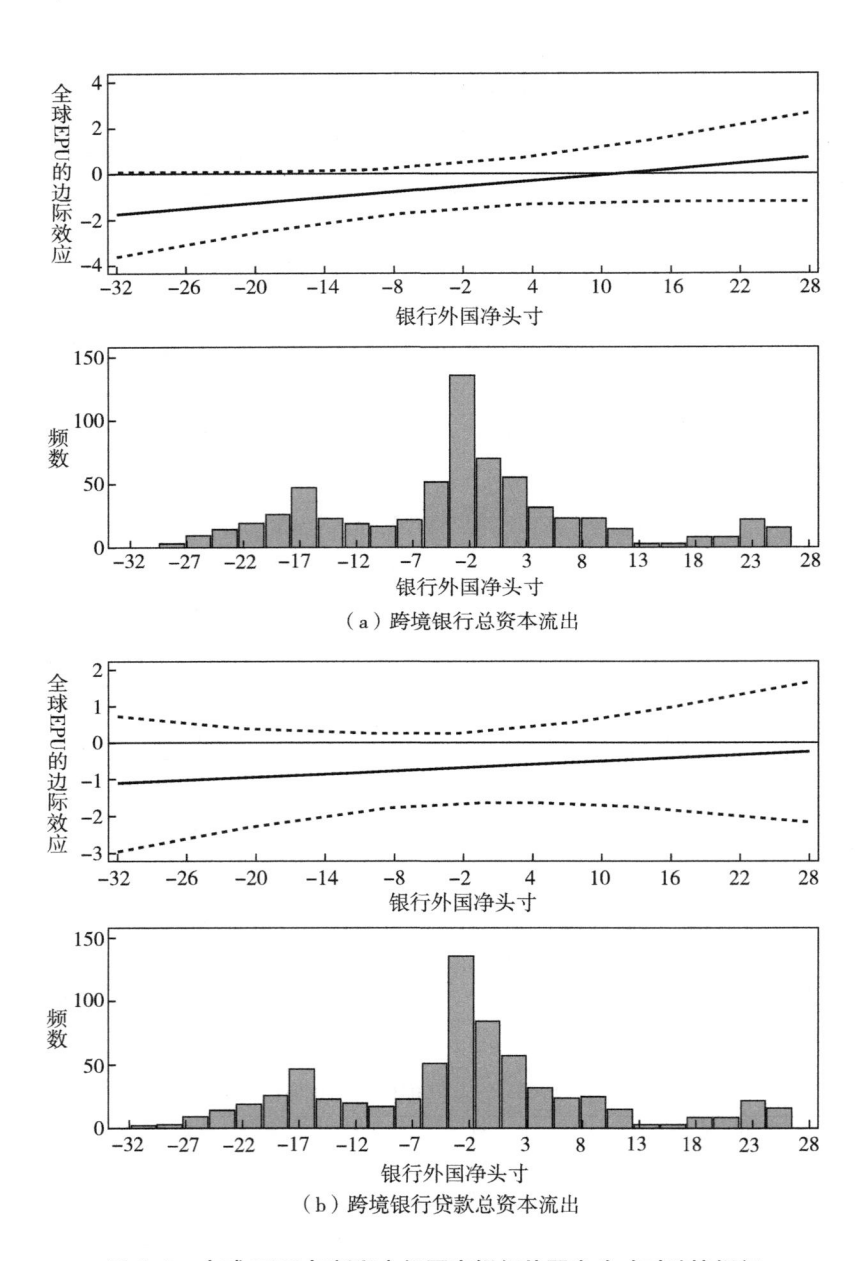

(b) 跨境银行贷款总资本流出

图 6-2　全球 EPU 与新兴市场国家银行外国净头寸对跨境银行总资本流出的交互影响

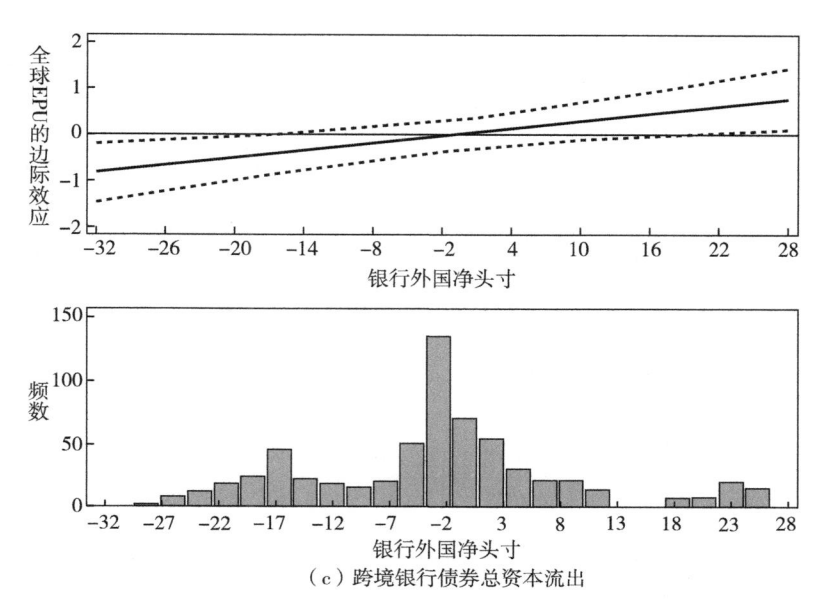

```
     2
全 
球  1
EPU
的  0
边
际 -1
效
应-2
     -32  -26  -20  -14   -8   -2    4   10   16   22   28
                        银行外国净头寸
```

```
     150
频   100
数
      50
       0
      -32 -27 -22 -17 -12  -7  -2   3   8  13  18  23  28
                        银行外国净头寸
                  (c) 跨境银行债券总资本流出
```

图 6-2　全球 EPU 与新兴市场国家银行外国净头寸对跨境银行总资本流出的交互影响（续）

注：实斜线为边际效应，虚线为 95% 置信区间。

总资本流入和总资本流出的变动共同决定了净资本流动的变动，全球 EPU 与新兴市场国家银行外国净头寸对跨境银行净资本流入的交互影响如表 6-6 和图 6-3 所示。表 6-6 列（2）和列（4）GEPU × BANKexp 的系数为正且在统计上显著，随着本国银行持有的外国净资产规模的增加，全球 EPU 上升导致的新兴市场国家跨境银行贷款净资本流入的减少程度减弱，加总的银行跨境贷款净资本流入同样会受到这种影响。如图 6-3（a）、(b) 所示，全球 EPU 对跨境银行净资本流入和对跨境银行贷款净资本流入的边际作用呈现一致的变动特征。

表 6-6　全球 EPU 与新兴市场国家银行外国净头寸对跨境银行净资本流入的交互影响

变量	NInT		NInL		NInS	
	（1）	（2）	（3）	（4）	（5）	（6）
GEPU	-0.752***	-0.607**	-0.586**	-0.474*	-0.137	-0.167
	(0.275)	(0.284)	(0.247)	(0.249)	(0.129)	(0.134)

续表

变量	NlnT		NlnL		NlnS	
	(1)	(2)	(3)	(4)	(5)	(6)
BANKexp	-0.057***	-0.214**	-0.041***	-0.235***	-0.002	0.030
	(0.013)	(0.084)	(0.011)	(0.069)	(0.006)	(0.039)
GDP	0.093***	0.096***	0.069***	0.073***	0.006	0.006
	(0.023)	(0.023)	(0.021)	(0.021)	(0.011)	(0.011)
IR	-1.228***	-1.184***	-0.654*	-0.610*	-0.114	-0.123
	(0.406)	(0.405)	(0.369)	(0.368)	(0.190)	(0.191)
ER	-2.480**	-2.293**	-3.178***	-2.927***	0.183	0.145
	(1.035)	(1.037)	(1.001)	(0.999)	(0.486)	(0.488)
FFR	0.115**	0.107*	0.091*	0.086*	0.018	0.019
	(0.057)	(0.057)	(0.051)	(0.051)	(0.027)	(0.027)
OECDM1	0.172	0.186	0.045	0.042	0.095	0.092
	(0.271)	(0.270)	(0.243)	(0.242)	(0.127)	(0.127)
GEPU×BANKexp		0.033*		0.039***		-0.007
		(0.017)		(0.014)		(0.008)
常数项	2.738***	1.936*	2.686***	2.101**	0.217	0.382
	(1.033)	(1.114)	(0.930)	(0.947)	(0.485)	(0.524)
国家固定效应	是	是	是	是	是	是
R^2	0.151	0.157	0.129	0.140	0.021	0.022
样本国家数	19	19	21	21	19	19
观测值	583	583	668	668	583	583

注：括号内为标准误；*、**、***分别表示在10%、5%、1%的水平上显著；列（1）、列（2）、列（5）、列（6）样本国家数为19，是因为摩尔多瓦和萨尔瓦多这两个样本国家的银行跨境债券资本流入变量数据缺失。

三 全球EPU与非银行金融机构外国净头寸的交互作用

为研究新兴市场国家的非银行金融机构的外国净头寸是否会改变全球EPU对其跨境银行资本流动的影响，对式（6-2）进行实证检验。

全球EPU与新兴市场国家非银行金融机构外国净头寸对跨境银行总资本流入的交互影响如表6-7和图6-4所示。表6-7第（6）列 GEPU×NONBANKexp 的系数为正且在5%的水平上显著，表明本国非银行金融

（a）跨境银行净资本流入

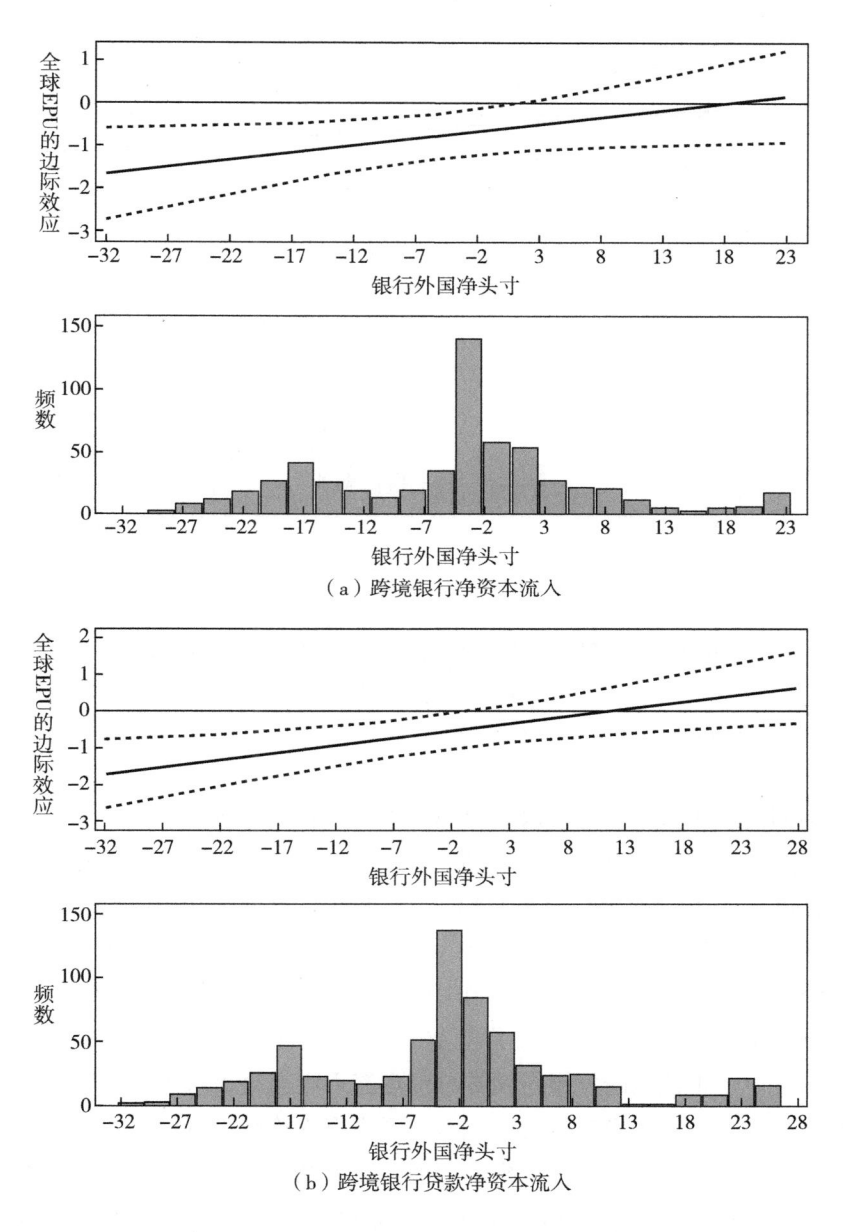

（b）跨境银行贷款净资本流入

图 6-3　全球 EPU 与新兴市场国家银行外国净头寸对跨境银行
净资本流入的交互影响

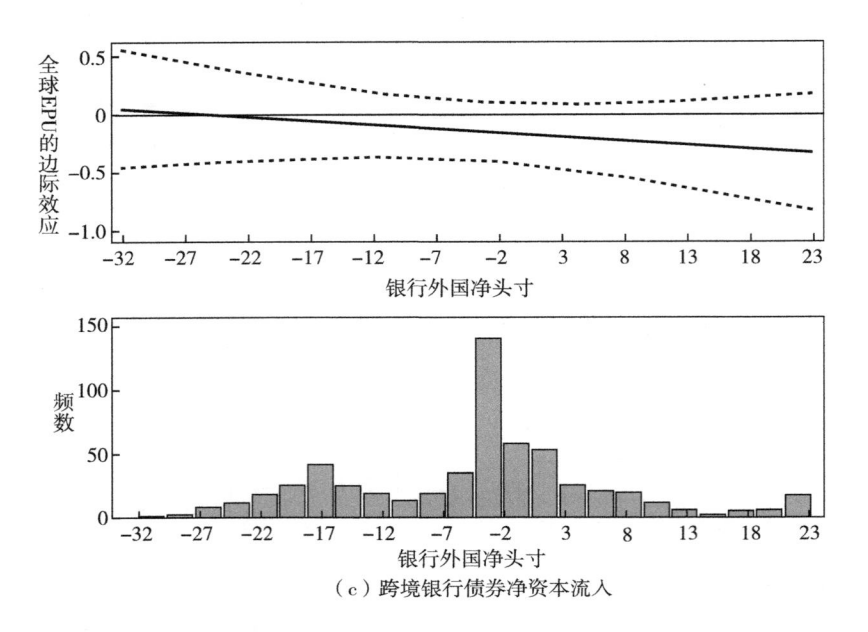

(图表)

(c) 跨境银行债券净资本流入

**图 6-3　全球 EPU 与新兴市场国家银行外国净头寸对跨境银行
净资本流入的交互影响（续）**

注：实斜线为边际效应，虚线为 95% 置信区间。

机构的外国净头寸会显著改变全球 EPU 上升对本国跨境银行债券总资本流入的影响。新兴市场国家非银行金融机构的外国净负债每增加 1 个标准差（12.643%），全球 EPU 上升对银行跨境债券总资本流入（$GInS$）的边际负向影响将增加 0.051%（12.643%×0.004），相当于 $GInS$ 的 0.198 个标准差，这一作用在经济上是显著的。如图 6-4（c）所示，全球 EPU 上升时，如果新兴市场国家的非银行金融机构持有外国净资产，则该国跨境银行债券总资本流入不会显著减少，只有非银行金融机构背负外国净负债的新兴市场国家出现跨境银行债券总资本流入的减少，并且外国净负债规模的增加会显著加剧银行跨境债券总资本流入减少的程度。当全球 EPU 上升时，非银行金融机构为管理外国净负债头寸风险，可与本国银行进行外汇远期或外汇互换交易，将风险转移给本国银行，本国银行为管理风险，同样与外国银行进行衍生品交易，而外国银行为对冲风险，将在即期市场上卖出本国债券，从而导致本国跨境银行债券总资本流入减少，假说 6-3a 成立。

表 6-7　全球 EPU 与新兴市场国家非银行金融机构外国净头寸对跨境银行总资本流入的交互影响

变量	$GInT$		$GInL$		$GInS$	
	(1)	(2)	(3)	(4)	(5)	(6)
$GEPU$	0.033	0.031	0.061	0.061	-0.043	-0.045
	(0.127)	(0.128)	(0.119)	(0.119)	(0.037)	(0.037)
$NONBANKexp$	-0.007	-0.026	-0.008	-0.005	0.001	-0.020**
	(0.005)	(0.036)	(0.005)	(0.033)	(0.002)	(0.010)
GDP	0.044***	0.044***	0.040***	0.040***	0.005*	0.006**
	(0.010)	(0.010)	(0.009)	(0.009)	(0.003)	(0.003)
IR	-0.153	-0.147	-0.439**	-0.439**	-0.004	0.003
	(0.182)	(0.182)	(0.171)	(0.171)	(0.053)	(0.053)
ER	-1.347***	-1.344***	-1.217***	-1.217***	-0.275**	-0.272**
	(0.452)	(0.453)	(0.448)	(0.449)	(0.132)	(0.131)
FFR	-0.024	-0.024	-0.015	-0.015	-0.004	-0.004
	(0.027)	(0.027)	(0.025)	(0.025)	(0.008)	(0.008)
$OECDM1$	0.085	0.090	0.006	0.006	0.044	0.050
	(0.132)	(0.132)	(0.126)	(0.127)	(0.038)	(0.038)
$GEPU \times NONBANKexp$		0.004		-0.000		0.004**
		(0.007)		(0.006)		(0.002)
常数项	-0.667	-0.684	-0.440	-0.436	0.003	-0.017
	(0.534)	(0.535)	(0.504)	(0.506)	(0.155)	(0.155)
国家固定效应	是	是	是	是	是	是
R^2	0.151	0.151	0.134	0.134	0.079	0.087
样本国家数	19	19	21	21	19	19
观测值	520	520	579	579	521	521

注：括号内为标准误；*、**、*** 分别表示在 10%、5%、1% 的水平上显著；列（1）、列（2）、列（5）、列（6）样本国家数为 19，是因为摩尔多瓦和萨尔瓦多这两个样本国家的银行跨境债券资本流入变量数据缺失。

(a) 跨境银行总资本流入

(b) 跨境银行贷款总资本流入

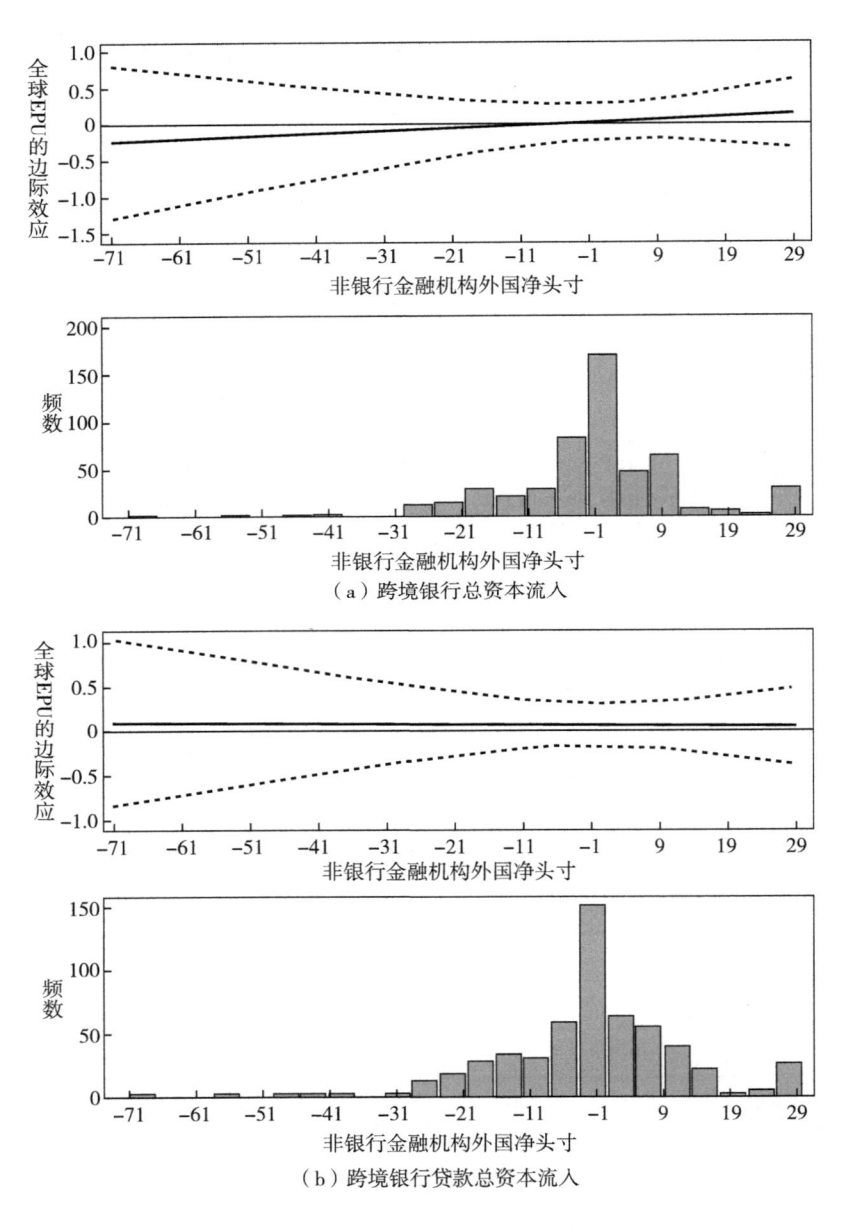

图 6-4　全球 EPU 与新兴市场国家非银行金融机构外国净头寸对跨境银行总资本流入的交互影响

（c）跨境银行债券总资本流入

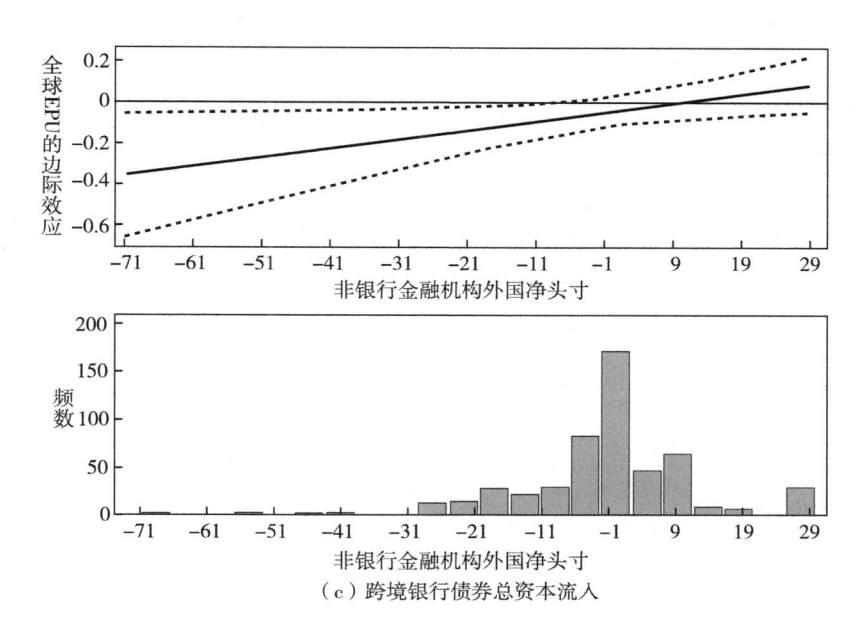

**图 6-4　全球 EPU 与新兴市场国家非银行金融机构外国净头寸
对跨境银行总资本流入的交互影响（续）**

注：实斜线为边际效应，虚线为 95% 置信区间。

全球 EPU 与新兴市场国家非银行金融机构外国净头寸对跨境银行总资本流入的交互影响如表 6-8 和图 6-5 所示。表 6-8 中列（2）$GEPU \times NONBANKexp$ 的系数为负并且在 10% 的水平上显著，但是如表 6-3 所示，相比对跨境银行总资本流入的影响，$GEPU$ 对跨境银行总资本流出的影响有限，所以如图 6-5（b）所示，全球 EPU 与新兴市场国家非银行金融机构的外国净头寸不会对本国跨境银行贷款总资本流出产生显著的交互影响。如表 6-8 和图 6-5 所示，全球 EPU 与新兴市场国家非银行金融机构的外国净头寸也不会对本国跨境银行债券总资本流出产生显著的交互影响。总的来说，全球 EPU 与新兴市场国家非银行金融机构的外国净头寸不会对本国跨境银行总资本流出产生显著的交互影响，假说 6-3b 不成立。

总资本流入和总资本流出的变动共同决定了净资本流动的变动。由于新兴市场国家非银行金融机构的外国净头寸与全球 EPU 仅对跨境银行债券总资本流入有显著的交互作用，如表 6-3 所示，全球 EPU 上升本身对新兴市场国家跨境银行债券资本流动的影响也有限,因此,如表6-9所示,新兴市场国家非银行金融机构外国净头寸对本国跨境银行净资本流入不会产生显著的交互影响。

表6-8 全球EPU与新兴市场国家非银行金融机构外国净头寸对跨境银行总资本流出的交互影响

变量	GOutT		GOutL		GOutS	
	(1)	(2)	(3)	(4)	(5)	(6)
GEPU	-0.358	-0.364	-0.413	-0.411	0.060	0.060
	(0.537)	(0.535)	(0.537)	(0.536)	(0.205)	(0.205)
NONBANKexp	0.025	0.287*	0.032	0.268*	-0.008	-0.004
	(0.023)	(0.147)	(0.023)	(0.147)	(0.009)	(0.056)
GDP	0.011	0.005	-0.001	-0.006	0.005	0.005
	(0.042)	(0.042)	(0.042)	(0.043)	(0.016)	(0.016)
IR	0.818	0.777	0.062	0.034	0.262	0.262
	(0.775)	(0.774)	(0.769)	(0.768)	(0.296)	(0.296)
ER	2.080	2.105	3.233	3.229	-1.091	-1.091
	(2.016)	(2.012)	(2.019)	(2.016)	(0.770)	(0.770)
FFR	0.120	0.118	0.187*	0.187*	-0.031	-0.031
	(0.112)	(0.112)	(0.112)	(0.111)	(0.043)	(0.043)
OECDM1	0.486	0.408	0.336	0.263	0.062	0.061
	(0.566)	(0.566)	(0.567)	(0.568)	(0.216)	(0.217)
GEPU×NONBANKexp		-0.053*		-0.047		-0.001
		(0.029)		(0.029)		(0.011)
常数项	-0.169	0.246	0.778	1.133	-0.566	-0.560
	(2.249)	(2.257)	(2.267)	(2.275)	(0.859)	(0.864)
国家固定效应	是	是	是	是	是	是
R^2	0.023	0.029	0.027	0.031	0.018	0.018
样本国家数	21	21	21	21	21	21
观测值	565	565	579	579	565	565

注:括号内为标准误,*表示在10%的水平上显著。

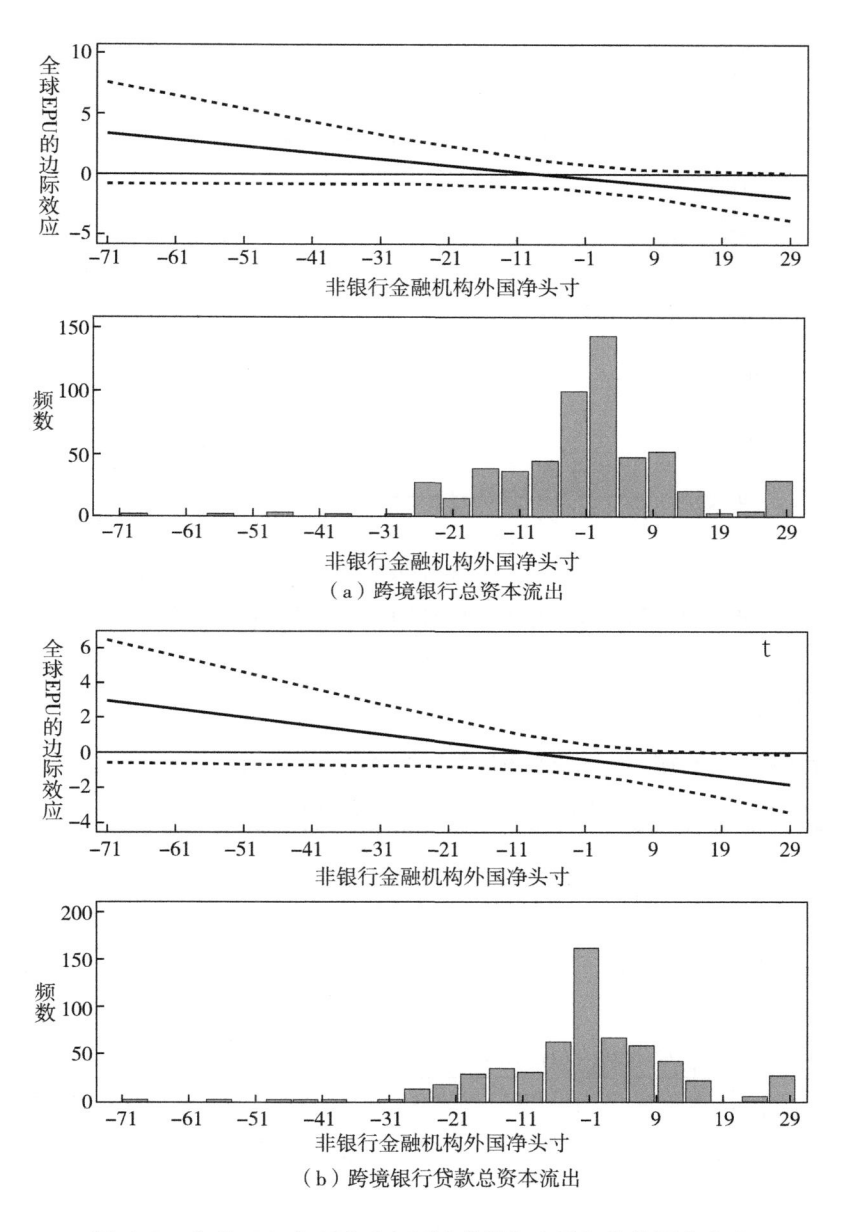

图 6-5　全球 EPU 与新兴市场国家非银行金融机构外国净头寸
对跨境银行总资本流出的交互影响

（c）跨境银行债券总资本流出

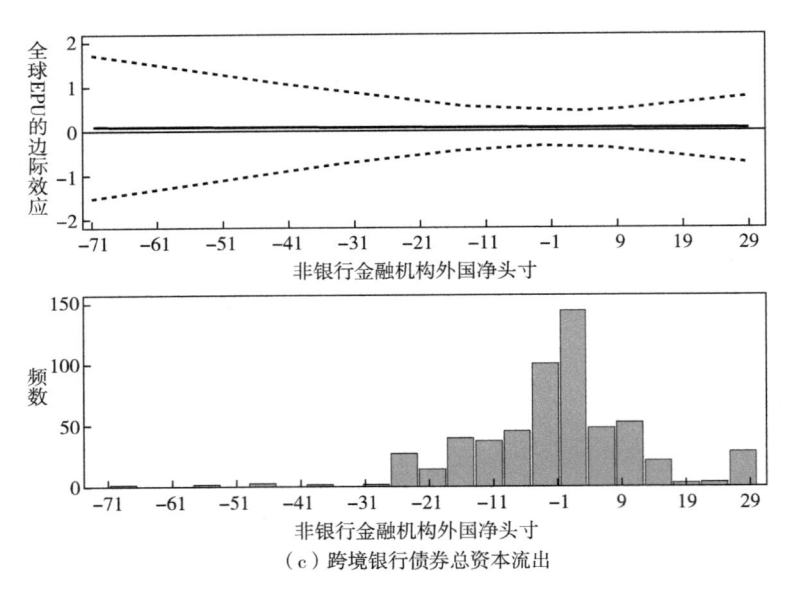

图 6-5　全球 EPU 与新兴市场国家非银行金融机构外国净头寸对跨境银行总资本流出的交互影响（续）

注：实斜线为边际效应，虚线为 95% 置信区间。

表 6-9　全球 EPU 与新兴市场国家非银行金融机构外国净头寸对跨境银行净资本流入的交互影响

变量	NInT		NInL		NInS	
	(1)	(2)	(3)	(4)	(5)	(6)
GEPU	0.171	0.161	0.170	0.170	−0.081	−0.086
	(0.281)	(0.281)	(0.255)	(0.255)	(0.150)	(0.150)
NONBANKexp	−0.023*	−0.112	−0.025**	−0.102	0.005	−0.038
	(0.012)	(0.079)	(0.011)	(0.070)	(0.006)	(0.042)
GDP	0.069***	0.072***	0.064***	0.066***	0.006	0.007
	(0.021)	(0.021)	(0.020)	(0.020)	(0.011)	(0.011)
IR	−0.897**	−0.869**	−0.407	−0.398	−0.130	−0.117
	(0.400)	(0.401)	(0.365)	(0.365)	(0.213)	(0.214)
ER	−2.127**	−2.114**	−2.516***	−2.514***	0.122	0.128
	(0.994)	(0.994)	(0.958)	(0.958)	(0.531)	(0.531)
FFR	−0.107*	−0.108*	−0.113**	−0.113**	0.007	0.006
	(0.059)	(0.059)	(0.053)	(0.053)	(0.032)	(0.032)

续表

变量	NlnT		NlnL		NlnS	
	(1)	(2)	(3)	(4)	(5)	(6)
OECDM1	-0.053	-0.028	0.037	0.060	0.014	0.026
	(0.290)	(0.291)	(0.269)	(0.270)	(0.155)	(0.155)
GEPU× NONBANKexp		0.018		0.015		0.009
		(0.016)		(0.014)		(0.008)
常数项	-0.893	-0.974	-1.301	-1.416	0.322	0.283
	(1.172)	(1.174)	(1.076)	(1.081)	(0.625)	(0.626)
国家固定效应	是	是	是	是	是	是
R^2	0.103	0.105	0.096	0.098	0.017	0.019
样本国家数	19	19	21	21	19	19
观测值	514	514	579	579	514	514

注：括号内为标准误；*、**、*** 分别表示在10%、5%、1%的水平上显著；列（1）、列（2）、列（5）、列（6）样本国家数为19，是因为摩尔多瓦和萨尔瓦多这两个样本国家的银行跨境债券资本流入变量数据缺失。

第五节 稳健性检验

一 加入其他控制变量

第一，股票市场状况从投资者的态度和前瞻性视角反映了国家经济运行状况和前景，本书采用对美元汇率调整后的股票价格指数年度增长率（SMI_{it}）衡量各国股票市场状况。第二，资本账户管制会影响一国资本流动变动程度，本书采用Chinn和Ito（2006）提出的资本账户开放指数（$KAOPEN_{it}$）衡量新兴市场国家的资本账户开放程度，数值越大表示资本账户开放程度越高，取值为1表示资本账户完全开放[①]。一国金融的发展和完善可以缓解信息不对称和融资约束问题，促进风险分散，吸收冲击对经济的影响（杨子晖、陈创练，2015）。本书使用Svirydzenka（2016）提出的金融发展指数（FD_{it}）衡量新兴市场国家金融发展状况，该指数从金融机构和金融市场两个层面全面地描述了一国金融发展水平。如表6-10所示，加入其他控制变量，主要结论仍是稳健的。

---

① http://web.pdx.edu/~ito/trilemma_indexes.htm.

表 6-10　稳健性检验：加入其他控制变量

变量	总资本流入			总资本流出			净资本流入		
	GlnT (1)	GlnL (2)	GlnS (3)	GOutT (4)	GOutL (5)	GOutS (6)	NlnT (7)	NlnL (8)	NlnS (9)
GEPU	−1.351***	−1.174***	−0.202***	−0.921*	−0.825	−0.155	−1.538***	−1.366***	−0.203*
	(0.197)	(0.189)	(0.064)	(0.530)	(0.516)	(0.096)	(0.313)	(0.306)	(0.107)
GDP	0.084***	0.065***	0.017***	−0.001	−0.002	0.001	0.120***	0.094***	0.023***
	(0.013)	(0.013)	(0.004)	(0.037)	(0.036)	(0.007)	(0.021)	(0.021)	(0.007)
IR	0.158	0.220	−0.066	0.568	0.526	0.063	−0.055	0.053	−0.118
	(0.167)	(0.156)	(0.054)	(0.436)	(0.425)	(0.079)	(0.265)	(0.252)	(0.090)
ER	−1.197*	−0.719	−0.461**	1.746	1.618	0.075	−2.944***	−2.147**	−0.791**
	(0.657)	(0.650)	(0.213)	(1.814)	(1.768)	(0.329)	(1.042)	(1.048)	(0.355)
FFR	0.201***	0.202***	−0.004	0.309***	0.287***	0.022	0.136**	0.151**	−0.019
	(0.037)	(0.037)	(0.012)	(0.104)	(0.100)	(0.019)	(0.060)	(0.059)	(0.020)
OECDM1	−0.289	−0.245	−0.011	−0.181	−0.277	0.142	−0.106	−0.000	−0.089
	(0.213)	(0.206)	(0.069)	(0.578)	(0.560)	(0.105)	(0.341)	(0.332)	(0.116)
SMI	0.005***	0.004***	0.001**	0.005*	0.003	0.002***	0.003*	0.003*	0.000
	(0.001)	(0.001)	(0.000)	(0.003)	(0.003)	(0.000)	(0.002)	(0.002)	(0.001)

续表

变量	总资本流入			总资本流出			净资本流入		
	$GInT$	$GInL$	$GInS$	$GOutT$	$GOutL$	$GOutS$	$NInT$	$NInL$	$NInS$
	(1)	(2)	(3)	(4)	(5)	(6)	(7)	(8)	(9)
$KAOPEN$	−0.867***	−0.821***	−0.047	−0.136	−0.277	0.136	−0.969**	−0.883**	−0.092
	(0.237)	(0.234)	(0.077)	(0.654)	(0.638)	(0.119)	(0.376)	(0.378)	(0.128)
FD	10.101***	9.121***	1.016**	3.553	4.026	−0.539	10.583***	8.970***	1.764**
	(1.500)	(1.462)	(0.485)	(4.085)	(3.978)	(0.741)	(2.383)	(2.358)	(0.812)
常数项	4.023***	3.394***	0.615**	4.396**	4.166*	0.352	3.781***	3.185**	0.648
	(0.807)	(0.789)	(0.261)	(2.217)	(2.147)	(0.402)	(1.289)	(1.273)	(0.439)
国家固定效应	是	是	是	是	是	是	是	是	是
R^2	0.448	0.377	0.156	0.065	0.053	0.067	0.266	0.201	0.089
样本国家数	11	11	11	11	11	11	11	11	11
观测值	473	482	473	478	482	480	469	482	469

注：括号内为标准误；*、**、***分别表示在10%、5%、1%的水平上显著；由于其他控制变量的数据可得性限制，样本国家数和观测值比表6-3减少。

二 控制其他固定效应

由于本书基准回归关注全球 EPU 的线性影响，若控制时间固定效应或年份固定效应将吸收全球 EPU 的作用。因此，在对式（6-1）进行回归时，仅加入国家固定效应控制不随时间变化的国家层面特征对新兴市场国家跨境银行资本流动的影响。在全球 EPU 与新兴市场国家银行和非银行金融机构外国净头寸交互作用的检验中，可以在控制国家固定效应的基础上，进一步加入季度固定效应，一定程度上控制不随国家变化但随时间变化的因素的影响，结果如表 6-11 所示，主要结论保持不变。

表 6-11　　　　　　稳健性检验：控制其他固定效应

变量	总资本流入					
	GInT		*GInL*		*GInS*	
	(1)	(2)	(3)	(4)	(5)	(6)
GEPU	-0.881***	-0.701***	-0.248	-0.555***	-0.149***	-0.119***
	(0.156)	(0.159)	(0.263)	(0.132)	(0.037)	(0.038)
BANKexp	-0.047***	-0.246***	-0.040***	-0.220***	-0.005***	-0.038***
	(0.007)	(0.046)	(0.006)	(0.036)	(0.002)	(0.011)
GEPU×BANKexp		0.041***		0.037***		0.007***
		(0.010)		(0.007)		(0.002)
R^2	0.271	0.295	0.345	0.281	0.104	0.119
样本国家数	19	19	21	21	19	19
观测值	590	590	668	668	591	591

变量	总资本流出					
	GOutT		*GOutL*		*GOutS*	
	(1)	(2)	(3)	(4)	(5)	(6)
GEPU	-0.504	-0.390	-0.534	-0.498	-0.126	-0.048
	(0.508)	(0.513)	(0.501)	(0.507)	(0.177)	(0.178)
BANKexp	-0.003	-0.200	-0.006	-0.071	-0.003	-0.139***
	(0.022)	(0.138)	(0.021)	(0.138)	(0.008)	(0.048)
GEPU×BANKexp		0.040		0.013		0.028***
		(0.028)		(0.028)		(0.010)

续表

变量	总资本流出					
	GOutT		*GOutL*		*GOutS*	
	(1)	(2)	(3)	(4)	(5)	(6)
R^2	0.035	0.038	0.040	0.040	0.022	0.035
样本国家数	21	21	21	21	21	21
观测值	646	646	668	668	646	646

变量	净资本流入					
	NInT		*NInL*		*NInS*	
	(1)	(2)	(3)	(4)	(5)	(6)
GEPU	-0.942***	-0.794***	-0.793***	-0.678***	-0.099	-0.129
	(0.275)	(0.285)	(0.248)	(0.250)	(0.131)	(0.136)
BANKexp	-0.056***	-0.217***	-0.040***	-0.242***	-0.002	0.031
	(0.013)	(0.083)	(0.011)	(0.068)	(0.006)	(0.040)
GEPU×BANKexp		0.033**		0.041***		-0.007
		(0.017)		(0.014)		(0.008)
R^2	0.181	0.187	0.157	0.169	0.025	0.026
样本国家数	19	19	21	21	19	19
观测值	583	583	668	668	583	583

变量	总资本流入					
	GInT		*GInL*		*GInS*	
	(1)	(2)	(3)	(4)	(5)	(6)
GEPU	-0.076	-0.079	-0.040	-0.040	-0.039	-0.042
	(0.128)	(0.129)	(0.121)	(0.121)	(0.038)	(0.038)
NONBANKexp	-0.006	-0.028	-0.007	-0.007	0.001	-0.020*
	(0.005)	(0.035)	(0.005)	(0.032)	(0.002)	(0.010)
GEPU× NONBANKexp		0.004		0.000		0.004**
		(0.007)		(0.006)		(0.002)
R^2	0.184	0.185	0.161	0.161	0.082	0.090
样本国家数	19	19	21	21	19	19
观测值	520	520	579	579	521	521
控制变量	是	是	是	是	是	是

续表

变量	总资本流入					
	GInT		*GInL*		*GInS*	
	(1)	(2)	(3)	(4)	(5)	(6)
国家固定效应	是	是	是	是	是	是
季度固定效应	是	是	是	是	是	是

注：括号内为标准误；*、**、***分别表示在10%、5%、1%的水平上显著；控制变量采取基准设定；限于篇幅，省略了控制变量和常数项的回归结果；使用年份固定效应代替季度固定效应，本表结论仍成立。

三 关于内生性问题的处理

Baker 等（2016）编制的全球 EPU 指数由21个国家的 EPU 指数加权平均计算得到，这21个国家与本书样本国家有少数重合，而这些国家的经济政策不确定性与其跨境银行资本流动波动之间存在内生性。本书采取两种办法处理这种内生性造成的影响。第一，从样本国家中剔除巴西、智利、哥伦比亚这三个参与了全球 EPU 指数构成的国家。第二，由于美国和欧洲的经济政策不确定性对全球经济政策有较大影响，借鉴谭小芬等（2018）的做法，分别使用美国和欧洲的 EPU 指数作为全球 EPU 指数的工具变量进行回归。在工具变量的相关检验中，Kleibergen-Paap rk LM 统计量的 P 值均小于 0.01，拒绝工具变量识别不足的原假设；Kleibergen-Paap rk Wald F 统计量大于相应的 Stock-Yogo 临界值 16.38，拒绝弱工具变量的原假设，说明工具变量的选取是适宜的。表 6-12 的工具变量回归结果显示，全球 EPU 对总资本流入和净资本流入的影响不变，但对总资本流出的负向影响在统计上变得不显著。在基准回归中，*GEPU* 对总资本流出的影响在统计上的显著性就相对较低，而使用美国和欧洲的经济政策不确定性作为工具变量则可能忽视其他国家和地区对全球 EPU 的影响，从而使对总资本流出影响的显著性进一步下降。

四 国际金融危机的影响

2008 年国际金融危机期间新兴市场国家经历了总资本流入和净资本流入的大幅下降，为确保样本选取具有随机性和代表性，要排除国际

表 6-12 稳健性检验：全球 EPU 的内生性

从样本国家中剔除全球 EPU 指数构成国家

变量	总资本流入			总资本流出			净资本流入		
	$GInT$	$GInL$	$GInS$	$GOutT$	$GOutL$	$GOutS$	$NInT$	$NInL$	$NInS$
	(1)	(2)	(3)	(4)	(5)	(6)	(7)	(8)	(9)
GEPU	−1.169***	−0.805***	−0.139***	−0.755	−0.826*	−0.032	−1.277***	−0.863***	−0.168
	(0.166)	(0.133)	(0.039)	(0.477)	(0.449)	(0.167)	(0.289)	(0.238)	(0.113)
R^2	0.257	0.199	0.078	0.019	0.025	0.022	0.140	0.106	0.027
样本国家数	16	18	16	18	18	18	16	18	16
观测值	700	885	703	829	885	833	690	885	692

工具变量：美国 EPU

变量	总资本流入			总资本流出			净资本流入		
	$GInT$	$GInL$	$GInS$	$GOutT$	$GOutL$	$GOutS$	$NInT$	$NInL$	$NInS$
	(1)	(2)	(3)	(4)	(5)	(6)	(7)	(8)	(9)
GEPU	−0.716***	−0.541***	−0.079*	−0.207	−0.369	0.091	−0.878***	−0.639***	−0.154
	(0.192)	(0.152)	(0.046)	(0.478)	(0.460)	(0.141)	(0.296)	(0.248)	(0.097)
R^2	0.198	0.153	0.057	0.008	0.011	0.003	0.111	0.081	0.015
样本国家数	19	21	19	21	21	21	19	21	19
观测值	905	1090	908	1034	1090	1038	895	1090	897
Kleibergen-Paap rk LM 统计量	324.772	397.035	325.976	373.568	397.035	374.954	323.872	397.035	325.062
Kleibergen-Paap rk LM 统计量 P 值	0.000	0.000	0.000	0.000	0.000	0.000	0.000	0.000	0.000
Kleibergen-Paap rk Wald F 统计量	3736.718	4960.481	3795.039	4766.491	4960.481	4829.270	3738.367	4960.481	3796.310

续表

工具变量：欧洲 EPU

变量	总资本流入			总资本流出			净资本流入		
	$GInT$	$GInL$	$GInS$	$GOutT$	$GOutL$	$GOutS$	$NInT$	$NInL$	$NInS$
	(1)	(2)	(3)	(4)	(5)	(6)	(7)	(8)	(9)
$GEPU$	-1.446***	-1.036***	-0.109*	-0.983	-0.880	-0.131	-1.521***	-1.159***	-0.052
	(0.247)	(0.191)	(0.060)	(0.640)	(0.593)	(0.235)	(0.383)	(0.311)	(0.162)
R^2	0.189	0.148	0.058	0.009	0.012	0.003	0.106	0.077	0.014
样本国家数	19	21	19	21	21	21	19	21	19
观测值	905	1090	908	1034	1090	1038	895	1090	897
Kleibergen-Paap rk LM 统计量	270.921	346.678	273.699	328.657	346.678	332.009	268.802	346.678	271.963
Kleibergen-Paap rk LM 统计量 P 值	0.000	0.000	0.000	0.000	0.000	0.000	0.000	0.000	0.000
Kleibergen-Paap rk Wald F 统计量	465.720	551.281	469.989	537.005	551.281	541.549	463.484	551.281	467.992
控制变量	是	是	是	是	是	是	是	是	是
国家固定效应	是	是	是	是	是	是	是	是	是

注：括号内为标准误差；*，*** 分别表示在 10%，1%的水平上显著；控制变量采取基准设定；限于篇幅，省略了控制变量和常数项的回归结果。

金融危机的发生对结果造成支配性影响的可能。本书用虚拟变量 $Crisis_t$ 表示国际金融危机发生，将 2008 年第三季度雷曼兄弟宣布破产作为国际金融危机的开端（Ahmed & Zlate，2014），将 2010 年第一季度视为国际金融危机的结束（Shim & Shin，2021），$Crisis_t$ 在 2008 年第三季度至 2009 年第四季度期间内取值 1，在其他时期取值 0。加入 $Crisis_t$ 和 $Crisis_t \times GEPU_t$ 作为控制变量进行检验，结果如表 6-13 所示，本书基准结论仍成立，相比对总资本流出的影响，全球 EPU 对新兴市场国家银行跨境总资本流入和净资本流入的影响不仅在统计上和经济上更显著，而且更稳健。

五 经济不确定性的影响

新兴市场国家本身的经济政策不确定性或经济不确定性也可能影响本国资本流动。由于国家经济政策不确定性指数的可得性限制，本书考虑剥离新兴市场国家经济不确定性（Economic Uncertainty，EU）的影响。参考 Baum 等（2006）、顾海峰和于家珺（2019）及田国强和李双建（2020）的做法，使用新兴市场国家工业生产指数的月度数据构建广义自回归条件异方差模型，得到条件方差，将月度条件方差取算术平均值得到季度数据，再取自然对数值，作为新兴市场国家经济不确定性的代理指标[①]。加入新兴市场国家经济不确定性作为控制变量的检验结果如表 6-14 所示，列（1）、列（2）、列（7）、列（8）中 EU 的系数为负且在 5% 的水平上显著，新兴市场国家经济不确定性上升会导致其银行跨境银行总资本流入和净资本流入减少，而剔除了新兴市场国家自身经济不确定性的影响后，全球 EPU 的影响仍然是稳健的[②]。

---

① 工业生产指数数据来源：EIU 数据库。
② 使用工业生产指数同比增速计算的条件方差作为经济不确定性的代理指标，结果仍成立。

表 6-13　稳健性检验：国际金融危机的影响

变量	总资本流入			总资本流出			净资本流入		
	GInT	GInL	GInS	GOutT	GOutL	GOutS	NInT	NInL	NInS
	(1)	(2)	(3)	(4)	(5)	(6)	(7)	(8)	(9)
GEPU	−0.872***	−0.664***	−0.088**	−0.687*	−0.628	−0.083	−0.925***	−0.728***	−0.081
	(0.139)	(0.116)	(0.035)	(0.401)	(0.382)	(0.140)	(0.238)	(0.205)	(0.093)
GDP	0.043***	0.039***	0.007**	−0.009	−0.028	0.005	0.072***	0.062***	0.010
	(0.011)	(0.010)	(0.003)	(0.034)	(0.032)	(0.012)	(0.019)	(0.017)	(0.008)
IR	0.039	0.063	−0.066*	0.362	0.029	0.186	−0.164	0.132	−0.149
	(0.153)	(0.129)	(0.039)	(0.442)	(0.425)	(0.154)	(0.261)	(0.228)	(0.102)
ER	−1.850***	−1.902***	−0.295**	−0.035	0.089	−0.697	−2.632***	−3.012***	−0.074
	(0.538)	(0.487)	(0.136)	(1.683)	(1.603)	(0.590)	(0.922)	(0.861)	(0.361)
FFR	0.153***	0.121***	0.001	0.159**	0.192***	−0.021	0.115**	0.082**	0.008
	(0.026)	(0.022)	(0.007)	(0.078)	(0.073)	(0.027)	(0.045)	(0.039)	(0.018)
OECDM1	0.349***	0.301***	0.019	0.272	0.125	0.133	0.384*	0.347*	−0.023
	(0.134)	(0.111)	(0.034)	(0.388)	(0.366)	(0.136)	(0.230)	(0.197)	(0.090)
Crisis	3.118	1.678	1.437*	3.187	9.891	−2.330	3.997	−1.803	3.409
	(3.198)	(2.612)	(0.809)	(9.495)	(8.597)	(3.332)	(5.462)	(4.617)	(2.141)
GEPU×Crisis	−0.726	−0.382	−0.316*	−0.623	−2.071	0.515	−0.937	0.318	−0.733
	(0.667)	(0.545)	(0.169)	(1.980)	(1.793)	(0.695)	(1.139)	(0.963)	(0.447)

续表

变量	总资本流入			总资本流出			净资本流入		
	$GInT$	$GInL$	$GInS$	$GOutT$	$GOutL$	$GOutS$	$NInT$	$NInL$	$NInS$
	(1)	(2)	(3)	(4)	(5)	(6)	(7)	(8)	(9)
常数项	2.982***	2.090***	0.361***	2.685*	3.052**	-0.159	2.972***	2.102***	0.515
	(0.504)	(0.419)	(0.127)	(1.451)	(1.379)	(0.508)	(0.866)	(0.741)	(0.338)
国家固定效应	是	是	是	是	是	是	是	是	是
R^2	0.224	0.178	0.079	0.020	0.026	0.022	0.126	0.095	0.028
样本国家数	19	21	19	21	21	21	19	21	19
观测值	905	1090	908	1034	1090	1038	895	1090	897

注：括号内为标准误，*、**、*** 分别表示在10%、5%、1%的水平上显著。

表6-14　稳健性检验：新兴市场国家经济不确定性的影响

变量	总资本流入			总资本流出			净资本流入		
	$GInT$	$GInL$	$GInS$	$GOutT$	$GOutL$	$GOutS$	$NInT$	$NInL$	$NInS$
	(1)	(2)	(3)	(4)	(5)	(6)	(7)	(8)	(9)
$GEPU$	-1.335***	-1.024***	-0.162***	-0.827*	-0.973**	-0.036	-1.487***	-1.130***	-0.197**
	(0.182)	(0.151)	(0.046)	(0.458)	(0.431)	(0.104)	(0.298)	(0.246)	(0.079)
GDP	0.074***	0.054***	0.012***	0.003	-0.023	0.002	0.104***	0.083***	0.015**
	(0.014)	(0.012)	(0.003)	(0.036)	(0.034)	(0.008)	(0.023)	(0.019)	(0.006)

续表

变量	总资本流入			总资本流出			净资本流入		
	GInT	GInL	GInS	GOutT	GOutL	GOutS	NInT	NInL	NInS
	(1)	(2)	(3)	(4)	(5)	(6)	(7)	(8)	(9)
IR	−0.064	−0.051	−0.081*	0.288	0.178	0.160	−0.260	−0.106	−0.157**
	(0.177)	(0.153)	(0.045)	(0.454)	(0.436)	(0.103)	(0.290)	(0.249)	(0.077)
ER	−1.985***	−2.082***	−0.304*	0.490	−0.408	−0.256	−3.314***	−3.249***	−0.307
	(0.659)	(0.600)	(0.166)	(1.800)	(1.707)	(0.410)	(1.082)	(0.976)	(0.287)
FFR	0.207***	0.178***	−0.002	0.234**	0.218**	0.004	0.156***	0.139***	−0.011
	(0.035)	(0.030)	(0.009)	(0.091)	(0.085)	(0.021)	(0.057)	(0.048)	(0.015)
OECDM1	0.714***	0.536***	0.073*	0.461	0.458	0.073	0.796***	0.599***	0.056
	(0.169)	(0.138)	(0.043)	(0.426)	(0.393)	(0.097)	(0.277)	(0.225)	(0.073)
EU	−0.176**	−0.182**	−0.008	−0.001	0.030	−0.036	−0.264**	−0.285**	0.001
	(0.079)	(0.074)	(0.020)	(0.217)	(0.210)	(0.049)	(0.130)	(0.120)	(0.034)
常数项	5.041***	4.367***	0.538***	2.480	3.004	0.178	6.033***	5.354***	0.708**
	(0.792)	(0.730)	(0.200)	(2.166)	(2.076)	(0.493)	(1.300)	(1.187)	(0.344)
国家固定效应	是	是	是	是	是	是	是	是	是
R^2	0.317	0.251	0.099	0.022	0.025	0.009	0.197	0.158	0.062
样本国家数	11	12	11	12	12	12	11	12	11
观测值	562	693	564	639	693	643	553	693	555

注：括号内为标准误；*、**、*** 分别表示在 10%、5%、1% 的水平上显著；不加入控制变量 EU_{it}，结果仍成立。由于控制变量 EU_{it} 的加入，样本国家数和观测值比表 6−3 减少，仅保留与本表回归的样本国家。

第六节 本章小结

本章研究全球 EPU 对新兴市场国家跨境银行资本流动的影响，并且探究这种影响在新兴市场国家对外国风险暴露程度上的异质性。使用 2001 年第四季度到 2020 年第三季度 21 个新兴市场国家的跨境银行资本流动数据和全球 EPU 指数数据进行经验分析，结果表明，全球 EPU 上升时，新兴市场国家跨境银行总资本流入显著减少，跨境银行总资本流出同步减少但程度有限，从而导致跨境银行净资本流入显著减少。进一步地，将跨境银行资本流动按银行业务类型进行划分，探究全球 EPU 对新兴市场国家跨境银行贷款资本流动和跨境银行债券资本流动的影响。结果表明，全球 EPU 上升时，跨境银行总资本流入的减少是由跨境银行贷款总资本流入减少和跨境银行债券总资本流入减少共同导致的。

异质性分析结果表明，新兴市场国家银行和非银行金融机构的外国风险暴露程度会对全球 EPU 的影响产生异质性作用。第一，全球 EPU 上升时，新兴市场国家银行持有的外国净头寸风险增加，银行要对其投资组合进行动态管理，从而改变跨境银行资本流动的变动。银行持有外国净资产能缓解总资本流入的减少，而背负外国净负债会加剧总资本流入的减少。第二，非银行金融机构同样会因持有外国净头寸而产生风险管理需求。除了直接在国际市场上进行交易，非银行金融机构可与银行进行衍生品交易以对冲风险，银行由此产生风险管理需求并在国际资本市场上进行风险管理操作，从而改变跨境银行资本流动。新兴市场国家非银行金融机构如果背负大规模的外国净负债，全球 EPU 上升时，其出于风险管理需要而与本国银行进行的衍生品交易会加剧新兴市场国家跨境银行债券总资本流入的减少。

本章研究结果的政策启示如下。第一，全球 EPU 上升时，新兴市场国家的跨境银行总资本流入会经历规模可观的下降，跨境银行总资本流出同步减少的程度有限，导致跨境银行净资本流入也显著下降，总资本流动的剧烈波动会对新兴市场国家的金融稳定造成威胁，而净资本流入会对新兴市场国家经济周期产生影响，新兴市场国家应该警惕全球

EPU 上升对本国造成的冲击。银行业在中国金融系统中占据主要地位，跨境银行资本流动是中国短期资本流动的重要组成部分。随着中国金融开放进程的推进，全球 EPU 经由跨境银行系统对中国宏观经济调控和跨境资本流动管理带来的挑战值得注意。第二，对新兴市场国家而言，全球 EPU 的上升很大程度上是外生不可控的，本国资本流动管理的空间在于能产生异质性作用的本国因素。除银行外国净头寸外，非银行金融机构的外国净头寸，以及由此导致的未体现在银行资产负债表上的衍生品交易也会对银行跨境资本流动产生显著影响。近年来，中国跨境资本流动宏观审慎管理框架不断完善，先后建立了针对银行业金融机构的宏观审慎评估体系、全口径跨境融资宏观审慎管理等重要的制度安排，在此基础上，可将非银行金融机构的外国风险暴露纳入监管框架，以增强银行跨境资本流动管理政策的协调性。

第七章　全书总结与政策建议

第一节　全书总结

本书从理论机制分析和经验分析两方面，研究了经济政策不确定性对跨境银行资本流动的影响，以及这种影响在不同层面的异质性，对经济政策不确定性作为跨境银行资本流动驱动因素的作用形成了较全面的认识，为管理跨境银行资本流动和防范系统性金融风险提供政策关注的重点。本书主要研究内容和结论如下。

首先，本书研究国家 EPU 上升对该国跨境银行资本流出的影响，以及这种影响在国家宏观经济基本面特征上的异质性。具体地说，本书分析了国家 EPU 上升影响该国跨境银行资本流出的理论传导机制，提出了待检验的理论假说，并使用国家层面的银行跨境债权双边数据进行了实证检验。国家 EPU 上升导致银行内生杠杆率约束收紧，银行债权资产规模收缩。同时，国家 EPU 上升导致国内债权风险相对跨境债权升高，银行可通过调整国内债权和跨境债权的相对份额减缓资产端的进一步收缩。因此，国家 EPU 上升时，该国跨境银行资本流出的变动方向取决于银行的债权资产规模收缩和债权资产结构调整的综合作用。使用 1998 年第一季度到 2017 年第四季度 17 个国家对 75 个国家的银行跨境债权双边数据和国家 EPU 指数数据进行经验分析，结果表明，国家 EPU 上升时该国跨境银行资本流出减少，而银行债权资产配置结构会从国内债权向跨境债权调整，表现为银行跨境债权占总债权份额的上升。异质性分析结果表明，国家 EPU 上升对该国跨境银行资本流出的负向影响在国家宏观经济基本面特征上存在异质性，国家高利率环境或货币对美元贬值会加剧国家经济政策不确定性上升时该国跨境银行资本流出的下降。此外，利率和汇率是影响跨境银行资本流动的重要因素，经济政策不确定性的上升会改变二者对跨境银行资本流动的影响。当国家 EPU 较低时，利率对跨境银行资本流出的影响显著。随着国家 EPU 上升，汇率成为显著影响跨境银行资本流出的基本面因素。

其次，本书使用银行层面的跨境贷款双边数据，进一步确认国家 EPU 上升对该国跨境银行资本流出的负向影响，并且探究这种负向影响在银行业监管和竞争特征及银行经营特征上的异质性。使用 1998 年第一季度至 2020 年第三季度 24 个国家的 741 家银行对来自 155 个国家的借款公司的银行跨境贷款双边数据和国家 EPU 指数数据，研究贷款银行所在国家 EPU 上升对银行跨境贷款的影响，经验分析结果表明，贷款银行所在国家 EPU 上升时，银行跨境贷款减少。这一结果为国家 EPU 上升对跨境银行资本流出的负向影响提供了微观层面的经验分析证据。异质性分析结果表明，国家 EPU 上升对银行跨境贷款的负向影响在不同的银行业监管特征和银行经营特征上存在异质性。第一，贷款银行所在国家对银行业更严格的资本充足性监管会减弱国家 EPU 上升对银行跨境贷款的负向影响。第二，经济政策不确定性上升对资产规模较小、资产质量较差及营业收入来源更多元的银行的跨境贷款负向影响更明显。此外，贷款银行所在国家对银行业更严格的资本充足监管要求对银行跨境贷款有显著的负向影响，但这种影响会随贷款银行所在国家 EPU 上升而减弱，在经济政策高度不确定的环境中，银行业资本充足监管要求对银行跨境贷款不再具有显著的影响。

最后，本书研究了全球 EPU 对新兴市场国家跨境银行资本流动的影响，并且探究这种影响在新兴市场国家对外国风险暴露程度上的异质性。使用 2001 年第四季度到 2020 年第三季度 21 个新兴市场国家的跨境银行资本流动数据和全球 EPU 指数数据进行经验分析，结果表明，全球 EPU 上升时，新兴市场国家跨境银行总资本流入显著减少，跨境银行总资本流出同步减少但程度有限，从而导致跨境银行净资本流入显著减少。进一步地，将跨境银行资本流动按银行业务类型进行划分，探究全球 EPU 对新兴市场国家跨境银行贷款资本流动和跨境银行债券资本流动的影响。结果表明，全球 EPU 上升时，跨境银行总资本流入的减少是跨境银行贷款总资本流入减少和跨境银行债券总资本流入减少共同导致的。异质性分析结果表明，新兴市场国家银行和非银行金融机构的外国风险暴露程度会对全球 EPU 的影响产生异质性作用。第一，全球 EPU 上升时，新兴市场国家银行持有的外国净头寸风险增加，银行要对其投资组合进行动态管理，从而改变跨境银行资本流动的变动。银行持有外国净资产能缓解总资本流入的减少，而背负外国净负债会加剧总资本流入的减少。第二，非银行金融机构同样会因持有外国净头寸而产生风险管理需求。除了直接在国际市场上进行交易，非银行金融机构可与银行进行衍生品交易以对冲风险，银行由此产生风险管理需求并在国际资本市场上进行风险管理操作，从而改变跨境银行资本流动。新兴市场国家非银行金融机构如果背负大规模的外国净负债，则全球 EPU 上升时，其出于风险管理需要而与本国银行进行的衍生品交易会加剧新兴市场国家跨境银行债券总资本流入的减少程度。

第二节　政策建议

基于本书的研究结论，为维护跨境银行资本流动有序波动，防范系统性金融风险，应当注意经济政策不确定性上升对跨境银行资本流动带来的影响。本书研究结论蕴含丰富的政策启示，从宏观调控和微观监管两个角度，本书提出以下政策建议。

在宏观调控方面：第一，政策当局应尽量避免频繁出台短期刺激政策，提高政策制定和实施等环节的透明度，维护经济政策环境的稳定性。第二，在经济政策不确定性上升难以避免的情形下，应关注利率、汇率等关键宏观经济变量的运行特点，避免为经济政策不确定性上升提供加剧其影响的经济运行环境，当国家处于高利率环境或本币对美元贬值时，须警惕经济政策不确定性上升造成的资本回撤。第三，在货币政策工具或汇率调控等其他可用的跨境银行资本流动管理工具的选取上，政策当局应结合国家 EPU 高低选取更有效的政策工具。当国家 EPU 较低时，货币政策调控更有效。当国家 EPU 较高时，汇率调控的效果更好。第四，银行业在新兴市场国家金融体系中占据主导地位，新兴市场国家更容易面临跨境银行资本流动大幅波动的风险，新兴市场经济体要额外警惕全球和主要发达国家 EPU 上升对本国跨境银行资本流动带来的外部冲击。新兴市场国家银行和非银行金融机构的外国风险头寸都会显著改变跨境银行资本流动变动对全球 EPU 变动的反应，尤其是随着国际金融衍生品市场规模的扩大和中国衍生品市场的发展，非银行金融机构的外国风险暴露同样值得注意。

在微观监管方面：第一，银行业资本充足监管要求相对宽松的国家更应该警惕经济政策不确定性变动导致的跨境银行贷款资本流动波动，监管部门需要完善银行监管框架，在确定银行业最低资本充足监管要求时，可将经济政策不确定性的变动作为特定风险因素纳入考虑。第二，跨境银行资本流动波动是银行跨境业务扩张和收缩的结果，政策当局应加强与微观市场主体的沟通，使银行等市场主体充分了解经济政策导向，形成稳定合理的预期，并尝试通过"道义劝告""窗口指导"等途径对具有不同经营特征的银行的跨境贷款业务进行针对性指导和差异化监管。此外，银行需根据自身经营特点应对外部不确定性冲击，以获得竞争优势和稳健发展的空间。

参考文献

中文文献

陈国进、张润泽、赵向琴：《政策不确定性、消费行为与股票资产定价》，《世界经济》2017年第1期。

方意：《货币政策与房地产价格冲击下的银行风险承担分析》，《世界经济》2015年第7期。

高蓓、杨翼、张明、李欣明：《货币政策、企业金融资产配置与资本收入份额》，《经济研究》2024年第8期。

顾海峰、于家珺：《中国经济政策不确定性与银行风险承担》，《世界经济》2019年第11期。

顾夏铭、陈勇民、潘士远：《经济政策不确定性与创新——基于我国上市公司的实证分析》，《经济研究》2018年第2期。

顾研、周强龙：《政策不确定性、财务柔性价值与资本结构动态调整》，《世界经济》2018年第6期。

贾倩、孔祥、孙铮：《政策不确定性与企业投资行为——基于省级地方官员变更的实证检验》，《财经研究》2013年第2期。

李凤羽、杨墨竹：《经济政策不确定性会抑制企业投资吗？——基于中国经济政策不确定指数的实证研究》，《金融研究》2015年第4期。

李政、孙丽玲、王子美：《基于关联网络的经济政策不确定性全球溢出效应研究》，《国际金融研究》2020年第4期。

刘贯春、段玉柱、刘媛媛：《经济政策不确定性、资产可逆性与固定资产投资》，《经济研究》2019年第8期。

饶品贵、岳衡、姜国华:《经济政策不确定性与企业投资行为研究》,《世界经济》2017年第2期。

孙灵燕:《企业技术创新中的融资问题研究》,中国社会科学出版社2021年版。

谭小芬、邵涵:《美国货币政策对新兴市场国家的溢出效应:资本流动视角》,《经济社会体制比较》2020年第6期。

谭小芬、张凯、耿亚莹:《全球经济政策不确定性对新兴经济体资本流动的影响》,《财贸经济》2018年第3期。

谭小芬、张文婧:《经济政策不确定性影响企业投资的渠道分析》,《世界经济》2017年第12期。

谭小芬、左振颖:《经济政策不确定性对跨境银行资本流出的影响》,《世界经济》2020年第5期。

田国强、李双建:《经济政策不确定性与银行流动性创造:来自中国的经验证据》,《经济研究》2020年第11期。

童中文、解晓洋、邓熳利:《中国银行业系统性风险的"社会性消化"机制研究》,《经济研究》2018年第2期。

王红建、李青原、邢斐:《经济政策不确定性、现金持有水平及其市场价值》,《金融研究》2014年第9期。

王擎、吴玮:《资本监管与银行信贷扩张——基于中国银行业的实证研究》,《经济学动态》2012年第3期。

徐明东、陈学彬:《中国微观银行特征与银行贷款渠道检验》,《管理世界》2011年第5期。

杨海珍、杨洋:《政策、经济、金融不确定性对跨境资本流动急停和外逃的影响研究:20世纪90年代以来的全球数据分析与计量》,《世界经济研究》2021年第5期。

杨子晖、陈创练:《金融深化条件下的跨境资本流动效应研究》,《金融研究》2015年第5期。

曾松林、刘周熠、黄赛男:《经济政策不确定性、金融发展与双边跨境银行资本流动》,《国际金融研究》2022年第10期。

张明:《中国面临的短期国际资本流动:不同方法与口径的规模测算》,《世界经济》2011年第2期。

张明、肖立晟：《国际资本流动的驱动因素：新兴市场与发达经济体的比较》，《世界经济》2014年第8期。

郑江淮、孙冬卿、叶明：《产业增长陷阱的测度与突破路径——基于生产网络与技术网络的产业增长理论》，《数量经济技术经济研究》2024年第11期。

郑志刚、朱光顺、袁浩洋、郭杰：《"大而不倒"幻觉与金字塔控股结构下的"预算软约束"》，《世界经济》2024年第10期。

祝继高、胡诗阳、陆正飞：《商业银行从事影子银行业务的影响因素与经济后果——基于影子银行体系资金融出方的实证研究》，《金融研究》2016年第1期。

外文文献

Abel A，"Optimal Investment under Uncertainty"，*American Economic Review*，No. 1，1983，pp. 228–233.

Abeysinghe T，Forbes，K，"Trade Linkages and Output-Multiplier Effects: A Structural Var Approach with a Focus on Asia"，*Review of International Economics*，No. 2，2005，pp. 356–375.

Ahmed S，Zlate A，"Capital Flows to Emerging Market Economies: A Brave New World"，*Journal of International Money and Finance*，No. 48，2014，pp. 221–248.

Aisen A，Veiga F J，"How Does Political Instability Affect Economic Growth?"，*European Journal of Political Economy*，No. 29，2013，pp. 151–167.

Alam M R，"Economic Policy Uncertainty in the US: Does It Matter for Canada"，*Economics Bulletin*，No. 4，2015，pp. 2725–2732.

Albertazzi U，Marchetti D J，"Credit Supply, Flight to Quality and Evergreening: An Analysis of Bank-Firm Relationships after Lehman"，*Bank of Italy Working Paper*，No. 756，2010.

Alexopoulos M，Cohen J，"The Power of Print: Uncertainty Shocks, Markets, and the Economy"，*International Review of Economics & Finance*，No. 40，2015，pp. 8–28.

Algaba A, Borms S, Boudt K, et al. , "The Economic Policy Uncertainty Index for Flanders, Wallonia and Belgium", 2020, https://ssrn.com/abstract=3580000.

Antonakakis N, Chatziantoniou I, Filis G, "Dynamic Co-Movements of Stock Market Returns, Implied Volatility and Policy Uncertainty", *Economics Letters*, No. 1, 2013, pp. 87-92.

Antonakakis N, Chatziantoniou I, Filis G, "Dynamic Spillovers of Oil Price Shocks and Economic Policy Uncertainty", *Energy Economics*, No. 44, 2014, pp. 433-447.

Arbatli E C, Davis S J, Ito A, et al, "Policy Uncertainty in Japan", *National Bureau of Economic Research*, No. w23411, 2017.

Armelius H, Hull I, Köhler H S, "The Timing of Uncertainty Shocks in a Small Open Economy", *Economics Letters*, No. 155, 2017, pp. 31-34.

Ashraf B N, Shen Y, "Economic Policy Uncertainty and Banks' Loan Pricing", *Journal of Financial Stability*, No. 44, 2019, p. 100695.

Avdjiev S, Hardy B, Kalemli-Ozcan S, et al, "Gross Capital Flows into Banks, Corporates and Sovereigns", *NBER Working Paper*, No. w23116, 2017.

Avdjiev S, Hale G, "US Monetary Policy and Fluctuations of International Bank Lending USA", *Journal of International Money and Finance*, No. 95, 2019, pp. 251-268.

Bai Y, Kehoe P, Arellano C, "Financial Markets and Fluctuations in Uncertainty" *Society for Economic Dynamics*, No. 896, 2011.

Baker S R, Bloom N, Davis S J, "Measuring Economic Policy Uncertainty", *Quarterly Journal of Economics*, No. 4, 2016, pp. 1593-1636.

Bansal R, Yaron A, "Risks for the Long Run: A Potential Resolution of Asset Pricing Puzzles", *The Journal of Finance*, No. 4, 2004, pp. 1481-1509.

Bar-Llan A, Strange W, "Investment Lags", *American Economic Review*, No. 3, 1996, pp. 610-622.

Barsky R B, Sims E R, "Information, Animal Spirits, and the Meaning of

Innovations in Consumer Confidence", *American Economic Review*, No. 4, 2012, pp. 1343-1377.

Barth J R, Caprio G, Levine R, "Bank Regulation and Supervision in 180 Countries from 1999 to 2011", *Journal of Financial Economic Policy*, No. 2, 2013, pp. 111-219.

Baum C F, Caglayan M, Ozkan N, et al., "The Impact of Macroeconomic Uncertainty on Non-Financial Firms' Demand for Liquidity", *Review of Financial Economics*, No. 4, 2006, pp. 289-304.

Baum C F, Caglayan M, Ozkan N, "The Second Moments Matter: The Impact of Macroeconomic Uncertainty on the Allocation of Loanable Funds", *Economics Letters*, No. 2, 2009, pp. 87-89.

Baum C F, Caglayan M, Talavera O, "On the Sensitivity of Firms' Investment to Cash Flow and Uncertainty", *Oxford Economic Papers*, No. 2, 2010, pp. 286-306.

Beaudry P, Portier F, "Stock Prices, News, and Economic Fluctuations", *American Economic Review*, No. 4, 2006, pp. 1293-1307.

Bekaert G, Hoerova M, Duca M L, "Risk, Uncertainty and Monetary Policy", *Journal of Monetary Economics*, No. 7, 2013, pp. 771-788.

Belke A, Volz U, "Capital Flows to Emerging Market and Developing Economies: Global Liquidity and Uncertainty Versus Country-Specific Pull Factors", *Review of Development Finance Journal*, No. 1, 2019, pp. 32-50.

Benhima K, Cordonier R, "News, Sentiment and Capital Flows", *Journal of International Economics*, No. 137, 2020, p. 103621.

Bergman U M, Worm C H, "Economic Policy Uncertainty and Consumer Perceptions: The Danish Case", 2020, https://www.researchgate.net/publication/343832963.

Bernal O, Gnabo J Y, Guilmin G, "Economic Policy Uncertainty and Risk Spillovers in the Eurozone", *Journal of International Money and Finance*, No. 65, 2016, pp. 24-45.

Bernanke B, Gertler M, Gilchrist S, "The Financial Accelerator and the Flight to Quality", *Review of Economics and Statistics*, No. 1, 1996, pp. 1-15.

Bernanke B S, "Irreversibility, Uncertainty, and Cyclical Investment", *The Quarterly Journal of Economics*, No. 1, 1983, pp. 85-106.

Bernanke B S, Gertler M, Gilchrist S, "The Financial Accelerator in a Quantitative Business Cycle Framework", *Handbook of macroeconomics*, 1999, pp. 1341-1393.

Bertsch C, Ahnert T, *A Wake-up-Call Theory of Contagion*, Bank of Canada, 2015.

Bialkowski J, Gottschalk K, Wisniewski T P, "Stock Market Volatility around National Elections", *Journal of Banking & Finance*, No. 9, 2008, pp. 1941-1953.

Biswas S, Zhai W, "Economic Policy Uncertainty and Cross-Border Lending", *Journal of Corporate Finance*, No. 67, 2021, p. 101867.

Biswas S S, Gómez F, Zhai W, "Who Needs Big Banks? The Real Effects of Bank Size on Outcomes of Large US Borrowers", *Journal of Corporate Finance*, No. 46, 2017, pp. 170-185.

Blanchard O J, Das M, Faruqee H, "The Initial Impact of the Crisis on Emerging Market Countries", *Brookings Papers on Economic Activity*, 2010, pp. 263-323.

Block S, "Political Business Cycles, Democratization, and Economic Reform: The Case of Africa", *Journal of Development Economics*, No. 1, 2002, pp. 205-228.

Bloom N, Bond S, Van Reenen J, "Uncertainty and Investment Dynamics", *Review of Economic Studies*, No. 2, 2007, pp. 391-415.

Bloom N, "The Impact of Uncertainty Shocks", *Econometrica*, No. 3, 2009, pp. 623-685.

Bloom N, "Fluctuations in Uncertainty", *Journal of Economic Perspectives*, No. 2, 2014, pp. 153-175.

Boero G, Smith J, Wallis K F, "Uncertainty and Disagreement in Economic Prediction: The Bank of England Survey of External Forecasters", *Economic Journal*, No. 530, 2008, pp. 1107-1127.

Bonaime A, Gulen H, Ion M, "Does Policy Uncertainty Affect Mergers and Acquisitions?", *Journal of Financial Economics*, No. 3, 2018, pp. 531-558.

Bontempi M E, Golinelli R, Parigi G, "Why Demand Uncertainty Curbs Investment: Evidence from a Panel of Italian Manufacturing Firms", *Journal of Macroeconomics*, No. 1, 2010, pp. 218-238.

Bordo M D, Duca J V, Koch C, "Economic Policy Uncertainty and the Credit Channel: Aggregate and Bank Level U. S. Evidence over Several Decades", *Journal of Financial Stability*, No. 26, 2016, pp. 90-106.

Born B, Pfeifer J, "Policy Risk and the Business Cycle", *Journal of Monetary Economics*, No. 68, 2014, pp. 68-85.

Bradley D, Pantzalis C, Yuan X, "Policy Risk, Corporate Political Strategies, and the Cost of Debt", *Journal of Corporate Finance*, No. 40, 2016, pp. 254-275.

Brennan M J, Schwartz E S, "Evaluating Natural Resource Investments", *Journal of Business*, 1985, pp. 135-157.

Broner F, Didier T, Erce A, Schmukler S L, "Gross Capital Flows: Dynamics and Crises", *Journal of Monetary Economics*, No. 1, 2013, pp. 113-133.

Brunnermeier M, De Gregorio J, Eichengreen B, et al., *Banks and Cross-Border Capital Flows: Policy Challenges and Regulatory Responses*, Committee on International Economic Policy and Reform, 2012.

Bruno V, Shin H S, "Capital Flows and the Risk-Taking Channel of Monetary Policy", *Journal of Monetary Economics*, No. 71, 2015a, pp. 119-132.

Bruno V, Shin H S, "Cross-Border Banking and Global Liquidity", *Review of Economic Studies*, No. 2, 2015b, pp. 535-564.

Caballero R J, Simsek A, "A Model of Fickle Capital Flows and Retrenchment", *Journal of Political Economy*, No. 6, 2020, pp. 2288-2328.

Calvo G A, Leiderman L, Reinhart C M, "Capital Inflows and Real Exchange Rate Appreciation in Latin America: The Role of External

Factors", *IMF Staff Papers*, No. 1, 1993, pp. 108-151.

Calvo G A, Leiderman L, Reinhart C M, "Inflows of Capital to Developing Countries in the 1990s", *Journal of Economic Perspectives*, No. 2, 1996, pp. 123-139.

Calvo G A, "Capital Flows and Capital-Market Crises: The Simple Economics of Sudden Stops", *Journal of applied Economics*, No. 1, 1998, pp. 35-54.

Calvo G A, Mendoza E G, "Rational Contagion and the Globalization of Securities Markets", *Journal of International Economics*, No. 1, 2000, pp. 79-113.

Campbell J Y, Lettau M, Malkiel B G, et al., "Have Individual Stocks Become More Volatile? An Empirical Exploration of Idiosyncratic Risk", *The Journal of Finance*, No. 1, 2001, pp. 1-43.

Campello M, Graham J R, Harvey C R, "The Real Effects of Financial Constraints: Evidence from a Financial Crisis", *Journal of Financial Economics*, No. 3, 2010, pp. 470-487.

Carriere-Swallow Y, Cespedes L F, "The Impact of Uncertainty Shocks in Emerging Economies", *Journal of International Economics*, No. 2, 2013, pp. 316-325.

Carruth A, Dickerson A, Henley A, "What Do We Know About Investment under Uncertainty?", *Journal of Economic Surveys*, No. 2, 2000, pp. 119-154.

Cerda R, Silva A, Valente J T, "Economic Policy Uncertainty Indices for Chile", 2016, https://www.policyuncertainty.com/media/EPU_Chile.pdf.

Cerutti E, Claessens S, Ratnovski L, "Global Liquidity and Drivers of Cross-Border Bank Flows", *IMF Working Papers*, No. 69, 2014.

Cerutti E, Hale G, Minoiu C, "Financial Crises and the Composition of Cross-Border Lending", *Journal of International Money and Finance*, No. 52, 2015, pp. 60-81.

Cerutti E, Claessens S, Ratnovski L, "Global Liquidity and Cross-Border

Bank Flows", *Economic Policy*, No. 89, 2017, pp. 81–125.

Cerutti E, Claessens S, Puy D, "Push Factors and Capital Flows to Emerging Markets: Why Knowing Your Lender Matters More Than Fundamentals", *Journal of International Economics*, No. 119, 2019, pp. 133–149.

Cetorelli N, Goldberg L S, "Global Banks and International Shock Transmission: Evidence from the Crisis", *IMF Economic Review*, No. 1, 2011, pp. 41–76.

Cetorelli N, Goldberg L S, "Banking Globalization and Monetary Transmission", *Journal of Finance*, No. 5, 2012, pp. 1811–1843.

Chi Q, Li W, "Economic Policy Uncertainty, Credit Risks and Banks' Lending Decisions: Evidence from Chinese Commercial Banks", *China Journal of Accounting Research*, No. 1, 2017, pp. 33–50.

Chinn M D, Ito H, "What Matters for Financial Development? Capital Controls, Institutions, and Interactions", *Journal of Development Economics*, No. 1, 2006, pp. 163–192.

Choi S, Loungani P, "Uncertainty and Unemployment: The Effects of Aggregate and Sectoral Channels", *Journal of Macroeconomics*, No. 46, 2015, pp. 344–358.

Choi S, "Variability in the Effects of Uncertainty Shocks: New Stylized Facts from OECD Countries", *Journal of Macroeconomics*, No. 53, 2017, pp. 127–144.

Choi S, Furceri D, Huang Y, et al., "Aggregate Uncertainty and Sectoral Productivity Growth: The Role of Credit Constraints", *Journal of International Money and Finance*, No. 88, 2018, pp. 314–330.

Choi S, Furceri D, "Uncertainty and Cross-Border Banking Flows", *Journal of International Money and Finance*, No. 93, 2019, pp. 260–274.

Choi S, Furceri D, Yoon C, "International Fiscal-Financial Spillovers: The Effect of Fiscal Shocks on Cross-Border Bank Lending", *Open Economies Review*, No. 32, 2021, pp. 259–290.

Choudhary M A, Pasha F, Waheed M, "Measuring Economic Policy Uncertainty in Pakistan", 2020, https://ideas.repec.org/p/pra/mprapa/

100013. html.

Christensen I, Dib A, "The Financial Accelerator in an Estimated New Keynesian Model", *Review of Economic Dynamics*, No. 1, 2008, pp. 155-178.

Christiano L J, Motto R, Rostagno M, "Risk Shocks", *American Economic Review*, No. 1, 2014, pp. 27-65.

Chuhan P, Claessens S, Mamingi N, "Equity and Bond Flows to Latin America and Asia: The Role of Global and Country Factors", *Journal of Development Economics*, No. 2, 1998, pp. 439-463.

Claessens S, Dornbusch R, Park Y C, "Contagion: Why Crises Spread and How This Can Be Stopped", *International Financial Contagion*, 2001, pp. 19-41.

Clements M P, "Consensus and Uncertainty: Using Forecast Probabilities of Output Declines", *International Journal of Forecasting*, No. 1, 2008, pp. 76-86.

Clements M R, "Forecast Uncertainty-Ex Ante and Ex Post: US Inflation and Output Growth", *Journal of Business & Economic Statistics*, No. 2, 2014, pp. 206-216.

Çolak G, Durnev A, Qian Y, "Political Uncertainty and IPO Activity: Evidence from US Gubernatorial Elections", *Journal of Financial and Quantitative Analysis*, No. 6, 2017, pp. 2523-2564.

Colombo V, "Economic Policy Uncertainty in the US: Does It Matter for the Euro Area?", *Economics Letters*, No. 1, 2013, pp. 39-42.

Correa R, Paligorova T, Sapriza H, et al., "Cross-Border Bank Flows and Monetary Policy", The Review of Financial Studies, No. 1, 2022, pp. 438-481.

Davis S J, Valente G, Van Wincoop E, "Global Drivers of Gross and Net Capital Flows", Journal of International Economics, No. 128, 2021.

Davis S J, *An Index of Global Economic Policy Uncertainty*, National Bureau of Economic Research, 2016.

Davis S J, Liu D, Sheng X S, "Economic Policy Uncertainty in China since 1949: The View from Mainland Newspapers", 2019, https://static1.

squarespace. com/static/5e2ea3a8097ed30c779bd707/t/5f7f49d054a84229354fe9ab/1602177496854/.

Dedola L, Karadi P, Lombardo G, "Global Implications of National Unconventional Policies", Journal of Monetary Economics, No. 1, 2013, pp. 66-85.

Diamond D W, Dybvig P H, "Bank Runs, Deposit Insurance, and Liquidity", Journal of Political Economy, No. 3, 1983, pp. 401-419.

Doshi H, Kumar P, Yerramilli V, "Uncertainty and Capital Investment: Real Options or Financial Frictions", 2014, https://www.researchgate.net/publication/266022722.

Driver C, Moreton D, "The Influence of Uncertainty on UK Manufacturing Investment", The Economic Journal, No. 409, 1991, pp. 1452-1459.

Dungey M, Fry R A, González-Hermosillo B, et al., "Transmission of Financial Crises and Contagion: A Latent Factor Approach", Oxford University Press, 2011.

Duong H N, Nguyen J H, Nguyen M, et al., "Navigating through Economic Policy Uncertainty: The Role of Corporate Cash Holdings", Journal of Corporate Finance, No. 62, 2020, p. 101607.

Durnev A, "The Real Effects of Political Uncertainty: Elections and Investment Sensitivity to Stock Prices", 2010, https://papers.ssrn.com/sol3/papers.cfm?abstract_id=1549714.

Episcopos A, "Evidence on the Relationship between Uncertainty and Irreversible Investment", The Quarterly Review of Economics and Finance, No. 1, 1995, pp. 41-52.

Estrella A, Mishkin F S, "Predicting US Recessions: Financial Variables as Leading Indicators", Review of Economics and Statistics, No. 1, 1998, pp. 45-61.

Feng Y, "Political Freedom, Political Instability, and Policy Uncertainty: A Study of Political Institutions and Private Investment in Developing Countries", International Studies Quarterly, No. 2, 2001, pp. 271-294.

Fernandez-Arias E, "The New Wave of Private Capital Inflows: Push or Pull?", Journal of Development Economics, No. 2, 1996, pp. 389-418.

Ferucci G, Herzberg V, Soussa F, et al., "Understanding Capital Flows", *Bank of England. Financial Stability Review*, 2004.

Fogli A, Perri F, "Macroeconomic Volatility and External Imbalances", *Journal of Monetary Economics*, No. 69, 2015, pp. 1-15.

Forbes K J, *The Big C: Identifying Contagion*, 2012, https://www.researchgate.net/publication/256034905.

Forbes K J, Chinn M D, "A Decomposition of Global Linkages in Financial Markets over Time", *Review of Economics and Statistics*, No. 3, 2004, pp. 705-722.

Forbes K J, "The Asian Flu and Russian Virus: The International Transmission of Crises in Firm-Level Data", *Journal of International Economics*, No. 1, 2004, pp. 59-92.

Forbes K J, Warnock F E, "Capital Flow Waves: Surges, Stops, Flight, and Retrenchment", *Journal of International Economics*, No. 2, 2012, pp. 235-251.

Fountas S, Karatasi P, Tzika P, "Economic Policy Uncertainty in Greece: Measuring Uncertainty for the Greek Macroeconomy", *South-Eastern Europe Journal of Economics*, No. 1, 2018.

Francis B, Hasan I, Zhu Y, "Political Uncertainty and Bank Loan Contracting", *Journal of Empirical Finance*, No. 29, 2014, pp. 281-286.

Fratzscher M, "Capital Flows, Push Versus Pull Factors and the Global Financial Crisis", *Journal of International Economics*, No. 2, 2012, pp. 341-356.

Gao P, Qi Y, *Political Uncertainty and Public Financing Costs: Evidence from US Municipal Bond Markets*, 2012, https://papers.ssrn.com/sol3/papers.cfm?abstract_id=1992200.

Gauvin L, McLoughlin C, Reinhardt D, *Policy Uncertainty Spillovers to Emerging Markets-Evidence from Capital Flows*, 2013, https://papers.ssrn.com/sol3/papers.cfm?abstract_id=1992200.

Gentzkow M, Shapiro J M, "What Drives Media Slant? Evidence from US Daily Newspapers", *Econometrica*, No. 1, 2010, pp. 35-71.

Ghirelli C, Pérez J J, Urtasun A, "A New Economic Policy Uncertainty Index for Spain", *Economics Letters*, No. 182, 2019, pp. 64-67.

Ghosal V, Loungani P, "Product Market Competition and the Impact of Price Uncertainty on Investment: Some Evidence from US Manufacturing Industries", *The Journal of Industrial Economics*, No. 2, 1996, pp. 217-228.

Ghosh M A R, Ostry M J D, *Do Capital Flows Reflect Economic Fundamentals in Developing Countries?*, International Monetary Fund, 1993.

Ghosh M A R, Qureshi M, Sugawara N, *Regulating Capital Flows at Both Ends: Does It Work?*, International Monetary Fund, 2014.

Gil M, Silva D, "Economic Policy Uncertainty Indices for Colombia", *Deutch Bank Research*, 2018, pp. 1-8.

Gilchrist S, Sim J W, Zakrajšek E, "Uncertainty, Financial Frictions, and Investment Dynamics", *National Bureau of Economic Research*, No. w20038, 2014.

Glick R, Rose A K, "Contagion and Trade-Why Are Currency Crises Regional?", *Journal of International Money and Finance*, No. 4, 1999, pp. 603-617.

Goldberg L S, "Exchange Rates and Investment in United States Industry", *The Review of Economics and Statistics*, No. 4, 1993, pp. 575-588.

Goldberg L S, Johnson S, *When Is US Bank Lending to Emerging Markets Volatile?*, University of Chicago Press, 2009.

Goldstein M, *The Asian Financial Crisis*, Washington, DC: Institute for International Economics, 1998.

Gourio, F, Siemer, M, Verdelhan, A, *Uncertainty and International Capital Flows*, 2015, https://papers.ssrn.com/sol3/papers.cfm?abstract_id=2626635.

Griffin J M, Nardari F, Stulz R M, "Are Daily Cross-Border Equity Flows Pushed or Pulled?", *Review of Economics and Statistics*, No. 3, 2004, pp. 641-657.

Guiso L, Parigi G, "Investment and Demand Uncertainty", *The Quarterly Journal of Economics*, No. 1, 1999, pp. 185-227.

Gulen H, Ion M, "Policy Uncertainty and Corporate Investment", *Review of Financial Studies*, No. 3, 2016, pp. 523–564.

Gungoraydinoglu A, Çolak G, Öztekin Ö, "Political Environment, Financial Intermediation Costs, and Financing Patterns", *Journal of Corporate Finance*, 2017, pp. 167–192.

Hartman R, "The Effects of Price and Cost Uncertainty on Investment", *Journal of Economic Theory*, No. 2, 1972, pp. 258–266.

Hashimoto Y, Krogstrup S, "Capital Flows: The Role of Bank and Nonbank Balance Sheets", *IMF Working Papers*, 2019.

He Z, Niu J, "The Effect of Economic Policy Uncertainty on Bank Valuations", *Applied Economics Letters*, No. 5, 2018, pp. 345–347.

Heckelman J C, Berument H, "Political Business Cycles and Endogenous Elections", *Southern Economic Journal*, No. 4, 1998, pp. 987–1000.

Hermes N, Lensink R, "Capital Flight and the Uncertainty of Government Policies", *Economics Letters*, No. 3, 2001, pp. 377–381.

Herrmann S, Mihaljek D, "The Determinants of Cross-Border Bank Flows to Emerging Markets New Empirical Evidence on the Spread of Financial Crises", *Economics of Transition*, No. 3, 2013, pp. 479–508.

Hnatkovska V, "Home Bias and High Turnover: Dynamic Portfolio Choice with Incomplete Markets", *Journal of International Economics*, No. 1, 2010, pp. 113–128.

Hoberg G, Phillips G, "Product Market Synergies and Competition in Mergers and Acquisitions: A Text-Based Analysis", *Review of Financial Studies*, No. 10, 2010, pp. 3773–3811.

Hooper V, Kim S J, "The Determinants of Capital Inflows: Does Opacity of Recipient Country Explain the Flows?", *Economic Systems*, No. 1, 2007, pp. 35–48.

Hsieh H C, Boarelli S, Vu T H C, "The Effects of Economic Policy Uncertainty on Outward Foreign Direct Investment", *International Review of Economics & Finance*, No. 64, 2019, pp. 377–392.

Huang T, Wu F, Yu J, et al., "Political Risk and Dividend Policy: Evidence from International Political Crises", *Journal of International Business Studies*, No. 5, 2015, pp. 574−595.

Huang Y, Luk P, "Measuring Economic Policy Uncertainty in China", *China Economic Review*, No. 59, 2020, p. 101367.

Huizinga J, "Inflation Uncertainty, Relative Price Uncertainty, and Investment in US Manufacturing", *Journal of Money, Credit and Banking*, No. 3, 1993, pp. 521−549.

Ivashina V, "Asymmetric Information Effects on Loan Spreads", *Journal of Financial Economics*, No. 2, 2009, pp. 300−319.

Jeanneau S, Micu M, "Determinants of International Bank Lending to Emerging Market Countries", *BIS Working Papers*, No. 3, 2002, pp. 1−18.

Jens C E, "Political Uncertainty and Investment: Causal Evidence from US Gubernatorial Elections", *Journal of Financial Economics*, No. 3, 2017, pp. 563−579.

Jin X J, Chen Z Q, Yang X L, "Economic Policy Uncertainty and Stock Price Crash Risk", *Accounting and Finance*, No. 5, 2019, pp. 1291−1318.

Jotikasthira C, Lundblad C, Ramadorai T, "Asset Fire Sales and Purchases and the International Transmission of Funding Shocks", *Journal of Finance*, No. 6, 2012, pp. 2015−2050.

Julio B, Yook Y, "Political Uncertainty and Corporate Investment Cycles", *Journal of Finance*, No. 1, 2012, pp. 45−83.

Julio B, Yook Y, "Policy Uncertainty, Irreversibility, and Cross−Border Flows of Capital", *Journal of International Economics*, No. 103, 2016, pp. 13−26.

Jurado K, Ludvigson S C, Ng S, "Measuring Uncertainty", *American Economic Review*, No. 3, 2015, pp. 1177−1216.

Kashyap A K, Stein J C, "The Impact of Monetary Policy on Bank Balance Sheets", *Carnegie−Rochester Conference Series on Public Policy*, No. 42, 1995, pp. 151−195.

Kaufmann D, Kraay A, Mastruzzi M, "The Worldwide Governance Indicators: Methodology and Analytical Issues", *Hague Journal on the Rule of Law*, No. 2, 2011, pp. 220-246.

Khemani S, "Political Cycles in a Developing Economy: Effect of Elections in the Indian States", *Journal of Development Economics*, No. 1, 2004, pp. 125-154.

Kim S J, Wu E, "Sovereign Credit Ratings, Capital Flows and Financial Sector Development in Emerging Markets", *Emerging Markets Review*, No. 1, 2008, pp. 17-39.

Kleimeier S, Sander H, Heuchemer S, "Financial Crises and Cross-Border Banking: New Evidence", *Journal of International Money and Finance*, No. 32, 2013, pp. 884-915.

Klopstock F, "Euro-Dollars in the Liquidity and Reserve Management of United States Banks", *FRBNY Monthly Review*, 1968, pp. 130-138.

Knight F H, *Risk, Uncertainty and Profit*, Houghton Mifflin, 1921.

Konstantakis K N, Papageorgiou T, Michaelides P G, et al., "Economic Fluctuations and Fiscal Policy in Europe: A Political Business Cycles Approach Using Panel Data and Clustering (1996-2013)", *Open Economies Review*, No. 5, 2015, pp. 971-998.

Kraft H, Schwartz E, Weiss F, "Growth Options and Firm Valuation", *European Financial Management*, No. 2, 2018, pp. 209-238.

Kroese L, Kok S, Parlevliet J, "Beleidsonzekerheid in Nederland", *Economisch Statistiche Berichten*, No. 4715, 2015, pp. 464-467.

Krogstrup S, Tille C, "Foreign Currency Bank Funding and Global Factors", No. 97, *IMF Working Papers*, 2018.

Lächler U, "The Political Business Cycle under Rational Voting Behavior", *Public Choice*, No. 3, 1984, pp. 411-430.

Laeven L, Valencia F, "Systemic Banking Crises Database", *IMF Economic Review*, No. 2, 2013, pp. 225-270.

Le Q V, Zak P J, "Political Risk and Capital Flight", *Journal of International Money and Finance*, No. 2, 2006, pp. 308-329.

Leahy J V, Whited T M, *The Effect of Uncertainty on Investment: Some Styli-*

zed Facts, Social Science Electronic Publishing, 1996.

Leduc S, Liu Z, "Uncertainty Shocks Are Aggregate Demand Shocks", Journal of Monetary Economics, No. 82, 2016, pp. 20-35.

Lee J, Lee H, Does an Aggregate Increase in Idiosyncratic Volatility Cause a Recession?, Department of Economics, 2013.

Luo D, Tong N, She G, "City-Level Political Uncertainty and City-Level IPO Activities", Accounting & Finance, No. 5, 2017, pp. 1447-1480.

Magud N E, "On Asymmetric Business Cycles and the Effectiveness of Counter-Cyclical Fiscal Policies", Journal of Macroeconomics, No. 3, 2008, pp. 885-905.

McCauley R N, McGuire P, Von Peter G, "The Architecture of Global Banking: From International to Multinational?", BIS Quarterly Review, 2010.

McDonald R, Siegel D, "The Value of Waiting to Invest", The Quarterly Journal of Economics, No. 4, 1986, pp. 707-727.

Milesi-Ferretti G M, Tille C, "The Great Retrenchment: International Capital Flows During the Global Financial Crisis", Economic Policy, No. 66, 2011, pp. 285-342.

Minoiu C, Reyes J A, "A Network Analysis of Global Banking: 1978-2010", Journal of Financial Stability, No. 2, 2013, pp. 168-184.

Morikawa M, "What Types of Policy Uncertainties Matter for Business?", Pacific Economic Review, No. 5, 2016, pp. 527-540.

Ng J, Saffar W, Zhang J J, "Policy Uncertainty and Loan Loss Provisions in the Banking Industry", Review of Accounting Studies, No. 2, 2020, pp. 726-777.

Nguyen Q, Kim T, Papanastassiou M, "Policy Uncertainty, Derivatives Use, and Firm-Level FDI", Journal of International Business Studies, No. 1, 2018, pp. 96-126.

Nier E, Sedik T S, Mondino T, "Gross Private Capital Flows to Emerging Markets: Can the Global Financial Cycle Be Tamed?", IMF Working Papers, No. 196, 2014.

Obstfeld M, "Financial Flows, Financial Crises, and Global Imbalances", *Journal of International Money and Finance*, No. 3, 2012, pp. 469–480.

Oi W Y, "The Desirability of Price Instability under Perfect Competition", *Econometrica*, No. 1, 1961, pp. 58–64.

Organski A, Kugler J, *The War Ledger*, University of Chicago Press, 1980.

Panousi V, Papanikolaou D, "Investment, Idiosyncratic Risk, and Ownership", *Journal of Finance*, No. 3, 2012, pp. 1113–1148.

Papaioannou E, "What Drives International Financial Flows? Politics, Institutions and Other Determinants", *Journal of Development economics*, No. 2, 2009, pp. 269–281.

Passari E, Rey H, "Financial Flows and the International Monetary System", *Economic Journal*, No. 584, 2015, pp. 675–698.

Pastor L, Veronesi P, "Uncertainty About Government Policy and Stock Prices", *Journal of Finance*, No. 4, 2012, pp. 1219–1264.

Pastor L, Veronesi P, "Political Uncertainty and Risk Premia", *Journal of Financial Economics*, No. 3, 2013, pp. 520–545.

Petersen M A, "Estimating Standard Errors in Finance Panel Data Sets: Comparing Approaches", *The Review of Financial Studies*, No. 1, 2009, pp. 435–480.

Price S, "Aggregate Uncertainty, Capacity Utilization and Manufacturing Investment", *Applied Economics*, No. 2, 1995, pp. 147–154.

Quagliariello M, "Macroeconomic Uncertainty and Banks' Lending Decisions: The Case of Italy", *Applied Economics*, No. 3, 2009, pp. 323–336.

Ramadorai T, "The Secondary Market for Hedge Funds and the Closed Hedge Fund Premium", *Journal of Finance*, No. 2, 2012, pp. 479–512.

Raunig B, Scharler J, Sindermann F, "Do Banks Lend Less in Uncertain Times?", *Economica*, No. 336, 2017, pp. 682–711.

Rey H, *Dilemma Not Trilemma: The Global Financial Cycle and Monetary Policy Independence*, No. w21162, NBER Working Paper, 2015.

Rich R, Tracy J, "The Relationships among Expected Inflation, Disagreement, and Uncertainty: Evidence from Matched Point and Density Forecasts", *Review of Economics and Statistics*, No. 1, 2010, pp. 200-207.

Schenk C R, "The Origins of the Eurodollar Market in London: 1955 - 1963", *Explorations in Economic History*, No. 2, 1998, pp. 221-238.

Scotti C, "Surprise and Uncertainty Indexes: Real - Time Aggregation of Real-Activity Macro - Surprises", *Journal of Monetary Economics*, No. 82, 2016, pp. 1-19.

Segal G, Shaliastovich I, Yaron A, "Good and Bad Uncertainty: Macroeconomic and Financial Market Implications", *Journal of Financial Economics*, No. 2, 2015, pp. 369-397.

Shim I, Shin K, "Financial Stress in Lender Countries and Capital Outflows from Emerging Market Economies", *Journal of International Money and Finance*, No. 113, 2021, pp. 102356.

Shin H S, "Global Banking Glut and Loan Risk Premium", *IMF Economic Review*, No. 2, 2012, pp. 155-192.

Sorić P, Lolić I, "Economic Uncertainty and Its Impact on the Croatian Economy", *Public Sector Economics*, No. 4, 2017, pp. 443-477.

Svirydzenka K, "Introducing a New Broad-Based Index of Financial Development", *IMF Working Papers*, No. 5, 2016.

Takáts E, "Was It Credit Supply? Cross-Border Bank Lending to Emerging Market Economies During the Financial Crisis", *BIS Quarterly Review*, 2010.

Taylor M P, Sarno L, "Capital Flows to Developing Countries: Long-and Short - Term Determinants", *World Bank Economic Review*, No. 3, 1997, pp. 451-470.

Tille C, Van Wincoop E, "International Capital Flows under Dispersed Private Information", *Journal of International Economics*, No. 1, 2014, pp. 31-49.

Valletta R, Bengali L, "What's Behind the Increase in Part-Time Work?", *FRBSF Economic Letter*, No. 24, 2013.

Van Rijckeghem C, Weder B, "Sources of Contagion: Is It Finance or Trade?", *Journal of international Economics*, No. 2, 2001, pp. 293-308.

Venieris Y P, Gupta D K, "Income Distribution and Sociopolitical Instability as Determinants of Savings: A Cross – Sectional Model", *Journal of Political Economy*, No. 4, 1986, pp. 873–883.

Wallis K F, "Combining Density and Interval Forecasts: A Modest Proposal", *Oxford Bulletin of Economics and Statistics*, No. 67, 2005, pp. 983–994.

Wang X C, Yan C, "Does the Relative Importance of the Push and Pull Factors of Foreign Capital Flows Vary across Quantiles?", *IMF Economic Review*, No. 2, 2022, pp. 252–299.

Wang Y B, "Fickle Capital Flows and Retrenchment: Evidence from Bilateral Banking Data", *Journal of International Money and Finance*, No. 87, 2018, pp. 1–21.

Zak P J, "Socio-Political Instability and the Problem of Development", *Governing for Prosperity*, 2000, pp. 153–171.

Zalla R, "Economic Policy Uncertainty in Ireland", *Atlantic Economic Journal*, No. 2, 2017, pp. 269–271.

后　记

　　本书是在我的博士学位论文基础上修改完善而成的，对此应感谢谭小芬教授和应展宇教授，他们的教诲和指导铺就了本书的基石。感谢山东社会科学院出版资助项目、山东社会科学院博士基金项目、泰山学者工程项目（张文）、泰山学者工程项目（孙灵燕）对本书出版的经费资助，感谢山东社会科学院出版资助评审委员会对本书的修改完善提出的宝贵意见，感谢山东社会科学院各位领导、同事对我工作的指导和帮助。感谢中国社会科学出版社的编辑王曦女士对本书质量细节的严格把关。感谢亲友一直以来的爱护和陪伴。

　　当前中国外部面临逆全球化思潮抬头、局部冲突和动荡频发等复杂的国际局势，内部推进中国式现代化，因此面对的未知领域等待我们进行实践探索和改革创新，经济政策调整是实现经济发展目标不可避免的手段，经济政策不确定性上升带来的影响不容忽视。改革不停顿，开放不止步。面对新形势、新任务，全面深化改革、推进高水平对外开放，是实现中国式现代化这一探索性事业的关键一招。中国金融开放进程持续推进，既为金融改革发展提供了新动力，也对跨境资金流动管理提出新要求。探究跨境银行资本流动的驱动因素，既是短期内防范化解系统性金融风险、维持金融系统稳定的关键环节，也是深化中长期金融供给侧结构性改革、推进金融业双向开放的必然要求。

　　本书较为系统、全面地研究了经济政策不确定性对跨境银行资本流动的影响。通过文献梳理，本书总结了相关领域的研究现状，确定了进一步研究的方向和内容。通过特征事实分析，本书描述了有关跨境银行资本流动和经济政策不确定性变动的特征事实，为后续研究提供了逻辑基础。在理论分析部分，本书基于银行视角，建立了一个包含银行、居民和非金融企业的两国开放模型，分析了不确定性冲击经实物期权机制、金融摩擦机制和风险规避机制对银行经营产生的影响。在实证检验部分，本书使用国家 EPU 指数、全球 EPU 指数，以及来自国际清算银行（BIS）的本地银行业统计（LBS）数据库、DealScan 数据库、国际货币基金组织（IMF）的国际投资头寸（IIP）数据库的跨境银行资本流动数据，从拉动因素和推动因素两个角度、宏观和微观两个层面，实证检验了经济政策不确定性对跨境银行资本流动的影响。基于以上研究得到的结果，本书为管理跨境银行资本流动和防范系统性金融风险提供了政策关注的重点。

感谢您的阅读，限于个人水平，本书尚有不足，敬请读者斧正。

左振颖

2024 年 7 月于济南